HUMANITIES AND SOCIETY

历史与记忆

Geoffrey Cubitt

[英国] 杰弗里·丘比特 著 王晨凤 译

译林出版社

图书在版编目（CIP）数据

历史与记忆 /（英）杰弗里·丘比特（Geoffrey Cubitt）著；王晨凤译．—南京：译林出版社，2021.2（2023.2 重印）
（人文与社会译丛 / 刘东主编）
书名原文：History and Memory
ISBN 978-7-5447-8476-4

Ⅰ.①历… Ⅱ.①杰… ②王… Ⅲ.①史学理论 - 理论研究 Ⅳ.①K0

中国版本图书馆 CIP 数据核字（2020）第 222146 号

历史与记忆 ［英国］杰弗里·丘比特／著　王晨凤／译

责任编辑　何本国
装帧设计　胡　苨
校　　对　戴小娥
责任印制　单　莉

原文出版　Manchester University Press, 2007
出版发行　译林出版社
地　　址　南京市湖南路 1 号 A 楼
邮　　箱　yilin@yilin.com
网　　址　www.yilin.com
市场热线　025-86633278
排　　版　南京展望文化发展有限公司
印　　刷　江苏凤凰通达印刷有限公司
开　　本　880 毫米 × 1230 毫米　1/32
印　　张　9.5
插　　页　2
版　　次　2021 年 2 月第 1 版
印　　次　2023 年 2 月第 3 次印刷
书　　号　ISBN 978-7-5447-8476-4
定　　价　59.00 元

主编的话

刘　东

总算不负几年来的苦心——该为这套书写篇短序了。

此项翻译工程的缘起,先要追溯到自己内心的某些变化。虽说越来越惯于乡间的生活,每天只打一两通电话,但这种离群索居并不意味着我已修炼到了出家遁世的地步。毋宁说,坚守沉默少语的状态,倒是为了咬定问题不放,而且在当下的世道中,若还有哪路学说能引我出神,就不能只是玄妙得叫人着魔,还要有助于思入所属的社群。如此嘈嘈切切鼓荡难平的心气,或不免受了世事的恶刺激,不过也恰是这道底线,帮我部分摆脱了中西"精神分裂症"——至少我可以倚仗着中国文化的本根,去参验外缘的社会学说了,既然儒学作为一种本真的心向,正是要从对现世生活的终极肯定出发,把人间问题当成全部灵感的源头。

不宁惟是,这种从人文思入社会的诉求,还同国际学界的发展不期相合。擅长把捉非确定性问题的哲学,看来有点走出自我囿闭的低潮,而这又跟它把焦点对准了社会不无关系。现行通则的加速崩解和相互证伪,使得就算今后仍有普适的基准可言,也要有待于更加透辟的思力,正是在文明的此一根基处,批判的事业又有了用武之地。由此就决定了,尽管同在关注世俗的事务与规则,但跟既定框架内的策论不同,真正体现出人文关怀的社会学说,决不会是医头医脚式的小修小补,而必须以激进亢奋的姿态,去怀疑、颠覆和重估全部的价值预设。有意思的是,也许再没有哪个时代,会有这么多书生想要焕发制度智慧,这既凸显了文明的深层危机,又表达了超越的不竭潜力。

于是自然就想到翻译——把这些制度智慧引进汉语世界来。需要说明的是，尽管此类翻译向称严肃的学业，无论编者、译者还是读者，都会因其理论色彩和语言风格而备尝艰涩，但该工程却绝非寻常意义上的“纯学术”。此中辩谈的话题和学理，将会贴近我们的伦常日用，渗入我们的表象世界，改铸我们的公民文化，根本不容任何学院人垄断。同样，尽管这些选题大多分量厚重，且多为国外学府指定的必读书，也不必将其标榜为“新经典”。此类方生方成的思想实验，仍要应付尖刻的批判围攻，保持着知识创化时的紧张度，尚没有资格被当成享受保护的“老残遗产”。所以说白了：除非来此对话者早已功力尽失，这里就只有激活思想的马刺。

主持此类工程之烦难，足以让任何聪明人望而却步，大约也惟有愚钝如我者，才会在十年苦熬之余再作冯妇。然则晨钟暮鼓黄卷青灯中，毕竟尚有历代的高僧暗中相伴，他们和我声应气求，不甘心被宿命贬低为人类的亚种，遂把移译工作当成了日常功课，要以艰难的咀嚼咬穿文化的篱笆。师法着这些先烈，当初酝酿这套丛书时，我曾在哈佛费正清中心放胆讲道:“在作者、编者和读者间初步形成的这种‘良性循环’景象，作为整个社会多元分化进程的缩影，偏巧正跟我们的国运连在一起，如果我们至少眼下尚无理由否认，今后中国历史的主要变因之一，仍然在于大陆知识阶层的一念之中，那么我们就总还有权想象，在孔老夫子的故乡，中华民族其实就靠这么写着读着，而默默修持着自己的心念，而默默挑战着自身的极限！”惟愿认同此道者日众，则华夏一族虽历经劫难，终不致因我辈而沦为文化小国。

一九九九年六月于京郊溪翁庄

目　录

致　谢

在很长一段时间里，我与同事们和朋友们之间有过许多交谈和知识互通，这些都在本书中留下了印记，不过，书中的不足之处都属于我自己的不足。我希望让那些参与了交谈和互通的人们知道，我并非对他们没有感激，只是实在无法在此列举出所有应该被列举的人，所以没有一一注明他们的名字。然而，有一个群体是我可以集体致谢的：作为约克大学历史系的一门关于"历史与记忆"的本科生课程的设计者与教授者，我有着这样的荣幸，能将本书所涉及的问题与历届学生进行讨论；他们的聪慧、热情，以及对于新的思想和方法的开放，不断激励着我的思考。如果没有这段经历，我不可能着手写作这本书。同样地，如果没有那些在过去几年中负责督查系里研究工作的人员，以及曼彻斯特大学出版社历任编辑的理解、耐心与善意，或许本书也不可能完成。对所有这些人，我都万分感谢。

不过我最应感谢的是最后这两位。与他人在写书时遇到的危机和挫败生活在一起，在情况最好的时候也是一种负担。我的妻子凯蒂和儿子理查德曾被迫与这一研究项目一起生活了很久——比理查德所能记得的还要久，比凯蒂合理预期的还要久。对于他们二人，我都心怀感激——凯蒂承担起了家庭责任的重负，并给予了丈夫兼同事所需要的宽容和现实支持（她自己关于相关话题的著作也启发了我）；理查德则定期给予我强烈的提醒，让我记起生活中不应该只有历史与记忆，记起出版的最后期限。这本书并不足以补偿他们曾被迫忍受的所有这些，但我仍然要献给他们二人，以希望将来能做得更好。

引　言

关于记忆，无论是作为一项生理能力还是作为一种学理概念，都已有过许多伟大的论述。曾有人表示，如果失去了记忆的能力，“我们就会被困锁在无限狭小的当下，没有言语也没有思想”[1]——简单来说，我们喜欢把自己理解为有意识、有目的的交往生物，但如果没有记忆，我们无法被识别为这样的生物。记忆是“使得人类存在成为可能的能力”，“是所有精神生活的组建所依赖的支架”，它处于人类存在的中心位置，是“一项无所不在的，与我们的存在浑然一体的功能”[2]。这样的观点让人印象深刻，却是双刃的。一方面，它们给予了记忆概念进入几乎所有人类求知领域的权利。另一方面，也很可能使得这一概念变得过于宽泛，让我们对此依然一无所知：如果记忆是一切事物中共有的元素，我们就会觉得，了解记忆也并不能有助于我们了解任何特定的具体事物。实际上，直到不久以前，这或许就是大多数历史学家都持有的观点：尽管很少有人会否认记忆是历史研究的组成部分，但也很少有人会认为这是他们必须关注的部分。

如今，这样的情况已经改变了。在过去的二十五年中，记忆显然已成为历史研究的中心议题。这一兴趣的激增是由多方面的因素促成的：社会史学家对于经验层面的社会过程与社会情境的兴趣，新兴的口述史从业者对于回忆的心理和社会动态越来越不露声色的方法论参与，文化社会史家想要探索口语和文字的运作及其相互关系的动力，
1 文化思想史家对于将过去表现为政治和宗教意识形态的关键特征的兴趣，后现代主义者（笼统来说）对于现实性与主体性的心理建构的强调，现代和当代的历史学家为研究世界战争和种族清洗给个人和社会带来的创伤性影响而作的努力，以及这些历史学家在后苏联时代对共产主义政治体制所压抑的过去进行的恢复和重新评价，以上这些，只是造成记忆研究盛行的动力之中比较突出的几个。不过，“记忆的转向”（turn to memory）[*]（我遵从时下已确立的用语，采用这个称呼）似乎比这些贡献的总和看起来还要影响深远：记忆，至少在某些方面，已然成为历史研究辞典中的一个关键术语——对于确立历史探究的新模式以及改进旧有的模式来说，几乎都是一个必不可少的概念。“过去我们所谈论的民间历史、大众历史、口述史、公共史，甚至神话传说，”克尔温·李·克莱因写道，“现在都被作为一种元史学范畴的记忆收归麾下。”[3]与之类似，加布里埃尔·施皮格尔也觉察到了一种“将记忆定位为另一套可供选择的历史编纂话语的趋势”[4]。两位作者所描述的这一进程是复杂的。在记忆的转向中，历史学家们并非只是将兴趣转向了新的主题内容，而是同时也转向了组织、标注和描述研究对象的新的方式，以及将其领域的本质和它所致力于生产的知识进行概念化的新的方法。

历史学中的记忆转向并不是一个孤立的现象。对记忆现象的兴趣高涨，以及对于将记忆作为一种组织知识的范畴来使用的兴趣的高涨，

* 指当代史学实践和史学理论领域的关注重点转向对记忆的研究。本书中对这一术语沿袭前人的惯用译法，参见彭刚：《历史记忆与历史书写——史学理论视野下的“记忆的转向”》，载《史学史研究》2014年第2期，第1—12页。——译注

大致也同时存在于其他领域，不仅包括曾长期研究记忆的心理学，也包
括众多和历史学类似，刚刚开始参与记忆研究的学科——比如文学、社
会学、人类学、文化研究、民俗研究、艺术史、考古学、博物馆学、音乐学，
等等。[5]在将关注点转向记忆之时，历史学家们进入了一个尤为繁忙的
跨学科场域。不过，这一场域仍然处于大体上缺乏管理的状态。记忆
研究不是一个连贯统一的探索领域，显然也并不处在向连贯统一发展
的过程中；记忆研究中并不存在公认的定义，也不存在一定程度的方 2
法论协调性：相反，“记忆”这一术语是在不断扩大的学科范围和话语
领域中被使用——并与这些范围和领域互动的，由其产生的见解和联
系虽然往往新颖有趣或具有启示性，但也总是需要有更进一步的阐释。
任何对这一领域进行概括总览的尝试都注定是偏颇和主观的，同时也
很快就会过时——这样一种总览的工作并不是本书尝试要做的。[6]本
书的意图仅是介绍历史和其他领域中由近年来的兴趣热潮推向显要位
置的一些话题，同时探讨通过思考记忆对于历史的重要意义能促使我
们发展出的一些知识联系。尽管这本书主要是写给历史学家的，并且
致力于处理那些我相信历史学家们应该会感兴趣的话题，但它的目的
并不是提出一种独独针对历史学的处理记忆的方法；相反，我想要展现
一系列方法——有些来源于历史学家当下的实践，有些发展于其他学
科——如何可能为历史学家提供帮助，将记忆在其领域中并为其领域
提出的问题进行概念化。我知道这本书反映出的是我的个人经验——
作为一位知识和经验主要集中于现代时期的历史学家，我也知道研究
其他时期的专家或许会发现这本书对他们所在的领域关注有所不足，
但是，这本书是我怀着这样的信念写作的：我希望它所提出的话题能与
历史学家的普遍关切有关，而并不只是关系到那些研究最近几个世纪
的人。

如果说这本书关注的是历史与记忆的关系，那么很显然，这是一句

带有迷惑性的简单陈述，因为“记忆”和“历史”都是具有多重含义的词语。实际上——让“记忆”这一术语暂时保持不动，而允许“历史”在周围游移——我在这本书中会涉及三种不同的历史-记忆关系。第一，在普遍层面上，我关注记忆在我们所谓历史过程中的角色——通过这一过程，过去的事情发生了，一种历史状态转变为另一种状态，一直持续到并且包含着我们称之为当下的历史时刻。第二，我关注将记忆
3 作为历史研究对象的实用性——那些概念和方法论路径，它们能帮助历史学家定义和处理作为历史情境中的元素之一的记忆。第三，我关注人们如何想象和讨论作为知识形式的记忆与历史的关系，两者都试图以某种方式将当下意识与过去的现实连接起来。这三种不同的历史-记忆关系，对其中每一种的思考都能为对另外两种的思考带来启发。

但是，这只是我们必须解决的难题中的一半，因为不论是在这三种关系的哪一种中，“记忆”本身都可以有多重理解。根据其中一些理解，记忆在本质上是个人的；而根据另一些理解，它则主要与社会制度和文化形式有关。对于有些人来说，它是过去经历的遗存；而对于另一些人来说，它却在本质上是立足于当下的对那些过去经历的重构。在研究不同种类的历史-记忆关系时，我也将出于必要，研究这些不同的、将记忆本身概念化的方式之间的联系与区别。

探讨上述复杂问题需要我们从两个层面着手，这将是很清楚的事情。在第一个层面上，我们将涉及实际的历史和记忆——涉及这两个术语曾用来描述的过程、活动、经历或知识形式。在第二个层面上，我们将关注这两个作为概念和论述工具的术语本身——关注“历史”和“记忆”怎样被用于思考和论证人类与过去的关系，以及我们的与过去相关的知识的地位。如果说历史近来向记忆的转向有一部分的意义在于历史研究领域所采取的新的方法，那么，另一部分的意义则在于，对于记忆的思考冲击了对于历史本身作为一种知识形式的思考。历

史与记忆是两个近似的概念：它们栖居在一片相似的精神领域中。萨姆·温伯格用“两个相撞的世界”来形容历史与记忆。这对他来说或许意味着，当我们像他那样去理解这两个术语时——就记忆来说，指的是“用我们用来了解大多数事情的、日常的领会能力去了解过去”，对于历史，则是“了解它是因为具有受过训练的思维习惯”——它们所代 4
表的，是或许处于相互冲突或紧张关系中的了解过去的方式，但之所以如此，部分地是因为这两种方式同时也有着相互联系和重叠。[7]在这里我想表达的意思稍微有些不同——当我们考虑“历史”和“记忆”被赋予的定义所具有的流动性和变化性时，我们可以将它们视作总是在相互影响的概念术语，它们会彼此进入和出离，会警惕地或多情地盘旋在彼此身边，有时相互拥抱，有时相互分离，有时也在共同栖息的话语领地中为争抢位置而相互推撞。在第一章中，我们将进一步谈论这一相互作用的历史，以及贯穿其中的一些问题。在这里，“记忆”被指派的意义将会是流动而多样的，因为这些意义的流动性和多样性正是我所描述的论辩中的一个特征。而在本书剩余的章节里，与之相反，我将在更具体的方面使用“记忆”这个词，来描述并连接起一系列不同的实践、过程和现象，其中有些发生在个体身上，而有些发生在社会和文化的结构之中，关系到在各种不同的社会层面上对过去意识的生产。在这些章节中，我的关注点将由个体的记忆现象逐渐转向社会交互、集体结构以及公共表现，尽管我的整体意图是为了展现，在这些不同层面上的对记忆的处理是如何能够相互交织的。在这些章节中，“记忆”一词被用作一种分析工具，或一个描述范畴，因而我为其指派的意义必须被更为严格地定义。

说到这里就进入了一个棘手的领域。记忆之所以能在学术辞典中享有今日这般显著的地位，至少有一部分原因在于它的意义有着灵活的范围，而这种多义性所得到的重视，有时也会引起一些相反的意见。

诺曼·芬克尔斯坦曾在不久前将“记忆”斥为“很长一段时间以来学术领域出现的无疑最缺乏创造性的概念”。哪怕不至于像芬克尔斯坦那样想得那么极端，人们也会警惕有时通过对这一概念词语过于得意忘形的运用而被偷运到学术思考中的、对意义的轻率合并和减省。[8]安德鲁·拉斯曾告诫我们，“记忆”这一术语所具有的启发性价值正在被一种使用习惯减损，即将其用作“一个包罗万象的术语”，尽管其中包含
5 的现象可能产生“复杂而有意义的交织”，但这些现象彼此之间有着天壤之别。[9]诺亚·戈地和伊加尔·伊拉姆将这一批评往前推进了一步，他们反对“集体记忆”这一术语被允许取代一些有用的概念，比如“迷思”(myth)*、“传统”和“成见”：他们尖锐地指出，以一个模糊、概括的术语取代一系列更具体的术语，往往意味着“概念的退化，而并非像有些人以为的那样，是一种复杂化”[10]。即使对于“记忆”作为一个概念范畴的潜在丰富性没那么反感，阿龙·孔菲诺也提醒我们，这一范畴会“由于过度使用而贬值”，他认为这一范畴目前“更适用于实践而非理论建构”[11]。与这些学者一样，我也很担心，希望在这本书中不要被记忆作为一个参照性术语无尽的、随叫随到的可用性所迷惑。一个词或许能用于意指诸多事物，不过让它同时意指所有这些事物是很不明智的行为。我们需要区分的标记：我们不能——或不应该——追求一种横跨从个人心理到社会的文化动态一系列领域的“记忆”，而从不指望偶尔打断一下我们概念的进化步伐。我们也不应该认为，作为一个分析范畴的“记忆”的出现是某种概念上的启示，只能将其他概念词汇（诸如“传统”）引向赘余状态；相反，它的价值或许正在于与其他那些词汇的交汇，以及允许我们重新检视那些词汇。

但是，倘若对记忆和回忆(remembering)这两个术语的用法进行区

* 指神话，或关于知名人物或事件的虚构故事或缪见。——译注

分对于我们来说是重要的，那么同样重要的是，我们也应该认识到记忆并不是一个很容易划定界限的东西。归根到底，记忆并不是一个物件，而是一个概念——一个心理范畴，我们用它来理解人的行为和经验中复杂难懂的方面。与任何一个名副其实的概念一样，只有冒着边界被磨损的危险，它才是可用的。如果必须视作一件事物，那么我们应该将其视作一种类似化学元素那样的东西，它不会以纯粹的状态出现，而是往往混合在其他事物之中——在我们学习和感受它的过程中，在我们的认同感和自我意识中，在我们对时间或地点的知觉中，在我们的叙事习惯和社会互动能力中，在我们的传统意识或发展潜能中。但是，记忆对人类生活方方面面的参与，意味着任何一种研究它的学理路径都势必是片面的：我们通过限制探索的重点范围而获得了分析的切入点。6
相应地，方法论的出发点也是多种多样的：对于一些人来说，在记忆研究中重要的是对于实际回忆感受的现象学分析；另一些人则更看重对于在特定情况下特定数据被回想起的速度和准确性的测量；有人分析用于表达过往记忆的叙述模式；有人调查让人们形成或运用回忆的技巧和习惯的社会环境；也有人将记忆的效果与神经活动的模式联系起来。这些路径往往发展于不同的学科结构之中，它们不仅体现了对于同一研究对象的不同研究视角，也体现了对于以下两个问题的相互独立且往往不易相容的理解，即这一研究对象包含了什么，以及对它的研究是如何与更广泛的人类知识结构联系起来的。在这些理解之中，有些依传统将记忆视为“个体的”或“个人的”，另一些则将记忆视为“社会的”；有些专注于内部的主体性，有些则专注于外部的表现。如果说我们在区分这些不同的理解时需要准确性，那么我们同样需要避免那种绝对的严格注意，那会过于轻易地将在跨学科森林的一角发展起来的对于记忆的有效理解转换成僵化的定义，阻碍我们探索人类生活和经验的不同方面之间的多样联系，而这正是对记忆的兴趣能使我们警觉到的。说到底，记忆并不是一个像橱柜中的飞蛾一样能被明确锁定的东西；这个词的有用性体现在对它的检验和辩论之中。同样地，我们也不应认为我们所理解的记忆定义能自动转移到其他文化之中，或在更早的历史时期里显得合乎情理。我们需要的不是固定不变的定义，而是将对记忆的不同理解彼此联系起来的方法、探索它们之间的冲突和交汇的方法，以及比较它们的不同目的和前提假设的方法。

要做到这些，同样要求我们记住，记忆的存在往往或多或少是有点神秘的，因此对记忆的思考也往往或多或少是一项想象性的工作。我们通过对模型的使用、通过类比，也通过比喻来探索对它的某种理解——简单说来，通过比喻和联想的思维。[12]我们是将记忆视为结构性
7 框架、生产性过程，还是一连串图像？是将它描述为已逝的碎片，还是连接过去与当下存在的线缕？是将它比作一张刻印头脑中过去经历的蜡版，还是一间储藏图像的仓库，抑或是一座迷宫、一幅全息图像？我们在这些意象之间做出的选择为我们往后的思考设定了轨道，也将我们对于记忆的理解与更广泛的文化捆绑起来。由此建立起的想象性联系，能够超越产生它们的环境而持存下去。随着时间流逝，类比会被颠倒过来。长期以来将记忆想象为储藏室的习惯转化为相反的想法，即存储系统或许应被理解为记忆形式：关于社会的“档案记忆”或“计算机记忆”的讨论持续进行，尽管在学术思考中，储藏室的类比已不再广泛用于形容个人记忆。甚至，对类比的认识现在正朝着相反的方向移动：从计算机科学中得来的模型，与传统的储藏室形象毫不相关，现在却被用来描述个人记忆的运作。正是通过这种方式，“记忆”作为一种概念延伸到了一些新的领域之中，并以新的方式得到运用，随着为理解而作的努力——不只是对记忆的理解，也包括对其他事物的理解——产生出了新的想象性联系，“记忆”概念的重点也发生了转移。在对这样的意义延伸和转移保持警惕的同时，我们也不应该忽视我们自

身——作为记忆的思考者——牵涉进我们所描述的心理实验的程度。“记忆”并不具有让我们可以总是不变地重现的固定、稳定而统一的意义：它一直——并且正当合理地——是一个处于流变之中、始终受到检视的概念。

实际上很显然，任何关于记忆的讨论都势必是有局限的，势必会侧重于这一术语的某些可能意义而不那么重视另一些。在“记忆”这一术语最宽泛的当代用法中，它有着极其普遍的应用：它指的是安德烈·勒罗尔-古朗所说的“铭刻行为序列的支撑物”[13]——换句话说，任何持久的天性或性情都被认为以事物存在的方式或事情发生的方式，产生了可观察到的规律或模式。这样来理解，“记忆”就可以是心理的或身体的，自然的或人造的，有意识的或无意识的，个体的或社会的：它可以体现在动物直觉、文化设计或电子系统中（“计算机记忆”），或 8
者在极限里，甚至体现在于特定物理材料中制造“形状记忆”效果的分子结构中。尽管这样一种广义的记忆概念有它的用途，大多数人文学科和社会科学领域近来的记忆研究仍然基于的是一种更狭义的理解：虽然它们对于更进一步的概念阐释还未形成认同，但它们都用“记忆”来指涉植根于人类意识中的种种与过去之间的关系。根据意识来定义记忆，当然不会有碍于我们认识到，意识或许也能由其他一些东西支持——或许有时也与其他一些东西紧密纠缠——这些东西也包含在广义的记忆概念，例如身体习惯、文化和教育结构，或者人工智能系统之中。但这样的定义给了我们一个更精准的焦点：就我们当下的目的来说，对记忆的研究也就是研究对过去的有意识的认知——作为与当下有着有意义的联系的东西——是如何在人类个体和人类文化中维持和发展的。

以某种标准来看，这仍然是一个很宽泛的定义。近年来记忆的转向所引发的大部分争议都涉及一个问题，即对作为一种分析范畴的“记忆”的使用是否应受到进一步的限制——通过将其限定在严格的个人记忆情形之中。历史学家萨拉·富特代表那些坚持这一限定的学者（他们之中并不是每个人都对记忆转向的所有方面怀有敌意）表示：

> 我认为记忆行为是一种个人行为，尤其是（独独是）一种心灵回忆过往事件的行为[……]塑造集体叙述和正式历史的筛选和省略机制中，有许多同样地也会建构记忆本身，这被认为是不言自明的。但是，关于一个共同过去的观念，即特定社会、政治或者（比如）宗教团体中的成员凭借个人或集体对于构成这一团体的组成元素的所有权而能利用的共享的追忆（remembrance）库，我希望将它与“记忆”区别开来。这样的纪念（commemoration）——无论是口头的还是书面的——都是纪念性的（memorial，在庆祝回忆、混合记忆的意义上），而不是回想性的（reminiscent），其中涉及的心理过程是一种习得的模式，而非从经验中提取的过程。这种区分不可能是绝对的——被重温的经历在被重新诉说时往往会被镀上一层习得性的光泽，这是由早期未经加工的版本的其他见证者
> 9 或聆听者提供的——然而认知行为是不连续的。[14]

这一论述是清晰的，然而在富特所用的一系列词汇中，却也蕴含着提出不同观点的可能性，这些词汇以某种方式唤起了富特在描述更为集体性的与过去之间的关系时所使用的记忆（“纪念”“纪念性的”“追忆”），而她想要将记忆在认知上与这样的集体性关系区分开来。同样必须看到的是，尽管从“个人的”或“个体的”方面对于记忆的理解能得到我们的许多日常经验和想法的支撑，但是日常用语长期确立的倾向也能够支持更宽泛的或不同的理解。当说到为记忆而保存某些事物的需求，或说到一件已经从记忆中消逝的往事，或者当刻碑以“铭记”

某件事或某个人时，我们不一定会觉得这样的说话方式需要我们指出这涉及哪些具体的人的记忆能力：记忆在这些表达中似乎是无实质的，与其说是个体的思维活动，不如说是事物或事件的“来世”，一种弥散的介质，在其中事物或事件在失去了具体现实的更完整的性质时，可以作为意识的对象而留存下来。

当然，对于“记忆”这一术语的更加非“个人化”的理解，是记忆的转向所产生的大多数作品的特征。[15]在有些论著中，形容词的修饰产生出“社会记忆”“集体记忆”“文化记忆”或“公共记忆”作为表面的分析对象；而在另一些论著中，“记忆”(没有被限定)则被允许涵盖一系列现象，其中很多在表面上也不具备“个人性”。我们被告知，记忆是“过去的一部分，由于与人物和事件的紧密联系，似乎为群体的概念增添了尊严”[16]。集体记忆是“群体的现实生活经验中所遗存的过去，或这些群体所制造的过去”[17]；或是“当下的共同体对过去的集体建构”[18]；又或者“被定义为过去的表现，这一过去既由群体所共享，也被集体性地纪念，建立并巩固了群体认同、当下境况以及对未来的想象”[19]；而对社会或集体记忆的研究“确实是对共有的文化资源的研究，这些文化资源让我了解了集体过去的景象，解释了当下的社会为什么会形成，以及是如何形成的”[20]。诸如此类的定义简单地越过了个人记忆的问题。不过，
也有广义记忆概念的其他倡导者详细论述了个人记忆在与这一概念的 10
关系中所处的位置。“记忆不仅是正在回忆的个体的回忆行为，”爱德华·希尔斯写道，“还在传统中留下了一份客观的沉淀。”[21]这一陈述或许为术语的协商留下了空间：记忆在传统中留下的沉淀本身是否也是记忆的延续(正如希尔斯的言辞所暗示的)，或者说它是不是(正如富特可能辩驳的那样)知识的一种形式，记忆曾是它的运载工具，如今它的表达却取决于另一种不同形式的精神活动？相比之下，在迈克尔·舒德森的记忆概念中就不存在这样的模棱两可：关键点不仅在于记忆超

越了个人回忆的限制，更在于"在一个重要的意义上，压根就不存在个人记忆这种东西"，因为个体所赖以指导当下生活的大多数关于过去的信息都并非储存在他们自己个人的头脑中，而是"分布在社会机构和文化制品之中"。对于舒德森来说，个体只是"依托于"他/她的社会所发展出的"关于记忆的社会和文化实践"[22]。

在试图理解学者们针对记忆研究领域的概念释义所产生的分歧时，我们不应忽视一个很明显的问题，即不同的概念侧重或许有时是对不同时期或不同类型社会的研究所产生的不同问题的合理反映。比如，富特和舒德森的态度分歧就不仅与思想意识形态之间的广泛区别相关，也同样与他们所研究的文化——盎格鲁-撒克逊人的英格兰和20世纪后期的美国——的差异有关。正如富特自己所说明的那样，盎格鲁-撒克逊社会是一个很大程度上依赖口语交流的社会：即便是那些有助于为过去意识赋予某种持久的明确形式的书面文本（以及那些构成了历史学家研究那种过去意识的明显材料的书面文本），通常也都是从个人记忆或在有限的社会圈子里流传的记忆中提取的材料。[23]这样一个社会的研究者认为需要一个有效的记忆定义来让她分析个人记忆对更广泛的知识结构的具体贡献，这是不足为怪的。而这种需要，对于
11 由大众传播媒介和消费文化机制所主导的当代社会的研究者来说，就并非那么明显了：当舒德森论述美国人关于水门事件的记忆的实际内容并不来自个别美国人有时能回忆起的"个人的且具有特质的记忆"，而是来自报纸、书籍、电视节目以及其他在公共范围内传播的文化产品时，他实际上——与富特一样，虽然是为了相反的效果——塑造的记忆概念，也反映了其自身对于他所思考的社会的文化动态的认知。[24]

这并不是说中世纪研究者总是强调记忆的"个人"方面，也不是说当代社会的研究者总是倾向于从文化或制度层面来定义记忆。那种更大的、跨越了这些专业主义问题的学术议题，或许也极为关键。记忆概

念，作为一种在本质上是个人的，并且是个体自我所内在固有的东西，似乎在更普遍的层面上与更广泛的个人化思潮——我们将此与启蒙运动及其后来的自由主义遗产联系起来——有着解不开的关联。同样地，将记忆概念“社会化”“文化化”或“集体化”的趋势，或许可以被视为大约半个世纪以来各个学科前沿产生的对如日中天的个人化思潮所作质疑的一部分——有时发展为对原有“集体主义”情感的恢复或重新审视的尝试（在某些版本的集体记忆观念中可以看出这种倾向），有时则发展为对这样一些思维模式的细化，即寻求反思一种后现代的、超移动的、由媒体主导的文化环境的影响的反思［例如在近来关于“假体记忆”（prosthetic memory）或“数字记忆”的文章中，这一倾向表现得很明显］。[25]通过探讨不断变化的并且有时相互冲突的记忆定义，我们也涉及了当代文化与社会、身份认同与文化变迁等观念之间的角力。

这本书本身思考记忆问题的前提是，无论是“个人的”或“个人主义的”记忆观念，还是将记忆放入社会、文化或制度构成和实践中来看待的观念，都不具备与另一方相比的天然优越性。这么说的意思并不是说我们可以模糊这两者之间的界限，而是说探究它们之间的冲突、思 12
考可能的调解方式，可以成为提出和探讨这些重要问题的方式，包括人类与过去的关系是如何被建构的，以及这些建构对于个体和社会分别有着怎样的影响。更广泛的记忆思考的困难之处在于对联系的寻求，即对以下三者之间存在的复杂关系的探索：其一，个体如何回忆作为个人经历的过去；其二，他们如何定义或经历他们的社会参与；其三，对社会或集体的过去的表现和理解是如何在更广泛的社会范围内产生出来的。

有时笼罩着“集体记忆”“社会记忆”和“文化记忆”这样的术语的概念混乱，并不能让我们对上述难题的应对变得简单。这些术语中最早进入公共使用的是“集体记忆”，对于一些人来说，它不过是指在一个既定群体中产生出来的对于集体过去的表现；对于另一些人来说，它指的是群体的制度结构被授予的回忆权力；还有一些人认为，它是群体成员的个人记忆中所展现出的共同点；更有一些人认为，它是当人们想要回忆群体环境中的往事时，时而采取的协作策略。[26]稍晚一些进入公共使用的“社会记忆”，有时几乎可以与“集体记忆”互换使用（在后者的许多义项中），[27]但也有时是对“集体记忆”这一术语的矫正，矫正对集体存在层面的过度强调这一令人误解的倾向。例如，芬特雷斯和威克姆尽管认同造成记忆社会化的是这些记忆“对社会群体身份的依赖”，但他们拒斥“集体记忆”这一说法，认为这一术语不恰当地忽视了个体：在他们看来，“社会记忆”使得对以下问题的更细致微妙的探讨成为可能，即“个体意识是如何与个体所组成的集体的意识联系起来的”[28]。不过，仍然有人对这两个术语的区别有不同的解释，认为“社会记忆”这一术语“反映了社会因素对个体记忆的影响”，而“集体记忆”则表示的是“记忆的分布过程，或有着社会功能的交互记忆（transactive
13 memory）”[29]。最后，“文化记忆”有时被用作“物质遗产”（特定群体或社会所认为的具有象征意义的物质遗存）实质上的同义词，有时表示一个社会对特定文化符码或设施的记忆，有时指那些被视为封存在文化设施之中的记忆，也有时只是简单地作为一种注解，表明“记忆既可以被理解为一种个体的或社会的现象，也可以被理解为一种文化现象”[30]。

鉴于这些有时令人困惑的用语的多样性，讲清楚我自己将为其中的某些术语指派的意义，我认为是十分重要的。我的这本书既涉及**个体记忆**（在具体的文本中我将其称为个人记忆或自传记忆），也涉及**社会记忆**。在定义我所认为的后者的含义，并分析它的运作时，我也势必将提到，并与一种**集体记忆**的概念打交道，不过我会尽可能与其保持一定的批判距离。那么，这些术语该如何理解呢？

对于**个体记忆**，我与大多数人对它的理解是一样的——它指的是位于个体头脑中的记忆，个体据此认知其个人经历范围内的事物。这种记忆是个体的心理功能中不可分割的组成部分，并与人格和自我紧密相连，这方面的内容是我在第二章中将主要关注的。不过个体的或个人的记忆也是人类在社会环境中生存所需的心理工具的一部分：它的形式会受到其社会用途的影响，它也有助于社会知识的积累和社会理解的形成，这些不仅可以从个人角度，也可以从社会角度进行探索。至于理解个体记忆如何成为社会中的个体以及社会本身的资源，如何与更大范围的社会过程联系起来，将是本书第三章的主要目的。

对于**社会记忆**，我指的并不是个体记忆在功能上的类似物——一种统一的记忆能力，为群体或社会行使个体记忆为个体所行使的功能。对于我来说，社会记忆是一个总称，包含了一个过程（或一系列过程），借此，关于过去的事件或境况的知识或意识在人类社会中被发展和维持下去，而那些社会中的个体也因此被赋予了那种超越了他们自身所能回忆 14
起的范围的过去意识。所以，我对社会记忆的探讨将以对个体记忆的社会维度的某一方面的探讨作为开端，这会放在第三章的初始部分；而后将以对社会群体中记忆运作的探讨作为推进，这会放在这一章中接下来的部分；最后将以在更大范围的社会中对过去的表现、理解和感知的产生方式作为探讨的完结，这将是第四章和第五章的主要部分。

社会记忆，根据我在这里对它的理解，需要一方面通过它与个体记忆的关系来定义，另一方面通过它与集体记忆概念的关系来定义。我对这一术语的使用不存在以下意图，即定义“一类回忆”，它排除了个人记忆的运作，而只是社会的。个体作为社会的参与者，对其自身经历的记忆的表达，是社会生产关于过去的知识与意识的过程中非常关键的要素。但是，它们不是为这一过程助力的唯一要素，因此就我的理解来看，社会记忆也不可被化约为个体记忆的总和或累积效果。相反，社会记忆的过程也具有这样的特性：它涉及多种多样的文化设施的运作，以及制度或社会结构中的元素的运作，其结果往往是让特定的一些数据集与特定的个体回忆环境之间可能的联系变得松散。人们通过参与这些过程以及与这些过程的接触而获得了某种认知的过去，不是个体的过去的累积——在原则上个体的过去是倾向于分散的——而是被想象为普遍的或集体的一种过去（或一系列过去）。可能构成这种（或这些）对过去的认知的要素在社会中发展并聚合起来的方式，影响着个体对他们自身经历的记忆方式：他们从经历中寻找意义的方式之一，或许就是关注这段经历与更广泛、更长期的群体和社会经历之间被感受到的联系，而群体和社会的过去则是他们在社会和文化中感知到的。社
15 会记忆的过程往往将社会的与个体的记忆交织在一起，生产出关于过去的知识和理解的资源库，既可为社会所使用，也可为个人所挪用。

重要的是，社会记忆应被视为一个过程（或一系列过程），而不是一种心理产物（或一系列产物）或一项集体性的心理能力。在这里我们理解的社会记忆不是具体的：它的定义并不包含那种在实质上可归属于特定群体或社区的可定义的属性。因此，如果我们有机会——往往是有的——去思考这些过程是如何在某一特定的社会形态中运作的，我们便可以谈论在那一形态**之内**的社会记忆的运作，但应该避免谈论**属于**那一形态的社会记忆，就好像该形态本身具有一种记忆能力，能将其与自己独特的、明确的过去毫无障碍地联系起来一样。类似地，当我指称在一个既定社会的既定时刻关于过去的具体表现时，我是将它们作为这样的表现来谈论的：社会记忆过程在某一特定时间将它们置入流通领域，它们自身也在那些过程的更进一步发展中发挥着作用；而不是谈论它们时就好像这些表现本身具有某种“记忆”的地位，这种记忆是这种据说属于集体的记忆能力可能拥有的。

显然，作这些区分的意义在于，避免集体身份的过度具体化，以及

关于集体身份的连续性的天真的(有时或许是不真实的)推定,这样的推定是对“集体记忆”(甚至包括“社会记忆”)术语的某些用法倾向于鼓励的。谈论个体记忆时,我们对“记忆”一词的使用是相当不固定的,有时用来指个体回忆过去经历的一般能力,有时则用来指更具体的让这一能力得以实现的心理过程,有时也用来指作为回忆的具体产物的形象或印象。然而,我们能如此多变地使用“记忆”一词的唯一原因,恰恰是我们关于个人记忆的讨论是建立在对所记忆之物的本质连续性的假设之上的:也就是说,我们假设有一大脑记下了最初的经历,而与当时同样的大脑现在正在回忆那一经历,连接过去经历与当下意识的过程也发生在同一大脑的同一位置之中。在社会记忆的过程中, 16
这样一种可设想的连续性是决然缺失的——这种缺失并不仅仅是因为群体或社会不是个体意义上的心理实体(即它们并不天然地拥有一个统一的位于中心、起调节作用的智慧,让其可以将产生于其中的各种各样的印象综合为一个连贯而实用的知识运作系统),而且也是因为,并且同样根本性地因为,社会实体在时间中的连续性往往天然地就是有问题的。我们与那些我们被要求视为社会祖先的人之间往往是隔绝的,造成这一隔绝的不仅是个体接连的死亡必然产生出的个人意识的明显断裂(不过,代际的重叠或许可以缓和这种断裂),还有关于社会认同的不断变化的概念,以及集体组织的不断变化的模式。唤起集体的过去往往意味着将早期的经历附着于当下的社会概念,而集体记忆的语言则倾向于掩饰以下事实,即人们感受到的这一过去与今天的社会身份之间的相关性,势必总是一种想象性的或意识形态的建构。米歇尔-罗尔夫·特鲁约强有力地表达了这一观点:

> 欧洲人和美洲白人真的记得新大陆的发现吗?无论是我们所了解的欧洲,还是我们现在所体会的白种人概念,在1492年时都不

是以目前这种样态存在的。这两者都是我们现在称为西方的这一回溯性实体的组成部分，如果没有它，当下形式的“发现”就是不可想象的。魁北克公民的牌照上骄傲地宣称“我记得”，但他们真的能够复原法国殖民时期的记忆吗？马其顿人，无论他们是谁，真的能够回忆起希腊化时代的早期冲突和冀望吗？还有谁真的能够记得塞尔维亚人第一次大规模皈依基督教的过往吗？

这里的重点不仅在于人们无法亲身记得他们出生之前几个世纪发生的事情，而且更在于，作为社会认同的重要组成部分而代代相传的集体记忆观念，其实遮蔽了社会意识中常常存在的严重断裂性。特鲁约指出，在上面引用的情形中，“据称记得的集体主体在他们声称记得的事件发生时是不存在的。相反，他们作为主体的建构是与对过去的创造紧密
17 联系在一起的”[31]。

因此，在我自己的用法中，**社会记忆**和**集体记忆**并不是同义术语。**社会记忆**是一系列过程，这些过程不一定受到不同人类共同体之间的分界线的严格限制，而在任何一个共同体之中，都有可能产生出多种多样的理解，不仅是关于怎样的过去应被唤起、描述或庆祝，也是关于每一种过去的表现或唤起应该包含或表达什么样的具体内容。**集体记忆**属于意识形态虚构的一类，它本身往往是由这些社会记忆过程产生出来的，并产生于这些社会记忆过程之中；它将特定的社会实体呈现为一种稳定的、集体行使的记忆能力的拥有者，并将关于一般认为的集体过去的特定观点或表现，呈现为这样一种集体记忆能力的自然表达。

然而，将集体记忆（在上述意义上）视作一种虚构，并不意味着我们可以简单地彻底抛弃掉这一术语。第一，这一术语本身——有时在这一意义上理解，有时在那一意义上理解——在近年来的学术话语中过于根深蒂固，以至于倘若我们没有至少理解学者们对它的使用的话，

就根本不可能去概括或批评这些对理解社会记忆过程做出了贡献的学者们的思想。第二,或许也是更重要的一点,我用这一术语所描述的这种虚构本身,或许有时也在社会记忆的过程中发挥着重要作用。例如,即便在事实上国族不是有机的集体记忆的载体——这种集体记忆让国族中的当下成员凝聚起来,并将其与一个原始而连续的过去联结为同质的整体——这样一种观念对于构造关于过去的理解在特定社会中发展和表达的方式,也仍然是有影响力的。

社会记忆是一个过程(或一系列过程),这些过程由社会和文化实践构成,它们随着时间的流逝渐渐联合起来,对人类意识与人类社会关系产生影响。在这一方面,我对社会记忆的理解与杰弗里·奥利克近来阐述的观点相似,他呼吁学者们“将社会回忆视为人物在场景中的意识形态投射和实践”,从而抵制“实体论的诱惑”。对于奥利克来说:

> 人们,无论是单独还是一起,都会有记住、回想、纪念等活动。然而这些多种多样的记忆实践创造的只是实质的表象,而不是一 18
> 个应该被学者们当作(那一特定的?)集体记忆来对待的实体。行动者以记忆之名发表主张,宣布他们认为的记忆是什么,以及他们想要拥有哪些记忆;学者们研究记忆行为以及其他众多与之相关的实践(例如纪念活动、博物馆化、英雄化,等等),但避免将以集体记忆之名或就集体记忆提出的主张当作实体存在——“那一特定的集体记忆”——的标志。学者们的工作[……]是标绘出主张的用途,而不是参与它从概念到现实的认识论转变。[32]

从这一角度来看,社会记忆包含了众多相互关联的实践,其中多数是连续的或重复的,有些则对人们的身份意识有着细微的改变。有些实践基于集体认同或共同连续性的概念,或是专门以宣扬这些概念为目的,这些概念有助于集体记忆的虚构；另一些实践则是为了适应更世俗的社会目标。

尽管在这里我们所采取的对于社会记忆的基本理解是从过程和实践方面来看待它的，但有时，用“社会记忆”（或只是“记忆”）这一术语来指称社会记忆过程所带来的、与过去相关的意识的统治与分布，也是一种合理的延伸。因此，我们或许可以谈论世世代代保留在记忆中的某一特定事件，或者，比如，“关于美国内战的社会记忆”。但是至此，我们所谈论的记忆意味着什么，应该很清楚了。说葛底斯堡战役在当下美国人的记忆中占有一席之地，显然并不是指还有活着的人能亲身记得这件事；也不是指关于这场战役存在着统一的记忆，以某种方式固定于美国公众的心中；更不是指所有美国人对于这场战役及其影响都持有相同的观点。而仅仅是指，通过我称之为社会记忆的复杂而富于变化的过程，某些关于这场战役的认识在当代美国社会广泛流传。显然，这一观察只是作为进一步研究的一个起点。更进一步，我们还需要探索，比如美国人在多大程度上将这一关于葛底斯堡战役的认识视为作
19 为美国人所必须具备的，在多大程度上表述这一战役的典型言辞是将它呈现为一个对于国族认同的建立或国族共同体的巩固来说至关重要的事件，不同的政治和文化机构在多大程度上试图将关于这场战役的某一特定理解、特定的思考或表达方式作为常识——甚至规范——施加（以及在多大程度上能成功施加）于美国社会之中。这些问题有着极为关键的意义，有助于我们理解社会记忆过程在具体实例中是如何运作的，以及理解社会记忆过程在关于集体认同的不同概念的形成过程中所发挥的作用，但对于这些问题的具体回答并不暗含在我对社会记忆给出一般定义的方式之中。

这本书所呈现的是关于当下的一些学术路径的问题和联系的考察，以及回顾——尽管不是一项全面的回顾。在这里我无意假装能够

完全公允地反映时下关于记忆的历史研究的丰富性，有许多领域——包括口述史、性别记忆、记忆与物质文化、记忆与博物馆——我都只能仅仅触及我感兴趣的部分，而它们应该得到更充分的详细阐述。对此我的理由（虽然不怎么好）是，我为自己设定的基本目标并不是评估性地总结当前这一涵盖甚广且流动变化的史学领域的发展情况，也不是去介绍其中的重点。我想要寻求的是一种方法，能展现或表明不同兴趣领域之间的联系，或许这些联系能帮助历史学家（以及其他人）去推进一种更具综合性的路径，来解决一个更大的问题，即对于我们与过去之间的联系的理解是如何在人类社会（包括个体层面以及集体和制度层面）中生成的。

我想说，朝着这一方向迈进并不依赖于我们能找到一种确切的方法，去解决作为一般学理范畴，或作为第一章中所探讨的假定的知识模式的"历史"与"记忆"的那类争论。甚至我还要说，尽管分析这些争论在一些问题上给我们带来重要洞见——这些问题是我们为定义历史作为一门学科的特性和社会功能所作努力的关键基础——然而"记忆"和"历史"这两个术语具有在情感上和政治上曲折的多重意义，从而使得干净利落地在概念上解决历史-记忆问题这样的期待变得不切实际。20
尽管"记忆"这一术语的意识形态用法的多重性带来了很多问题，有时还很让人恼火，但它在近来的学术事业中有着一项重要的实际价值：它以不仅加深而且拓宽我们的历史理解的方式，帮助学者们研究新的领域，从不常见的视角来切入熟悉的领域，形成新的联系，并建立新的学科间互动。

有时我们会听到这样的观点，认为历史学家将他们的注意力集中于记忆问题是一种倒退，从分析过往社会和历史过程的传统历史关切，退到了一种"当下主义的"（presentist）对于过去之表现或想象性建构的方式的研究。例如凯瑟琳·霍奇金和苏珊娜·拉德斯通就曾指出，历史学家从事记忆研究“主要是因为，相比于对历史联系的绝对断言，记忆概念似乎提供了一种更为谨慎的、有保留的与过去之间的关系”。在这一立场上，记忆转向的实质就在于它对一种“暂时的、主观的、与当下的表现相关而不是与过去的事实相关的”意识的包容。[33]作为对一些历史学家的时下动机的观察，这或许是有价值的，但在我看来，这种观点所坚持的，是以一种相当单维的视角来看待记忆研究最终可能将我们带向何方。受限于关于过去的“绝对断言”，不一定意味着不再加深我们对于历史进程的理解。如果一个具体化的“过去”不再能被当作一个可供审视的稳定物件，那么“当下”也不可能具有更多的稳定性。当下不是一个固定不变的时刻——关于过去的“表现”的意义严格限定于其中——它往往是一个发生的瞬间，在当下，持续了一段时间的事情会继续发生，并随着其继续发生而获得不断变化的意义。尽管这一研究存在诸多问题，上述这一点仍然是历史学家们需要努力阐明的重要部分。这并非意味着终止对于“表现”（而不是相反）的兴趣，而是意味着力求发展出一种过程性的关于表现的理解——探索它们兴起的语境和生产过程，它们与此前的诸种表现的关系以及与不断变化的理解框架之间的关系，还有它们自身对正在进行的过程（通过这一过程，关
21 于过去及其当下意义的认识在社会中被生产、协商、修正、传播，并作为行动的基础被投入使用）的回应方式。我相信，近来关于记忆的研究已开始沿着这一方向做出了一些有目的的推进，而我的这本书正是希望为延续这些进展做出我的贡献。

所有这一切的重要性，都是由于过去意识以及维持和发展它的复杂记忆过程为历史进程做出的贡献，这一历史进程不是次要的，而是不可或缺的，并且往往非常关键。人们在特定处境中如何行为，往往更多取决于他们以及其他人对于过去所发生之事以及过去对当下之影响的特定——往往也是充满情感的——理解，而不是当时的直接境况，或

他们所负载的此前历史的累积总体。历史的过程不能被简化为一个个独立瞬间的有序排列，其中每一个都在下一个出现时立即礼貌地消失。正如麦克白悲伤地感受到的事情——至少是有些事情——在它们结束时可能并不该结束。事件和经历在意识中的驻留是不均匀的，有时几乎觉察不到，有时间歇性地重新浮现，而有时则在产生它们的境况消逝过后还留下长久的影响。诸如科索沃战争或美国内战这样的事件，以及诸如对奴隶制或种族清洗的体会和经历，在人们对于敌意和危险、耻辱感或宏伟幻想的期待模式中留下了印记，这些印记代代相传，其影响往往是无法预料的。这些事件和经历制造的印象与此前或此后发生的事件所制造的印象重叠或相交，于是带给了历史过程一种质感——不是有序的排列，而是混乱纠缠的同时性。过往的洪流如何产生出每一个相继的当下瞬间，每一个这样的瞬间又如何建构起被认为有意义的过去，对这两者的理解是不可分割的：我们的任务始终是，去连接它们。

注 释

1 R. F. Atkinson, *Knowledge and Explanation in History: an Introduction to the Philosophy of History* (Ithaca, 1978), p. 47. 22

2 引言来自 G. Goethals and P. Solomon, "Interdisciplinary perspectives in the study of memory", in P. Solomon et al (eds), *Memory: Interdisciplinary Approaches* (New York, 1988), p. 1; G. Fischbach and J.Coyle, "Preface", in D. Schacter (ed.), *Memory Distortion: How Minds, Brains, and Societies Reconstruct the Past* (Cambridge, Mass., 1995), p. ix; R. Terdiman, *Present Past: Modernity and the Memory Crisis* (Ithaca and London, 1993), p. 9。

3 K. L. Klein, "On the emergence of *memory* in historical

discourse”, *Representations* 69 (2000), p. 128.

4 G. Spiegel, “Memory and history: liturgical time and historical time”, *History and Theory* 41 (2002), p. 151.

5 关于其中某些领域内记忆问题的近期作品样例，见如下汇编文集：R. Van Dyke and S. Alcock (eds), *Archaeologies of Memory* (Oxford, 2003); J. Climo and M. Cattell (eds), *Social Memory and History: Anthropological Perspectives* (Walnut Creek, CA, 2002); S. Crane (ed.), *Museums and Memory* (Stanford, 2000); S. Radstone (ed.), *Memory and Methodology* (Oxford, 2000); S. Radstone and K. Hodgkin (eds), *Regimes of Memory* (London, 2003); P. Antze and M. Lambek (eds), *Tense Past: Cultural Essays in Trauma and Memory* (New York, 1996)。

6 不过，关于这一领域的某些部分，也有值得赞扬的概要性综述：见，例如J. Olick and J. Robbins, “Social memory studies: from ‘collective memory’ to the historical sociology of mnemonic practices”, *Annual Review of Sociology* 24 (1998), pp. 105–140; D. Schacter, “Memory distortion: history and current status”, in D. Schacter (ed.), *Memory Distortion: How Minds, Brains, and Societies Reconstruct the Past,* pp. 1–43。

7 S. Wineburg, *Historical Thinking and Other Unnatural Acts: Charting the Future of Teaching the Past* (Philadelphia, 2001), p. 248.

8 N. Finkelstein, *The Holocaust Industry: Reflections on the Exploitation of Jewish Suffering* (London, 2000), p. 5.

9 A. Lass, “From memory to history: the events of November 17 dis/membered”, in R. Watson (ed.), *Memory, History and Opposition Under State Socialism* (Santa Fe, 1994), p. 102 (n.1). 拉斯此番评论的背景，是他对保罗·康纳顿的纪念概念的批评，在此概念中，身体习惯被视为记

忆的一种形式：见P. Connerton, *How Societies Remember* (Cambridge, 1989)。

10 N. Gedi and Y. Elam, "Collective memory—what is it?", in *History and Memory*, 8:1 (1996), p. 40 and 30–50 generally.

11 A. Confino, "Collective memory and cultural history: problems of method", *American Historical Review* 102 (1997), p. 1386.

12 见D. Draaisma, *Metaphors of Memory: a History of Ideas about the Mind* (Cambridge, 2000), 以及S. Rose, *The Making of Memory: from Molecules to Mind* (London, 1993) 的第四章"Metaphors of memory"; 23
P. Antze and M. Lambek , "Introduction: Forecasting memory", in Antze and Lambek (eds), *Tense Past*, pp. xi–xii。

13 A. Leroi-Gourhan，转引自J. Le Goff, *History and Memory* (New York and Oxford, 1992), p. 53。

14 S. Foot, "Remembering, forgetting and inventing: attitudes to the past in England at the end of the first Viking age", *Transactions of the Royal Historical Society* 6th series 9 (1999), pp. 187–188.

15 关于社会记忆或集体记忆的概述，见J. Fentress and C. Wickham, *Social Memory* (Oxford, 1992); I. IrwinZarecka, *Frames of Remembrance: the Dynamics of Collective Memory* (New Brunswick, NJ, 1994); B. Misztal, *Theories of Social Remembering* (Maidenhead, 2003)。

16 M. Matsuda, *The Memory of the Modern* (Oxford, 1996), p. 15.

17 P. Nora, "Mémoire collective", in J. Le Goff, R. Chartier and J. Revel (eds), *La nouvelle histoire* (Paris, 1978), p. 398.

18 R. Gildea, *The Past in French History* (New Haven, 1994), p. 10.

19 Misztal, *Theories of Social Remembering*, p. 7.

20 M. Innes, "Introduction: using the past, interpreting the present,

influencing the future”, in Y. Hen and M. Innes (eds), *The Uses of the Past in the Early Middle Ages* (Cambridge, 2000), pp. 6–7.

21 E. Shils, *Tradition* (Chicago, 1981), p. 167.

22 M. Schudson, “Dynamics of distortion in collective memory”, in Schacter (ed.), *Memory Distortion*, pp. 346–347.

23 Foot, “Remembering, forgetting and inventing”, p. 186.

24 M. Schudson, *Watergate in American Memory: How We Remember, Forget, and Reconstruct the Past* (n.p., 1992), p. 4.

25 见，例如A. Landsberg, *Prosthetic Memory: the Transformation of American Remembrance in the Age of Mass Culture* (New York, 2004); C. Locke, “Digital memory and the problem of forgetting”, in S. Radstone (ed.), *Memory and Methodology* (Oxford, 2000), pp. 25–37。

26 对集体记忆的不同理解进行区分的有效尝试，见J. Olick, “Collective memory: the two cultures”, *Sociological Theory* 17 (2000), pp. 333–348; J. Wertsch, *Voices of Collective Remembering* (Cambridge, 2002), pp. 20–24。

27 关于这一明显的互换性的例子，见Misztal, *Theories of Social Remembering*。

28 Fentress and Wickham, *Social Memory*, p. ix.

29 D. Paez, N. Basabe, J. L. Gonzalez, “Social processes and collective memory: a cross-cultural approach to remembering political events”, in J. Pennebaker, D. Paez, B. Rimé (eds), *Collective Memory of Political Events: Social Psychological Perspectives* (Mahwah, NJ, 1997), p. 147.

30 M. Bal, “Introduction”, in M. Bal, J. Crewe and L. Spitzer (eds), *Acts of Memory: Cultural Recall in the Present* (Hanover, NH, 1999),

p. vii. 24

31 M-R. Trouillot, *Silencing the Past: Power and the Production of History* (Boston, Mass., 1995), p. 16.

32 J. Olick, “Introduction”, in J. Olick (ed.), *States of Memory: Continuities, Conflicts, and Transformations in National Retrospection* (Durham, NC, 2003), pp. 6–7.关于（部分）近期的记忆研究在这个方向上的趋势，见Olick and Robbins, “Social memory studies”。关于集体记忆研究的可能性和局限性，另一项相关的批判性考察，见W. Kansteiner, “Finding meaning in memory: a methodological critique of collective memory studies”, *History and Theory* 41 (2002), pp. 179–197。

33 K. Hodgkin and S. Radstone, “Introduction: contested pasts”, in K. Hodgkin and S. Radstone (eds), *Contested Pasts: the Politics of Memory* (London, 2003), p. 2. 25

第一章

历史与记忆：一种想象的关系

如果我们将人类社会中生产和保持关于社会过往的知识和意识的过程命名为社会记忆，那么历史，作为一个以生产和延续这种知识和意识为目的的学科，显然也是社会记忆的一部分。而鉴于个体记忆同样参与了社会记忆的过程，历史也涉及个体记忆。但“记忆”也可以被认为是这样一个论述术语，它被反复地，但以不同的方式运用于关于历史作为一项学术活动的特性，以及关于这项活动的表面产物“历史知识”的地位的辩论之中。在这里，记忆的含义往往是模糊而难以捉摸的，但它作为一个修辞术语的潜能是巨大的，并且有时具有分裂性。近来历史研究以及邻近学科中出现的记忆的转向，其影响之一就是将历史与记忆应该具有的关系问题再次带到了人们关注的中心位置。不过在这一章中，我的目标更多的是探索一些长期的论证模式的影响，而不是去回顾这场论辩的当下状态。因为如果（就像克尔温·李·克莱因所说）“**记忆**的兴起意味着有希望重新修订**历史**的边界”，那么这不仅是由于，如他所指出，“历史”这一词语往往“在很大程度上是通过它的反面概念和同义词来找到自身意义的”[1]，也是由于历史和记忆在很长一段时间以来都是形塑于彼此的阴影之下的术语。为什么如此？我想以解释

这一现象的一些笼统言论来开始。 26

过去与现在

显然，让历史和记忆这一对词语获得意义的更广泛的概念语境，是关于人类社会中过去与现在的关系的论述。这两个词被赋予的意义的多样性和复杂性，反映了存在着描述这一关系的基本结构的两种完全不同的方式。在第一种方式中，这一关系被理解为累积性的和因果性的：过去是所有先于现在的事情，它通过一系列极为复杂的联系和互动，来促使现在成为现在的样子——让它成为这样的现在而不是其他。在这一意义上来定义，过去有着独立于当下意识的实体性的存在：从这一角度来看，我们关于过去的当下意识，便仅仅是现在的特性之一，而这一现在是由过去的事情结合起来所生产出的。在持续的发展之流中，过去与现在被连接起来，因此现在不太被认为是一个可以总结和评价过去的有利位置，而更多的被认为仅仅是历史事件及其相互作用所组成的一条不可逆转的前进洪流中的最新时刻。

在第二种理解中，过去与现在的关系被翻转了：并非过去生产出了现在，而是——至少在比喻意义上——现在，通过创造性或分析性的想象，生产出了过去。在这种理解中，过去不是过去发生的所有事件的总和——因为我们永远不应该对理解这一总和抱有希望——而是我们所“感知”到的过去，存在于当下意识之中的过去，通过反思与回忆、研究与想象性表现的复杂混合而建构起来的过去，它让我们有了一种有意识地回顾的感觉。由此而建构起的过去，或许在某些方面与前一种理解中的实体性存在的过去有所联系；至少，认为我们所感受到的是一种回顾性的意识而不是一种幻想这一信念，就暗示了我们相信这一过去与实体性存在的过去是有联系的。然而，在其内在固有的选择性中，

也在那种为其赋予意义的重要性中，这一过去不应被视为已有的过去
27 的继续，而应被视为对于当下有意义的过去。

要领会人类存在的时间维度，核心问题就是将上述两种理解之间的缺口连接起来。一方面，我们应该明白，我们对于过去的回顾性建构本身，就受到它们选择性和创造性地向后凝视所朝向的过往事件与经历之流的历史性调节——或者换句话说，形塑。不过，似乎更为重要的是，我们要明白它的反面，也就是说，“过去意识”的发展与表述也推动了往往十分关键的历史进程的展开。正是在这一意义上，关于历史与记忆的论述，以其盛行的现代形式开始登场。每一次这样的论述都跨越了上述两种关于过去-现在关系的理解之间的分歧。它们以不同的方法做到这一点，对于这些方法的考察则给我们提供了一条可能的线索，让我们了解在关于历史-记忆关系的讨论中，什么可能是具有重要意义的。

历史方面的论述，由于传统上是在与现代历史学科的联系中进行阐释的，因此认为过去与现在是分离的，这一分离通过一种特定的评鉴性会面而得到克服。在“历史”这一术语被认为承载的两种十分不同的意义上，这一分离是明显的：其一，历史指的是组成“过去”的持续发生的事件之流；其二，指的是历史学家生产出的关于过去的描述，作为他们当下鉴定工作的成果。对于更激进的历史学科的批评者来说，“书写的历史”（history as written）与“经历的历史”（history as lived）的关系在本质上就是有问题的：既然过去已经永远过去了，我们对过去的重建就是无法证实的，也因此在本质上就是专断的。[2]但对于历史学科的捍卫者来说，关于过去的真正有重要意义的知识，是可以通过以下方式获得的，即历史学家对于过去事件与经历所留下的痕迹（通常主要是文献材料）定期地、反复地施以评鉴方法。历史知识的基础，即存在于这些评鉴性会面的魔法之中——立足于当下的知识分子去质询过去所留传

下来的碎片。关于历史的现代学科专业论述就是这样连接起被认知上的间隔分离的过去与现在的。

然而，历史学家自身一般也都清楚地知道，关于是什么推动了历史 28
知识的生产，这明显是一份不完整的陈述。聚焦于历史学家进行评鉴性解释的神奇瞬间，我们便会忽视形成了这些瞬间的复杂的、更长期的过程。历史材料并非被动等待历史学家的评鉴性审查的证据性物件：至少，在大多数时候，它们的生产与留存都反映了更早时期的活动，或者是为了保存过去或当时现实中易于遗忘的元素，或者是为了影响后代对于历史的判断。就历史学家来说，他们并不只是有着当下意识的评鉴者，寻求弥补现在与已然确定无疑地消逝了的过去之间的断裂。他们、他们的专业技能，以及引导他们运用其技能的对于过去（也包括对于普遍的事物与生活）的已有假设，这些全部都是历史进程的产物，都陷于事件与经历的洪流之中，而这一洪流的更早期的阶段正是他们试图去恢复和解释的。现在我们都是相对主义者，至少是在以下程度上：我们知道，我们的历史知识、我们的理解力和好奇心——事实上还有我们关于历史方法的观念——它们自身都是属于特定历史阶段的。但是当我们认识到这一点时，相比传统的关于历史的专业论述倾向于给我们提供的，我们所获得的是一种对于历史知识产物的更为变通的观念——它让我们得以更全面地探索“经历的历史”与“书写的历史”（或理解中的历史）影响彼此生产的微妙的变化过程。

正是在这一点上，记忆成为一个让历史学家思考的引人注目的概念。这部分地是因为，我们或许认为记忆本身——这一术语通常用来指涉的现象——对前文描述的更广泛的过程发挥着重要的作用：历史学家在历史研究中使用的方法会受到他们自身所记住的东西的影响，而记忆也在众多层面上作用于内容的传递——既包括最终被压缩进历史原始材料的信息的传递，也包括左右这些材料的解释的思想的传递。但同时也是因为，记忆作为一个论述概念，为重新思考这一更普遍的过程提供了便利。至少在它接受度最高的意义上，“记忆”似乎抓住了某种流动性，那是传统的、以研究为中心的专业历史论述倾向于排除
29 在外的，但似乎是更广泛地理解鉴别历史知识的生产所要求的。当下如何能够获取与之相分离的过去的知识？在历史的论述提出这一问题之处，记忆的论述却指出了过去经历与当下意识之间更密切的或更具连续性的联系。最明显的，这一连续性体现在个人层面：个体思想的连续性保留并随后重现关于其过往印象和经历的记忆。但是即便在——比如在谈论“集体的”或“社会的”记忆时——记忆概念不那么严格地聚焦于个体的情况下，它也影响到结构的——无论是心理的还是社会的——存在，这些结构具有一种保留和传递、确保特定印象的持续，并以这些留存之事物为媒介塑造当下意识的力量。这种对连续性的强调并不必然排除这样的思想，即记忆转变和重构了它所记住的过去：然而，这样的转变却被呈现为一个源于人类存在的连续性的、逐渐发展的反思过程的效果，而不是作为历史研究的标志性特性的专注评鉴工作的效果。关于记忆的论述如影随形地萦绕着关于历史的论述，而今又提出要完善和巩固它，暴露它的不足以及站不住脚的主张。历史学家和其他人用来辩论历史–记忆关系的那些更为具体、实在的论断，恰恰来源于上述这种模糊的关系之中。

历史与记忆：联系与区隔

在这些过往的讨论中我们能发现两种相反的倾向：一方面是想要将历史与记忆联系起来，另一方面则是想将它们分开或相区别。历史学家和哲学家关于历史特性的写作中有许多篇章都谈到了历史与记忆的联系。弗朗西斯·培根写道：“人的学识与三种理解能力有关：

历史涉及他的记忆，诗歌涉及他的想象力，而哲学涉及他的理性。”[3]现代学者并未重复培根的上述大致分类，但他们似乎常常附和他的第一个论断，即历史往往在某种程度上以它与记忆的关系为特征，也就是说，历史是由记忆产生的有组织的知识形式。“历史只不过是辅助和记 30
录记忆罢了。”哲学家乔治·桑塔亚纳写道。[4]历史被约翰·卢卡奇表述为“被记住的过去”，被彼得·伯克说成是“社会记忆”，而在帕特里克·赫顿这里，则是“一种记忆的技术”[5]。对于卢德米拉·约尔丹诺瓦来说，“历史写作是对记忆的传递”；甚至，“历史实践终究只是一种高度专业化的纪念形式”[6]。这些作者的观点有诸多不同，但他们都坚持主张历史与记忆作为概念在修辞上的联结：历史是记忆的延伸，或是记忆的一种形式，或是记忆的整理排列，或至少在某种程度上与记忆有着相似或可类比的意义。

不过，对过往文献的这样一次类似的搜寻也能让我们找到一系列完全相反的引语。例如哲学家利昂·戈尔茨坦认为，“我们基于记忆的论断并非公认的历史方式的论断”[7]。戴维·洛温塔尔指出，“历史与记忆的不同之处不仅在于有关过去的知识是如何获得和验证的，也在于这些知识是如何传承、保存和转变的”[8]。对于迈克尔·本特利来说，历史与记忆之间的区别甚至到了使这两者完全对立的地步：“确切地说，历史恰恰不是记忆，而是一个系统的学科，寻求依赖于与记忆所触发的机制和控制完全不同的机制和控制，并且往往倾向于给记忆以谎言。”[9]可以说，对于这些作者而言，记忆是定义历史的“他者”——一种相反的、决然不同的知识形式。

毫无疑问，将这两类引语从其语境中抽离出来并置于一处，所遮蔽的东西与它所显示出的东西一样多：它忽视了许多具有限定性的细微差别，并隐藏了一个事实，即这两个关键术语都具有多重意义，所以表面上相似的、将它们联结起来的陈述有时表达的会是十分不同的含义。

但是，这一并置也确实显示出了一种至少存在于修辞表述层面的紧张关系，它让我们以思考历史的方式去留心那些更深的断裂和模糊性。

在某种程度上，我们不难看出这种紧张关系是如何产生的。我们不必长时间思索历史学家所做的是什么，以及在什么样的情况下从事他们的工作，就能感知到历史知识的生产一方面与回忆活动有交集，另一方面又与那些活动相偏离。强调历史与记忆之联系的最常见的论断
31 之一，就是断言历史学家所立足的原始材料（通常为文献）在根本上是基于记忆的。这一论断暗示，历史学与其他学术研究分支的不同之处在于它的研究对象——过去——已经永远离我们远去了。过去的事件和情形在根本上是不可观测的，只能通过对它们的记忆——被压缩于文献材料之中——来接近它们。历史学家所生产的知识是一种二手知识，其中他人的记忆为此做出了决定性的贡献。这一论断有一定的道理，但这一点道理并不足以支撑起“作为记忆的历史”这一观点更大胆的拥护者有时想要放置于其上的重量。历史学家确实十分依赖文献材料，这一类材料也确实需要某种类型的记忆来生产。记录庭审过程的专员必须具备关于书写技巧的程序性记忆（procedural memory），以及能将印象在大脑中保存足够时间的短时记忆（short-term memory），使得他们能将这些印象记录下来。但这些要求本身并不足以给予这样一份材料以一种个人的或自传性的记忆——关于过往事件或经历——的地位，而这是支撑这一断言——历史在本质上是对他人记忆的重组——所必需的。毋庸置疑，体现这些回忆的材料——目击者证词、日记、回忆录等——往往对于历史学家来说是重要的，但它们极少是能找到的唯一材料，也并非总是最能影响历史学家的感受和判断的材料：经济史学家或许同样会对账簿和工业考古学感兴趣，而军事史学家也会爱好步兵技术指南手册。

无论如何，原始材料都不是生产历史知识和历史理解的唯一原

料：我们还必须考虑使用这些材料的心理直觉和程序步骤。不过，对此的详述就是另一个有着明显不同的侧重点的领域了。我们可以通过对比两位至今仍有影响的哲学思想家——R.G.柯林武德和威廉·狄尔泰——对于历史知识所采取的立场来说明这些问题。

对于柯林武德，历史与记忆有着天壤之别。“因为历史是一种有组织的、可推论的知识，而记忆是无序的，并且完全不可推论”： 32

> 如果我说“我记得上周给谁写了一封信”，这就是一个记忆的陈述而非历史的陈述。但是如果我加上“我的记忆并没有欺骗我；因为这里有他的回信”，那么，我对于过去的陈述就是基于证据的；我所说的就是历史。[10]

也就是说，柯林武德认为历史知识的特性在于它与可引证的证据之间所必需的联系。历史学家基于证据得出的推断或许有误，或许有争议，但能给出证据的可能性就足以让这些推断进入公共领域：历史知识原则上是可以分享和验证的。记忆则恰恰相反，是完全主观的：除了记忆者的个人意识，它没有任何其他源于外界的参照，仅仅记忆者自身可以体会它的权威性。而当被回忆的知识由外在证据证实，并因此被接受成为历史知识表述的一部分时，它的性质就完全改变了。

然而，柯林武德的重点并非简单地强调关于过去的历史陈述与记忆陈述有着不同的判别标准，更重要的是他意在指出，历史研究所致力于生产的关于过往现实的整体理解，在最根本的意义上是超越了记忆的界限的。这一点清楚地反映在他的一则注解之中（这些注解未被编入于他去世后出版的文集《历史的观念》）：

> 一位概述罗马帝国经济史的历史学家所描绘的状况，任何当

> 时的人都不会将其视为整体；而这一整体并非在历史学家的头脑中组建而成，其中各个部分都分别地由某个当时的人目睹并报告；因为这个整体，作为历史学家思考的对象，不是各个部分的总和，而是将其联系起来的关系的系统，也正因为掌握了这一关系系统，他才能够将某些当时的人声称为事实的陈述判定为不准确的，或有误的，并插入一些有关他自己关心的事项的推论，这些都是他所
> 33 依据的材料中不曾有的。

“历史性的过去”，柯林武德总结道，“不是被记住的过去，也不是被记住的过往事件的总和”，而是“一种理想化的过去”——它是通过一种建构性、分析性的想象运作组织起来的。[11]柯林武德暗示，这一想象涉及一些概念问题（例如因果问题、社会结构问题，或长期的持续或变化问题），这些问题来源于历史思考的领域，而非被记住的经验的领域。历史理性最根本的成就便是将我们从对记忆这种有限的、主观的认识形式的盲目依赖中拯救出来。

关于狄尔泰的思想，在我想重点讨论的部分中，他的出发点与柯林武德有着很大的不同。在这里，他所强调的并不是将历史从记忆中区隔出来的评鉴方法，而是自传记忆在生产历史思考模式中所发挥的核心作用。对于狄尔泰，“历史理解的根本”在于个体与其自身生活经验的心理关系。“我们自身生命的力量和广度，以及我们用于反思它们的精力，就是历史视野的基础。仅仅这一视野本身就可以让我们给过去无血色的阴影重新带来生命力。”正是通过掌握那些形塑我们生活的力量之间的联系和相互作用，我们才能由此确立起能运用于更广阔的社会现实的理解力，也正是通过从我们的自身经验中识别出一个时间结构，我们才能让这一理解变成一种特定的历史的理解。在这里，正如狄尔泰在他关于自传性写作的评论中所指明的那样，记忆发挥着关键的

作用；这一作用的显现并非通过不加区别地保存过往经历的痕迹，而是通过以清晰表述人生方向的展开意义的方式，来选择性、解释性地将那些经历排列起来：

> 在个人生活历史之中寻找连接脉络的人，已经以各自不同的视角创造出了他人生的某种一致性，这正是他此刻正付诸语言的人生。他通过体验和认识其生命中的价值和目的，通过为人生制订计划，将他的过去视作朝向当下的发展，将他的未来视作他的人生以及无论什么他最看重的东西的成形，以此来创造这种一致性。他从他的记忆中挑选出并着重强调他认为有重要意义的瞬间；至于其余，他则放任它们沉入遗忘。未来的情形会纠正他关于某些瞬间重要与否的幻觉。因此，掌握和呈现历史联系的第一个问题已然有一半在生活中得到了解决。 34
>
> 当下与过去的事件借由一个共同的意义而被联合起来，这一关于经历的诸种设想形成了人生的诸个部分。在这些经历中，有一些经历是无论就它们自身来说还是对于整个人生进程来说都具有特殊地位的；它们被记忆保存下来，从无尽的已发生的、被遗忘的过往洪流中脱离出来。不断变化的联系在生命中的不同阶段、不同立场中不断形成，因此历史表现的目标已然由生活完成了一半。[12]

因此，对于狄尔泰而言，自传性回忆是历史思考的思维训练中不可或缺的组成部分。

狄尔泰和柯林武德的立场也并非严格地互不相容：它们只是有着不同的侧重——一方侧重于历史思考的内在心理起源，另一方则侧重于历史解释得以在实践中发展的外在方法应用。不过，对这两种立场的对比，让我们得以认识到对于生产历史知识的思维运作的不同侧重方式，是如何形成迥然不同的历史-记忆关系建构的。这一对比也突显了两者的另一区别。狄尔泰对历史的理解是个人主义的：在他这里，历史思考被视为每个个体以记忆为辅助的对其人生经历的反思的延伸。柯林武德眼中的历史在本质上却更多的是一种社会概念：如果个体是历史解释的生成者，那么只有历史学家才有能力向其他人表明他/她的解释的证据基础，而正是这些证据对于区分历史和记忆起到了关键性的作用。故而，个体之间的重要交流——或者至少是这一交流的持续的可能性——对于柯林武德来说就是历史知识生产过程中的关键部分。

因此，对柯林武德和狄尔泰的对比也提醒我们注意历史思考与记忆思考的某些交叉，它们既是个人的又是社会的，同时，对于历史生产的不同理解方式也会反映在不同的历史-记忆关系的呈现方式之中。在对这些问题更深入的探讨中，我们不仅需要知道“历史”和“记忆”这两个词所承载的不同意义，也需要了解在不同的文化语境中它们可能被赋予的不同价值。至少，在我们自己的文化中，关于历史-记忆关
35 系的言论倾向于是评估性的：不论是暗示地还是明显地，它们通过操纵这两个术语之间的关系来决定其中某个术语的价值。这样的操纵所意在达到的挑起争论的效果，在不同的案例中有不同的表现。在那些将历史和记忆视为完全不同的人之中，有些人想要树立起历史知识相较于记忆的优越性（科学的和客观的）；其他人则意图相反，以历史（一种由回顾性的臆测与一厢情愿的妄想所构成的不确定化合物）来反衬记忆（一种真实可信的、直接的知识形式）。关于后一种立场，一种更为激烈的政治性的版本也变得很普遍，其中“历史”代表着来自宏大叙事的压迫——它是关于过去的，被建构起的、推定的权威观点，通过排除或边缘化其他经历来服务于精英阶层的利益——“记忆”则代表着被

边缘化的和被排除的声音，多样而无序，但往往具有复兴可能。另一方面，在那些认为历史与记忆有着紧密联系的人之中，一些人认为，这种联系是历史作为一个有用的社会学科的证明，另一些人则以此来质疑历史的学术地位。关于历史-记忆关系的变化的观念，形成了更广泛的文化价值变迁和争论的一部分：那些盛行的观点不一定在逻辑上无懈可击，但它们与更广泛的文化倾向和政治观念有着最强烈的共振。

卡尔·贝克尔在1931年发表的那篇著名的、时常被引用的美国历史学会主席就职演说，即《人人都是他自己的历史学家》（“Everyman his own historian”）就是一个生动的例子。贝克尔称，“历史是对说过的和做过的事情的记忆”，历史知识是“社会记忆的人为延伸”。作为逻辑论证来看，贝克尔的演说遗漏了一些我们所期待的东西。他以将历史定义为“关于发生在过去的事情的知识”为起点，进而指出倘若没有记忆就不存在这样的知识，其后草率地重述了这一定义，于是将历史与记忆等同起来，武断地排除了其他一切有可能进入历史知识生产的非记忆、非回想性的因素。[13]此外，贝克尔在探讨记忆时，有意模糊了一 36
些可争论的重要区别，例如个体对于自身经历的记忆，与对于从别处得来的有关过去的知识的记忆之间的区别。不过，专注于否定这些遗漏会让我们忽视贝克尔的论证中更大的策略要点。他从他的历史与记忆的等式中得出的结论是，既然每个人都有记忆，那么每个人在实际上就都是一个历史学家。获得历史知识的学术过程在本质上是普通人记忆过程的延续（而并非与此不同），在这一过程中，人们以各自的记忆为起点，发展出关于周遭世界的知识，并由此成功地在这个世界中正常有效地生活。（这是被翻译成民主实用主义语言的狄尔泰的论证。）那么，历史学家的角色就不是生产一种专门形式的知识，使其独立于并且高于普通人的记忆，而是在社会层面上帮助普通人延伸和补充那种有实际用处的过去意识，而这种过去意识最根本的来源即是对于个体记忆的运用。贝克尔为他的那些专业历史学家听众所提供的，不是一个定义历史与记忆关系的严密哲学论证，而是一声充满激情的呼吁，让历史学家们不要因为他们的专业感和学术尊严而脱离活生生的普通人的需求和思考模式。在这一联系中，“记忆”这一术语被用来肯定，实用性和常识性优先于历史的学科特性中那些来源于专业学术文化的方面。

现在，我想要继续作一个更大范围的考察，来看关于记忆和历史-记忆联系的观念在历史思考和论证中所发挥的功能，这些思考和论证针对的不是历史作为一种知识形式的精准特性，而是它对于社会的重要意义。两点初步的概括或许有助于引导这一讨论。其一（贝克尔的分析已经表明了这一点），历史与记忆的对立关系总是密切牵涉到对待历史作为一项专业活动的态度。那些肯定历史与记忆的根本区别的论
37 断，一般都是作为一种学术策略，用于支持历史成为一个专门的学科领域——具备自成一体的严格方法论、经过专门训练的（专业的）从业者、独立的监督系统，以及精制的、专业的产品（历史知识）的一类学术探索。在19世纪和20世纪早期，历史学建基于当时盛行的实证主义思想，并吸引着这一思想，成为一个地位显赫的知识分支，上述这类论断正是作为历史学确立自身地位的大型攻势之一而获得了文化力量的。另一类论断则寻求建立历史与记忆之间的紧密联系，一般来说，它们与这样的策略有关，即将历史理解的根源追溯到一些普通的人类经验。这些寻常的人类经验，或者被认为是每个个体与生俱来的意识，或者是一般看来组成社会生活的传统。在历史学变成一门现代科学的早期阶段，这些策略的使用往往是为了通过将其呈现为根深蒂固的人类意识和愿望的知识化表达，来提高该学科的地位。至少在最初，这一呈现并不一定与历史成为一个具有批判性、“科学性”的学科的要求相互冲突。（例如，被视为现代科学历史观奠基者的利奥波德·冯·兰克，他自身的主张就依赖于这一观念，即历史学具有支持记忆代代相传的功

能。）[14]但是后来，随着历史这一学科越来越专业化，也随着实证主义思想的越发严格，这两种描述历史——作为一项智识事业——的方式之间的分歧也就越来越大。其结果是，在20世纪，主张连接历史与记忆的论断往往更多地倾向于将这一学科"大众化"或"通俗化"。有时，正如在贝克尔的情形中，通过温和地提醒职业历史学家们对于更广泛的大众的职责，历史学的"大众化"或"通俗化"是审慎进行的。然而有时，挑战也曾更加激烈，对职业历史学家致力于确立一种对于历史知识的垄断有公开的批判。拉斐尔·塞缪尔在《记忆的剧场》（*Theatres of Memory*）的开篇申斥了他所认为的，历史学术行业天生的、思路狭隘的、盲目崇拜档案的部落习性，就是一个很好的例子。对于塞缪尔来说，"大众记忆"恰恰是"书面历史的对立面"，正如后者在当时被其专业的从业人员所定义的那样：然而，他所呼吁的却是关于历史事业的一 38
个更具包容性的概念，在其中，这一对立能够被多产的互动所取代。[15]

第二点概括与第一点是有关联的。历史学对科学性的标榜，按照惯例通常存在于它对"客观性"的要求之中。这一要求的基础是这样一种观念，即历史学有其独特的研究对象——"过去"（或"过去的事件"或"过去的现实"）——它能从根本上独立于那些研究它的人的头脑。主张历史与记忆有着本质区别的论断，是维持这种独立性观念的论证结构的一部分。换句话说，这些论断有助于推进以下观念：历史研究是对过去的研究，这一过去在现在已经终结了，只有借助它所留下的物质痕迹，并且只有通过严格的学术分析方法来应用这些痕迹，学术研究才是可行的。而主张历史与记忆紧密联系的论断则相反，支持着另一观念：过去是永不终结的，永远不可能与研究它的时代完全分离，而总是涌入我们当下的历史意识，超越它所留下的物质证据的限制，来形塑历史学家的当下议题。为什么关于历史与记忆关系的争论总是无休无止？其中一部分原因即是，这两种看待过去的方式之间的冲突，始终处在历史学的现代意识的中心位置：倘若不将过去作为知识对象与现在相分离，就很难建立起历史学的学科独立性；但倘若不将过去视作与当下有着重要联系的基质（matrie），又很难在社会层面证明该学科的价值。

历史与集体记忆

对于一些历史爱好者和从业者来说，自从历史作为一门现代学科兴起以来，将历史与记忆之间的紧张关系置于修辞掌控之下的最显而易见的办法，就是有效地将历史本身定义为社会的运作记忆（working memory）。这一论断的力量来源于一个能被感知的类比——个人精神
39 生活与社会精神生活的相似性：它的重点不在于历史依赖于记忆，或历史包含记忆，又或者历史是文化媒介之多样性的一部分，通过这些文化媒介，社会记忆得以流传和建构；而是说，历史对于社会的功能正是记忆（在个体记忆的意义上）对于个体应有的功能。这一类比常常滑向一个比喻：历史，在其成熟且有效的形式下，是集体的记忆；它是这样一种知识学科的形式以及知识的类型，借此，一个特定的社会能够记住所发生的事情。这一类论断的根源在于19世纪的一种典型的思想组合，一方面吸收了唯心主义的理念，即将历史的流动视为自觉的人类理性的进步发展，另一方面也结合了集体身份认同的理念，即将人类视为一个个有机共同体的成员，而这些共同体是由对于共同传统的深刻意识来维系的。“回忆，”德国历史学家约翰·古斯塔夫·德罗伊森写道，“属于人类最深的天性[……]。在最高程度的个人性中，正如所显现出的，它们仍然会在相遇于其中的灵魂之间形成纽带。不存在一个人类共同体是没有回忆的。每一个共同体都在此前的生活和历史中保有着自身存在的形象，这是所有参与者的共同所有物，它让这些参与者之

间的关系变得更加坚实而紧密。”[16]对于德罗伊森这样的思想家来说，历史是这样一种智识媒介，凭借它，在现代，“人性的自我意识”得以反思自身的发展。

在19世纪的想象中，最显眼的共同体当然是国族（nations）。欧内斯特·勒南在1882年的著名演讲中，将记忆摆在了国族身份（nationality）的核心位置：一个国族是“一项灵魂的或精神的准则”，它凭借一个既定民族（people）“对丰富记忆遗产的共同所有”以及他们在当下发展这一遗产的决心，来激活这一民族。[17]许多国家的历史学家都抓住了国族性（nationhood）这一概念，乐于将他们自己不仅展现为这一珍贵的国族记忆的守护者、传递者和呈现者，而且展现为它重要的解释者。他们宣称，许多情况下，在他们的叙述与和他们所述有关的民族的集体传统之间，存在着有机的联系。对此我们仅举一例：J. R. 格林的《英格兰人简史》(*A Short History of the English People*)被他的遗孀描述为，不仅传达了“一个强大民族绵延不绝的生活景象”，更是“这一民族的人民自己的表达，而这部历史就是在他们之中构思并 40
为他们而写作的”——实际上，历史正是由人民书写、为人民书写，并书写关于人民的事情。[18]

在20世纪，这种有机整体论的观点，至少在学院派和自由知识分子的圈子中，过了一段时间后就变得不再普遍了。不过，即便它的热度不再，经过19世纪打磨的思想和表达习惯仍然继续在20世纪留下了印记。即便是辉格史学的主力批评者赫伯特·巴特菲尔德也不知何故竟反对自己的观点，提出历史或许应在某一层面上被视作“那种如同人类记忆的东西”，代表“思索人类过去的人类精神”[19]。“如同……的东西”（something like）这样的说法巧妙涉及了20世纪的警示——将昨日的哲学幻想转化为今日的谨慎类比。巴特菲尔德所说的普遍的人类，在其他人那里则被表述为具体的国族或社会。“一个没有历史或对其历史无知的民族，就好比一个没有记忆的人。”[20]美国历史学家亨利·斯蒂尔·康马杰写道；即便这一评论中的“历史”一词指的并非专业化的学术知识形式，它也暗示着，正是这一历史发挥着关键的社会功能。对有些人，比如霍布斯鲍姆来说，当他说历史学家“编纂并组建了关于过去的集体记忆”[21]时，或许仅仅意味着历史是一个工具，借助这一工具，社会可以积累有助于其当下事业的应用知识。然而对于更多的人来说，它也暗示着历史对于保持集体身份认同的重要性。理查德·霍夫施塔特认为，“记忆串联起个人身份，而历史串联起公共认同”，这一说法奠定了一个时常被附和的基调。[22]霍夫施塔特自己敏锐意识到了历史-记忆类比的可能危险：他常常写道，历史学家应为社会提供记忆，“这种记忆与我们为自己提供的记忆并无很大不同，也就是说，它懂得如何忘却，它会重组、会扭曲、会根据需要省略，以使得我们的自身形象变得令人愉悦”。提供这一记忆，与历史的其他（更有用的）功能是相冲突的，那些功能分析社会的过往经验，“如同在它的手中放入能执行某些特定任务的可操作的工具”[23]。然而对于许多评论
41 家来说，这一类比看起来相当直接：记忆之于个体，正如历史之于人类社会。

如果审慎处理的话，这种类比模式的推论或许有助于我们探索，在何种程度上我们可以（以及在何种程度上不可以）将某一回忆活动归因于人类社会的形构。但是如果不加批判地对待，历史和记忆之间的功能性对比则容易模糊个体与社会之间的重要区别。如果我们说记忆给予了个体一种身份意识，我们的意思是说，通过记忆，个体意识到他/她自身作为一个思考着、感受着、在身体和道德上不断发展着的人的存在。而如果我们说历史给予了一个群体或社会同样的东西，我们实际上是指，历史有助于培养一种跨代际的归属意识，在其中人们感受到与不仅在物理上和年代上，而且也常常在文化上和智识上相阻隔的

他者之间的共情联系。事实上，历史和个体记忆之间的功能性类比常常会以社会所发展出的方式，使矛盾和意外的元素变得模糊——实际上，"自然化"了那些本来是由政治或文化建构起的身份——同时，通过将历史呈现为一个有机存在的共同体的记忆，来掩盖历史学家为这些身份的形成所作贡献的普遍意识形态性。

将历史视作个人记忆的社会对等物，尽管这一描述在使用上是保守的，它至少在最初体现了关于人类智识发展的一种自信的进步主义观念。在这一观念中，历史其实是经由批判性科学方法的发展而臻于完美的集体记忆。对这一方法的运用增强而不是削弱了国族共同体（或许还有更普遍的人类）与他们所回忆的过去之间的联系，甚至让集体的传统被解释为是从远古延伸而来的。然而，到了20世纪中期，另一种——相反的——理解历史与集体记忆关系的方法开始得势。在这
里，历史不再是集体记忆的更新或延续，而是一种完全不同的知识形 42
式，它的出现是与记忆在人类社会中的衰落相关联的。莫里斯·阿尔布瓦克斯是倡导这一观点的先驱，我们将在第三章详细探讨他关于记忆之"集体"性的极具影响力的理论。对于阿尔布瓦克斯来说，记忆（即集体记忆）是传统的、有族群特殊性的，并且绝大多数是口头的。相反，历史在本质上是关于过去的书面记录，只有当传统的用于保存记忆的社会组织开始瓦解时，历史才成为必需。因此，历史学的兴起，不是作为集体记忆的真正形式，而是作为它的人造替代品。它致力于对记忆的瓦解进行修复，却永远无法重现记忆自身所具有的那种与过去之间的联系：

> 如果记忆的必要条件是记忆的主体——无论是个人还是群体——感受到在一段连续的活动中回到其记忆［souvenirs］中去，那么，既然在阅读历史的社会以及见证和参与过去事件的过去群

> 体之间的连续性存在缺口，历史如何能成为记忆？[24]

在阿尔布瓦克斯看来，记忆以过去与当下之间意识的连续性为前提，历史则建立在这二者之间的断裂上。在阿尔布瓦克斯对历史-记忆关系的解读中，这一矛盾确实是存在的。一方面，至少在源头上，他将历史书写视为将记忆的要素从曾经支持它们的社会框架的遗迹中拯救出来的一种或多或少有意的努力。[甚至，他有时会使用“历史记忆”(historical memory)一词来传达这一想法。]而在另一方面——这方面最终成为他最主要的强调点——他也明确指出，尽管历史知识的构成要素或许常常起源于集体记忆的要素，但历史对这些要素进行了重新组合和安装，将它们融入完全不同的知识系统之中，从而改变了它们的意义。

阿尔布瓦克斯认为历史和集体记忆在构成关于过去的知识方面有两点根本的不同，并让人们注意到这两点不同。第一，记忆是“一股连续的思考”，持续的时间和该群体维持它的时间一样长，并且根据群体经验的基本持续性来组织自身对于过去的印象；历史却是一个建立在
43 非连续性之上的智识系统。记忆，简单来说，将过去同化为现在，也将现在同化为过去；它模糊了过去经验的不同阶段之间的差别，因为它只保留每一阶段中仍然让人感到“活着”的部分——仍然被群体成员认为是“他们的”集体经验的那一部分。历史则相反，它生产出变化的叙事，强调(在阿尔布瓦克斯看来，过度强调)人类经验中的非连续性，不仅将过去与现在区隔开来，更将过去区分为不同的时期。记忆所注重的是每一群体与其过往经验所形成的有机整体，而历史所呈现的是对人类发展历程概要性的描述，其中过去经验与当下身份之间的联系变得不再紧密。第二，并与此相关的是，具有族群特殊性的记忆不可避免地是多样的，历史却是(或志在成为)单一而普遍的。不同族群所拥有

的对过去的记忆是他们对于各自不同的过往经历的反思，因而彼此在根本上保持独立；他们不会一起组成某些被称作“普遍记忆”的包罗万象的结构。但阿尔布瓦克斯指出，“普遍历史”的倾向却是“历史思维的自然倾向”；即便在它最为专业化之处，历史也总是在寻求将地方性的具体细节统合到普遍历史理解的大伞之下。只要法兰西人、日耳曼人、意大利人是作为相互独立的族群存在，他们的集体记忆就会一直保持互不相容。与此相反，法国、德国和意大利的历史却总会被认为可以彼此综合，或与其他国家的历史相综合，成为一部包含更广的历史叙述，其视野具有潜在的普遍性，其构成则由超越了任何特殊群体的狭隘视角的解释性原则所掌控。也就是说，记忆的视角来自群体内部；而历史，至少在理论上，是从外部来看待群体的。历史叙述的建构，要求将关于过去的数据从扎根于社会的心理框架中抽象出来，而在这些心理框架之中，记忆排列整理了这些数据。[25]

阿尔布瓦克斯关于记忆与历史之区别的观点，让其易于吸收从传统到现代性的社会转变的叙事。在这些叙事的语境中，历史——作为一种意识模式更甚于作为一项智识活动——成为流逝的传统秩序，以 44
及支撑这一秩序的记忆形式的文化徽章。同样可以看到，它不仅是记忆在概念上的“他者”，更是它的对抗者——在侵蚀或推翻它的过程中的活性剂或积极同谋。对于一些人来说，记忆的衰退和历史的前进或许是一件值得庆贺的事情。而另一些人（甚至包括部分职业历史学家）则有着更多的矛盾情绪——对更加有机地根植于过去的意识的消逝感到遗憾，对历史本身作为记忆的社会化替代品的不足感到不安。例如，在一部记录《圣经》时代以来“犹太历史”和“犹太记忆”之间的关系发展的著作中，优素福·哈依姆·耶路沙尔米明确地将现代犹太历史研究的出现与集体犹太传统的瓦解，以及由此造成的19世纪以来“犹太集体记忆的持续衰落”联系起来。[26]通过将犹太教研究历史化，他指出，现代历史编纂参与了对传统意识模式的进一步侵蚀：

> 记忆和现代历史编纂，依据其各自的属性位于与过去的不同关系之中。后者所代表的不是恢复记忆的尝试，而是一种全新的回忆。在寻求理解的过程中，它将那些即便在最活跃时也不曾是犹太群体记忆的一部分的文本、事件、历程都推至显要位置。它以前所未有的能量不断去重新创造一个越来越详尽的过去，这一过去的形状和质地都是记忆所无从识别的。而这还不是事情的全部。历史学家不仅是加入进来填补记忆空缺的，他还时常质疑那些甚至已然完整保存下来的记忆。

为了揭示过去的总体性，耶路沙尔米继续写道，历史编纂同时也“妨碍并且反转”了记忆具有高度选择性的自然倾向。然而，就在耶路沙尔米守护史学事业的尊严时，他也清晰指出，历史不足以填补记忆瓦解后所留下的空缺。“真正的疏泄或重组是可预见的”——这是不是历史学家的评鉴性工作所带来的结果？他回答道，“在现阶段，情况或许完全相反”：历史所提供的观照犹太过去的视野，并非一个关于整体的、能支撑集体认同感的新视野，而仅仅给我们带来了“多样性和相
45 对性”[27]。

在皮埃尔·诺拉的一篇很有影响力的文章中，历史作为记忆的对立物这一思想被有力地表述了出来，并且在关于历史在更大范围的现代情感演进中所发挥作用的一般论述中，被放在了中心位置。诺拉文章的开篇充满了对这一中心思想的热情表达。“那些残留的经验，仍然活在传统的温暖中、习俗的寂静中、祖制的重复中，它们已被一股深厚的历史性情感一扫而空”；“历史的征服力”“消灭”了记忆，“将它连根拔起”；“记忆在历史的眼中永远都是嫌疑犯，历史真正的任务是毁灭记

忆，去镇压它”。诺拉指出，“历史的加速前进”（不仅包括历史变革的增长速率，也包括历史情感的“剧增”）让我们与以下间隔正面相对，即：

> 区分真正的记忆——那种原始古代社会所具有的未受污染的社会记忆，它的秘密已与这些社会一同消逝了——与历史（现代社会以此组织它们所忘却的过去，因为它们为变化所驱使）的巨大间隔；一份整体的记忆，无所不能，影响广泛，没有自我意识，天性使然着眼当下——这份记忆没有过去，永远循环利用一份遗产，将祖先的昨日都交托给无差别的英雄、开端和神话时代——与我们的记忆形式（不过就是历史，一项筛选和分类的工作）之间的间隔。[28]

诺拉在陈述这些对立时极为激情洋溢，然而他所关心的不只是勾勒出两种对立的意识形式，更是揭示出这一过程——经此，历史和记忆之间原本潜伏的紧张关系变为彻底的敌对。聚焦于法国经验，诺拉发现历史作为一门学科的宗旨是要建立起国族的传统。在其发展的早期阶段，历史学的目的并非摧毁记忆和传统，而是在现代国族身份的框架中去发展和巩固它们。在这一意义上，他提出，“法国的整个历史传统[……]像严格的记忆能力训练一样发展起来，为了无缝重构完整的过去，历史曾本能性地深入探索记忆”。即便在20世纪，“每一次历史方法的重大改革都是为了拓宽集体记忆的基础”。然而随着时间的流逝， 46
历史学的评鉴实践的发展开始颠覆那些它们原本为之服务的记忆目的。在诺拉看来，在这里起决定作用的是历史编纂本能的发展，借此，历史开始批判性地反思其自身的生产情况：

> 当历史开始书写其自身的历史时，一个根本性的变化发生了。揭示自身中非历史的部分，将自己表现为记忆的受害者，并寻求将

> 自身从记忆的掌控中解放出来——当历史学为自身设立了这些目标时，历史编纂学就诞生了。

其后，历史批判性地转向了记忆遗留下来的传统，解构了那些传统中的神话和象征："历史编纂学播种疑虑；它的刀锋在记忆的树心和历史的树皮之间游走。"当历史学进入历史编纂学的发展阶段，它便圆满完成了"与记忆的分离"：在削弱记忆对人类社会的掌控时，它成了帮凶，甚至是主要的执行者。[29]在诺拉的叙述中，当历史意识到其所处位置的讽刺性，将批判的、回溯的凝视置于它曾助力于破坏的、一度活生生的那些传统的残骸和遗迹之上时，它抵达了最后一个阶段。正是在这里，诺拉关于记忆场（*lieux de mémoire*）概念的影响深远的阐述变得具有了相关性——这一术语在他的思考中逐步形成，变得不仅涵盖具有象征意义的地点或纪念遗迹，也包括"任何这样的有意义的实体，不论在本质上是物质的还是非物质的，凭借人类意志或者时间的打磨而变成任一共同体的物质遗产中一个象征性的元素"[30]。作为历史学家感兴趣的对象，记忆场的意义在于，它们是典型的剩余物：它们所引起关注的，不是现存共同体的记忆的存在，而是残留的对记忆的意识，以及曾具有社会意义的传统。聚焦于记忆场的历史不再是服务于记忆的历史，而是记忆为之变成流失的象征以及社会断裂的象征的历史。"我们常常把记忆挂在嘴上，因为它已然不存在了。"[31]

诺拉对历史-记忆关系的后现代处理向我们展现了当下一种有些宿命论式的历史观——这一学科受到两方面意识的形塑，其一是对它
47 作为一项记忆事业的早期历史的意识，其二则是对它当下长期缺乏记忆能力的意识；对于这一学科来说，记忆或许是一个学理上的关注点（甚至是痴迷对象），但它不再可能是历史学家们自身会去促成的一种活生生的现象。不过，即便在当代条件下，关于这一问题的这些阐述也

让其他人重新确认了对历史的记忆潜力的基本信念。例如，对于帕特里克·赫顿来说，历史学的前进方向在于认识到并恢复它作为“记忆术”的地位和天职。赫顿认为，要做到这些，需要认识到历史思考在调节记忆过程（或“记忆的时刻”）的两个方面——重演（repetition）与回想（recollection）——的关系中发挥的作用。

> 重演涉及过去的在场（presence）。通过这一记忆时刻，我们将那些持续以不加思考的方式影响着我们当下之理解的过去景象带向将来。或许有人会将它们称作思维习惯；它们是集体记忆中将我们与现存的传统联系起来的东西。回想则关系到我们唤起过去的当下努力。通过这一记忆时刻，我们有意识、有选择地重构过去的景象，以满足我们当下处境中的需求。正是这两个记忆时刻之间敞开的通路，让历史思考成为可能。[32]

尽管在18世纪和19世纪，历史作为一门学科的出现在某一层面上认可并触及了已接受的传统，但它以科学客观性的修辞作为外衣，而这一修辞倾向于强调历史与“回忆”的时刻之间本质上的亲缘关系——不是将历史视为对已接受的范式的复制，而是将其视为一项本质上具有评鉴性的重构工作。不过，赫顿指出，在实际中，历史总是“对记忆之谜的两方面都有所利用”：它试图重构过去，但它是在根源于“多次重复的思维习惯”的理解的敦促下才这么做的。[33]也就是说，历史学家并非像一张白纸一样来到过去：他们研究关于过去的证据，而这一过去已然是被更早的看法组织的：在这一意义上，历史思考往往既是批判的又是传统的；而回想往往是以重演为根据的。赫顿暗示，对历史的社会和文化功能的恰当理解，依赖于我们对这一双重性的认识的恢复。显然，在一个多元主义的后现代世界，历史学家不能指望通过让他们自己成为单 48

一传统的权威解释者——像他们19世纪的先辈们所寻求的那样——来“复兴他们的职业”。相反，赫顿认为，他们必须去重新发掘被埋藏在生活表面之下的、丝丝缕缕的传统：

> 历史学家或许会感到被多种多样竞相争夺他们好感的传统所包围，但他们享有这样的能力，去考察历史编纂的场景，就好像那是一片广阔的记忆风景一样，其地质特征突显出许多值得研究的传统。对于我们文化的本质的那种普遍赞同或许已经不存在了，但传统资源的丰富性就如人类经验一样深厚。什么是我们当下处境中值得记忆的事情？我们对此的共识的终结，貌似矛盾地向我们再一次开启了历史在传统中隐藏的根源，并以实证主义科学的名义将其遮蔽在现代历史编纂学之中。[34]

这段话表明，历史编纂学，对于诺拉来说是破坏历史和集体记忆之间关系的关键动力，对于赫顿来说则是使历史探查那些影响了其自身发展的、多样的记忆传统的动力。不过，这一训练的最终目的却是超越后现代主义对表现（representations）的强调，并重新唤起那种作为过往生活经验的复原的历史感。[35]

历史与纪念

诺拉认为，当代历史学家带着一丝希望，站在记忆似乎就要耗尽的历史节点上；而赫顿认为，历史学家仍然处在记忆的洪流中，被记忆形塑，并不断反思记忆。这两种立场表明，关于历史与塑造社会认同的记忆范式之间的波动关系的思考始终保持着多样性。与产生于这一问题的争论同时发生，有时也卷入了这些争论的，是关于历史与记忆的第二类思考，它来源于一种稍微不同的概念构想。在这里，重点落在了历史抵制遗忘的存储功能上——它的角色是一个潜在的裁断者，能决定什么将被记住，什么可以被遗忘。希罗多德在公元前5世纪写下《历史》一书，“于是人类的成就不会在时间的流逝中被忘却，伟大而精彩的事迹[……]不会失去它们的荣光”。自此以后，人们将纪念的功能——让事物在记忆中保持鲜活的功能——指派给了历史书写。[36]当然，对这一功能的信赖往往与“记忆”是一个特定群体——例如一个国族——的所有物这样一类观念紧密相连，但我们同样可以认为，它也来源于一种更广泛的视角，其中的重点不是落在注定由“集体记忆”的历史塑造的社会实体上，而是落在记忆存储的实际事务上。12世纪的拜占庭作家安娜·康姆内那以一幅震撼人心的图景精准描摹了这一观点： 49

> 时间在其不可抗拒而永不停歇的洪流中携带着所有受造物，并将它们统统淹没在深沉的未知之中，无论它们是不值一提还是举足轻重[……]。但历史的故事形成了抵制时间之流的坚强堡垒，并在某种程度上遏止了这一不可抗拒的洪流。它保护着被历史接管的所有东西，将它们联系起来，不让它们滑入遗忘的深渊。

正是为了防止她父亲亚历克赛大帝的功绩“在时间流逝中被一扫而空[……]进入遗忘之海中”，安娜求助于历史书写。[37]古代和中世纪作者们想要从遗忘中保存下来的事情是多种多样的：伟人的品质，他们高尚的行为和智慧的言辞，他们的英勇事迹，因愤怒或仁慈而对个体或民族生命中的神力的干预，创立政治制度或明确财产权利的行动。但其基本的观点是一致的，都认为书写过去（不论是邻近的还是遥远的过去）的目的是将这些事情固定在永恒的记忆之中——那种可以一代代持续下去的记忆。在这些大多数人都不识字的社会中，能将事情付诸书写是至关重要的——或许比具体在什么时间付诸书写，以及这一“付诸”是如何发生的，是由被记录的事件发生时的参与者或见证者，还是由其他人在很久以后书写的等问题更为重要。

50 而在当下充斥着印刷品和官僚政治的时代，我们的感受却有些不同。这样的书写或许不像曾经那么难得了，而不同种类的书面文献与被回忆的现实之间的不同关系——例如“一手”和“二手”的书面证据之间的不同——或许因此而变得更为关键。我们习惯于被淹没在远远多于我们想要阅读的各种书写和印刷材料之中，因而相比前人，我们没那么信任书写所具有的“记住事情”的能力：我们（尤其是学术历史学家）知道得再清楚不过，即便是被细心地保存在图书馆和档案馆中，书籍和文献有时也很快就会被遗忘。同样地，即便是被阅读和珍视的书面文本，它们将固定的意义一代又一代地传递下去的能力也不太会令我们信服：前人将书面文字的固定性和持久性与口头语言的易变性和不稳定性进行对比，而我们则更在乎，即便是书面文字，也很容易受到争议，很容易被重新解释。部分地由于这些原因，作为一种知识形式，我们的历史观念不再那么关注历史书写的存储能力，而更关注历史研究重新发现、重新建构以及重新解释的能力——比起历史的表达模式（呈现历史的书写作品），更关注其批评分析的模式（书写之前的研究）。在这样一种现代思考方式的影响下，将历史视作一种纪念形式的观念逐渐失色。

然而，我们还不必如此严格地划清这两种观念之间的界限。创立现代历史科学，并强调对文献证据进行评鉴分析的时代——19世纪以及20世纪早期——恰恰也是历史学家们坚定信任这些“科学”方法能带来确切、权威的历史知识的时代。1896年，阿克顿勋爵作为《剑桥现代史》的编者在一封写给剑桥大学出版社理事的著名报告中写道：“普世的历史”在现在这一代还不可能实现，这是事实，但它的实现是可以清晰预见的，“现在所有信息都触手可及，而每个难题也都变成了可解决的”[38]。阿克顿的历史观实际上就是认为，历史将会固定并明确表达人类需要记住的东西。在识字率没那么高的年代被认为是源自书写的 51 记忆能力所带来的好处，现代历史学的方法也将同样给予我们。显然，这样一种确定性的观点已大幅式微，正如阿克顿写道：创伤性历史经验和后现代认识论已联合起来，削弱了支撑这一观点的信念——对进步、科学、国族的信念，对历史客观性这一概念本身的信念。然而历史学家们仍然不时彼此恭贺，因为做出了一个“确切的”（哪怕是在历史学的一些小角落里）、持久的贡献：历史的建立是为了持续下去，而不是仅仅满足当下的需要，这一设想仍然是有吸引力的。

更重要的是，尽管现在的历史书写——至少在自由民主国家——不再宣称以保卫对伟大人物或光辉事迹的记忆为目的，近来许多领域的历史学术研究并未回避对另一种纪念意图的宣告。例如，关于大屠杀的历史书写，至少在某一层面上，就常常以充当回忆的工具——保存那些很可能会被忘却或被记错的人与事——为意图。在关于20世纪早期亚美尼亚大屠杀的口述史的最后几页中，唐纳德·米勒和洛娜·米勒对比了他们对于当今整齐有序、被精心照看的亚美尼亚公墓的印象，以及他们通过采访得知的往事，发现这样的埋葬并不属于那些在四分之三个世纪以前被活活烧死、被射杀，被弃之不管直至腐烂的人们：这本书的最后一段话，通过记录两位作者在大屠杀纪念日参加死难者纪念仪式的过程，深化了纪念的视角。[39]毫无疑问，出于很明显的原因，关于大屠杀的历史尤其易受到纪念之变化的影响，但历史的主要功能之一就是鲜活地保存一些特定的记忆，这一观点显然并不局限于这一领域的历史编纂：口述史、妇女史、奴隶史、殖民史、同性恋史以及工人阶级史的实际研究者，仅仅只是表达并认可这一观点的动机的人中的一部分。

实际上，相较于直截了当地拒绝古代和中世纪历史学家指派给历
52 史的纪念目的，近来的历史书写更多展现出的是一种对于记住与遗忘的社会动态的更复杂的理解。对于安娜·康姆内那（以及其他与她类似的历史学家）来说，是时间造成了遗忘；历史书写却有选择地但也相当明确地预先阻止了它。而当现代历史学家探索其学科在纪念方面的潜力时，他们不认为时间具有显著的作用，也不认为历史书写的职能有那么明确。他们没有将集体的遗忘视作时间将任何没有稳固在书写中（或其他纪念设施，例如纪念雕塑中）的内容扫除出意识的结果，而是至少部分地将其视为政治选择、权力差异、文化倾向的结果。不仅如此，他们还认为历史不是自动保存记忆的机制，而是这样一个学科，它所采用的方法和步骤不仅有助于获得记忆，也同样会带来遗忘。他们强调，任何历史叙事都是基于选择的——在保留下一些事情的同时，也在抑制其他的事情；在关注一些群体的发展或利益的同时，也在暗地里（如果不是在明面上的话）排挤另一些看待问题的视角，或将它们边缘化；在宣扬一类记忆的同时，也在阻断另一些回忆的方式。因此，他们在历史中看见的，是一个强大的政治工具——一个潜在的解放和启蒙工具，而同时也能用于压迫和控制。简单来说，当现在的历史学家们致力于保存或拯救那些特定的事迹、族群、观点或经历，使其免于遗忘之时，他们会考虑到某种由意识形态建构的遗忘，而在建构这一遗忘时，其他派别的历史书写或许发挥了很大的作用。因此，通常来说，拯救记忆的行为是具有历史编纂学的特点的——它带有历史修正主义或反修正主义的成分。保存关于大屠杀的记忆不仅意味着将其固定在书写中，使其在亲身见证或经历了大屠杀的那代人去世后仍能继续存在，更意味着将其作为记忆的对象来捍卫，抵御大屠杀的否认者所培养起来的对历史的恶意理解。[40]对于口述史家来说，他们的任务不仅是通过搜集和分析口述证词来恢复与如果不这样做就有可能消失的记忆

之间的联系，更是揭示出这些记忆——例如工人、女性或受压迫的族群的记忆——是如何被惯常的历史书写中的策略和倾向性所排斥和边缘化的。 53

下面这个例子或许有助于更充分地说明，关于记住与遗忘的语言是如何表达对这些问题的关切的。根据作者张纯如自己的说法，她的《南京大屠杀》一书即以记忆对记忆的否认为内核。张纯如自己对于1937年日军南京暴行的最初认识来源于关于中日战争的家族记忆，这份记忆是由她的父母——从中国来美国的第一代移民——传给她的。在海外离散华人（Chinese diaspora）之中重新浮现的记忆，以及与之相关的信息增强了她作为历史学家对于南京事件的兴趣。[41]她写作一本以该事件为主题的书的最早动机，在一定程度上明显是纪念性的——“为了给南京数十万个无字的坟墓题上我的碑文”。但她写下这一碑文的愿望并非仅仅来源于她所接触到的记忆表达，更来源于她的震惊：这样的记忆，以及它们所涉及的事件，竟然被战后世界，尤其是日本的主流政治文化和历史编纂传统抑制到了这种程度。她在著作的最后一章试着在谴责的同时去分析这样的抑制机制；整本书所汲取的教训既来自现在能被记起的事件，也来自这样的事件被遗忘的方式。[42]

在一本这样的著作中，“遗忘”这一概念携带着强烈的情感指控。它的精确含义其实往往很难捉摸。张纯如将南京大屠杀称为“二战中被忘却的屠杀”，但她自己的书其实就引用了很多人的证词，对于这些人来说，1937年发生的这些事情明显仍然属于在世的记忆（living memory）*。“遗忘”所指的是缺乏公众的承认——历史学家创作出关于过去的故事，政治家在演讲中引用它们，教科书把它们教给上学的孩子，公共纪念碑让人们不断想起它们——但在这些故事中，南京大屠杀

* 指仍然活着的人对于亲身参与或见证的事件的亲身记忆。——译注

事件及其受害者却未被给予应有的位置。这不是意识随着时间流逝的消逝，不会因偶然原因被重新想起，而是一种不公正的形式或表达，它大声呼唤着我们去改正。那些人的经历曾被遗忘，对于他们的道义要
54 求，社会有多种方式可以表达认可——经济补偿、财产归还、公开道歉或赎罪，以及惩罚那些对过去暴行负有责任的人——但对于历史学家，这首先意味着，在历史记载中确立正义。

真相、正义和记忆（或对遗忘的预防）长久以来都是紧密交织的概念。补偿和惩罚依赖于记忆；即便是赦免、“原谅和忘却”也依赖于最初的记忆。即便在正义无法（或不愿）对犯罪者施以惩罚的地方，也至少需要记忆去防止错误和伤害落入忘川——就好像没有发生过一样。至少从某一立场来看，如果这些事情被忘记了，那么受损失的将是真相本身：“如果大规模罪行的受害人不能留下他们的样貌和名字，如果无人知晓他们在人生的最后时刻所处的时间、地点以及死亡的方式，那么他们就是在真相的光亮之外，就是被遗弃在遗忘之中。留下的这个世界是不完整的；它的整体性被打破，它的真实性也大打折扣。”詹姆斯·布斯在分析这样的感受时写道。[43]为了给过去一个真实的描述，让这样一些事情不被遗忘不仅被理解为抽象的正义的要求，也被理解为一种更人性的道德义务的实现：切斯瓦夫·米沃什曾说，“活着的人受命于死去而永远沉寂的人：去保存有关过去的真相”[44]。这样一种观点在20世纪得到了深化，因为人们意识到极权政治追求茨维坦·托多罗夫所说的“清除记忆”（the blotting out of memory）[45]的决心；这至少体现在三个层面：删除对先于他们发生的事态的记忆，删除对他们自身罪行的记忆，以及删除这些罪行的受害者的记忆。在战争审判和真相委员会的时代，记忆、正义与历史真相之间的修辞和概念联系被再次反复拿到公共议论的台面上来，不出意外，它们有力影响了一些历史学家谈论自己的学科及其社会功能的方式。另一方面，一些评论家则暗示了

可能的“记忆伦理的陷阱”，就什么应该被记住来说，对某一特定理解的遵循，在某些情况下其实很可能是与当下历史准确性或历史正义的要求相矛盾的。[46] 55

将正义与记忆等同起来的问题之一是，记忆在实际上总是有选择性的。我们可以有意做出决定，不让一些关于苦难与不公的故事，以及这些苦难与不公的受害者被遗忘；甚至，如果愿意，我们也可以调整我们的历史实践去确保这一结果；但是在为一些人做出这样的决定时，我们肯定不会为了其他人做出同样的决定。甚至，托多罗夫指出，对“记忆之职责”（例如，与法国战时过往相关的“记忆之职责”）的当代呼吁，所涉及的并不是尽可能详尽地确立关于过去的事实这一愿望，而是“在这些事实中做出选择，并捍卫这种特定的选择，它确保其主角始终要么是英雄、要么是受害者，而不让其他的选择来赋予它们不那么光荣的角色”[47]。换句话说，记忆作为一项道德义务的概念，在运用中总是有所偏颇的，它不仅是要确立应当被记住的内容，也想要固定住回忆的方式。

在这一情况下，将历史作为纪念或见证的观点，与其他关于历史应当是关于什么的观念之间很容易产生冲突。而有时，记忆的修辞会试图去努力包容这些冲突。下面这个例子或许能说明这一点。1990年代中期，热尔代·勒纳获得了一个历史学奖项，是为纪念一名在拉文斯布吕克集中营被杀害的奥地利社会民主派女权者而设立的。她在受奖演讲中动情地谈到，“铭记”纳粹时期暴行的“义务”对于像她自己这样亲眼见证了这些暴行的人来说是一个“沉重的负担”：“你不能忘记，你不应该忘记，你必须成为一个见证者。”勒纳希望在直接见证者离世以后，以历史——作为“我们的集体记忆”——来保持人们对这些经历的承认，但她同时也担忧，这样的集体记忆很可能是选择性的。它倾向于忘记“事件的阴暗面”，于是一些人的伤痛经历会因此被遗忘，而勒纳认为，这样的倾向不仅会伤害这些人，也会伤害整个社会，“因为如果一个人未能履行对自己过去行为所造成的后果的责任，那么这个人就无法被治愈，也无法在将来做出更好的选择”。但勒纳的目的并不仅仅是确认，我们需要历史去持续我们对纳粹统治下的非人道罪行的道德责任，因为她立即将重点转向了更普遍层面上的妇女（尤其是妇女）、奴隶、无
56 产阶级以及被殖民民族的经历，在统治他们的男性精英生产出的传统历史编纂中被“有选择地遗忘以及历史性地边缘化”的方式。她赞扬女性主义历史学家们带头“去追寻一种整体的世界观，它既承认并尊重人与人之间的不同，又记录多样而复杂的人类奋斗经历所具有的共性”。她的结论依然是以记忆的语言来表达的：“通过记住整体，而非有选择地遗忘，我们可以反抗那充斥着扭曲和片面的真相的体制，不让针对性别、阶级、种族的歧视以及反犹主义思想像毒草一样从中疯长出来。”[48]

现在的问题，不在于勒纳无可挑剔的自由主义计划，而在于“记住整体”作为对历史学工作的一项普遍要求究竟指的是什么。毋庸置疑，它指的是书写包含了“阴暗面”的历史，在承认社会精英和压迫者的同时，也承认历史上弱势群体和被压迫者的存在。但是，我们真的能够想到一种做法——无论是历史的还是记忆的——能让我们不忽略或边缘化任何事以及任何人吗？当我们所处理的记忆中包含着极度分裂的经历时，勒纳所唤起的承认和尊重观念又能被带到多远呢？让妇女、奴隶和无产阶级回归到他们在历史记录中应有的位置，这不仅意味着记住他们的存在，更意味着对他们的利益与立场给予道德上的认可，让他们能够被归入历史的充分参与者之列，而不是永远作为无法挽救的次要角色。但是，在同样的历史思想框架中，难道我们可以给予盖世太保*的利益与立场以同等程度的道德认可吗？如果我们不能，那么在这个我们以为完整的历史记忆中，就已然存在着一种选择性。再比如，在一个

* 德国纳粹秘密警察。——译注

致力于“记录多样而复杂的人类奋斗经历所具有的共性”的全面的回忆姿态中，同时包含犹太人与反犹分子的矛盾经历同样也是不容易的，因为他们的奋斗大多有一个根本特征，那就是族群之间残忍的相互憎恶。两种关注点不同的、将历史视作记忆的观念——一种强调社会需要全面地处理过去的集体经历，而另一种强调对于过去不平等和不公
正事件中的受害者给予道德认可的责任——在勒纳关于历史记忆的修 57
辞中是含糊地融合在一起的。

后　续

我在前文中追溯的关于历史与记忆的思考和论争，很多早在历史学近来的记忆转向之前就有其渊源，但在这一转向所带来的修辞上的互通（既在这一转向的支持者之间，也在它的批评者之间）中，它们构成了强有力的元素。记忆的转向是一个复合的现象，许多不同的议程都为它的发生做出了贡献，而许多不同的方法，不论是为了研究作为主题的记忆还是作为探询模式的历史，都是从这一转向中产生的。没有人会天真地认为，这一思想潮流的复杂交织能神奇地让关于历史与记忆关系的辩论平息下来，又或者，就像从帽子里变出一只兔子那样，产生出一个完美的解决办法，让那些对记忆问题感兴趣的人达成共识——显然，这也不是事实上发生的事情。

关于历史-记忆关系的相互矛盾的表达一直持续着，并且，我们常常可以发觉一种更深层的矛盾。一方面，记忆成为历史研究领域新的重点主题，它通过暗示对更传统的主题的取代来允诺概念的重建，其中，历史与记忆的互通与互动将成为核心的、决定性的特征。另一方面，关于记忆的论述有时需要一个为其定性的“他者”，而历史被设想为一种关于集体过去的自称客观、权威、均质化的叙事，仍然是这一“他

者”角色最常见的竞争者。那些认同记忆研究的重要性的学者，对于他们所理解的记忆是什么，以及他们是否希望记忆研究能瓦解并进而重塑或重新确认历史学科的界限，却并没有那么清晰的认同。确实，近年来历史学家对记忆主题所作的那些最有趣的探索，大多是去创造性地动摇概念关系，而非去重构它们；这些研究往往拒绝明确的结论，试验
58 式地探查历史与其他研究模式（例如精神分析）以及其他文学体裁（例如自传）之间不易理解的交集。因此，在罗纳德·弗雷泽的《寻找一段过去》（*In Search of A Past*）一书中，口述史学（被运用在仆人身上）和精神分析（弗雷泽的自身经历）的方法都被用来探索社会和精神方面的诸多不安，它们贯穿弗雷泽在上层社会度过的童年，以及他后来为创作出一篇令其满意的童年故事所作的努力。然而这一追寻的决心仍然很难让人理解：他提供给读者的，是“一本寻找作者［……］的书：一些原材料的集合，它们等待着能够将它们做成什么的主体”[49]。在卡罗琳·斯蒂德曼的《一个好女人的风景》（*Landscape For a Good Woman*）一书中，作者同时唤起并分析了她自己关于童年与家庭关系的记忆所隐藏和揭示的内容，由此，她从根本上改变了关于工人阶级经历的传统历史叙事。然而，斯蒂德曼拒斥这样一种观点，即一段历史——关于过去的一段说得通的核心故事——能够简单地容纳，或将自身重新建立在它一度排除在外的回忆故事上：“我不会说我母亲的、父亲的或是我的故事就是完全正当合理的故事，它们凭自身存在于那里，只是不被历史发掘，而现在被显现出来了。［……］我认为核心的故事是**通过**其他故事的边缘性来维持其地位的，但是，这些边缘的故事**不会**以同样的方式建构未来。”[50]实际上，她的这本书中探讨了历史性与自传性之间令人不安的接触，它们在两股力量之间反复徘徊，一方是暗地里力图将个人经历与历史理解的结构联系起来的历史情感，另一方是突出心理体验，包括幻想与否决、愤恨与丧失的强烈要求，这些心理体验是生命中以及与

他人的关系中不可分割的一部分，并且对于这些事情会如何被回忆至关重要，但它们的意义在历史叙事中找不到稳定的位置。

倘若记忆的转向没有产生出一种稳定的、对历史-记忆问题的新解读，倘若它的影响只是让我们重新关注一些有着更悠久渊源的问题——在历史飞速发展的情况下现在与过去的关系，历史学科与专业化社会的关系，历史的地位与真相和正义的关系——那么，鉴于许多评论家认为历史和记忆都处于危机之中，这些问题已在新的层面上获得 59
了重要意义。就历史来说，危机来源于各种形式的后现代主义和后结构主义批评对历史知识的凭据的激烈质疑。在质疑关于过去的有意义的知识是否真的可能存在时，这类批评暗中质疑了历史学作为一项求知事业以及历史职业作为一项社会机制的效用——甚至信誉。由此，它们以一种论战性的方式激化了历史与记忆关系讨论中的一些关键问题。记忆突然引人注目地成为历史研究中的一个类别，批评家们倾向于将此——无论是以明示还是暗示的方式——与这些攻击以及历史职业对这些攻击部分的认可所带来的信任危机联系起来。这一联系是以不同方式建立起来的：对于一些人来说，记忆的转向标志着历史自身与新的学术议程令人振奋的、创造性的融合；对于另一些人来说，它则标志着紧张而不知所措的撤退；还有一些人则认为，它是对历史之本质主义的主张的一种修辞上的再度夸大。这些批评也并不总是集中在同一件事上：在有些情况下，他们分析的是被感知到的历史主题的转移；在另一些情况下，则是学术方法的转变；还有时是用语的变化，其中，一些一度不被描述为记忆的东西被重新贴上了“记忆”的标签，使用这一词语去描述历史事业本身的倾向也越来越强烈。在大多数情况下，他们的意思或许是，记忆的转向标志着或确认了从历史学从前所要求精通的东西中的撤退。因此，安克斯密特认为，将历史重新描述为记忆，“表明我们与过去的关系已被个人化或私人化了”，同时，这也因此成为曾经那个宏伟的计划——通过历史从业者有组织的集体努力来实现普遍的历史理解——分崩离析过程中的一个重要时刻。[51]另一方面，克莱因则认为，对记忆之语言的着迷预示着一次尝试，它假装与对后现代主义议程的表面认可相结合，通过在潜意识里与传统的和宗教的意义产生共振的词汇，来表达历史的计划，"复魅我们与世界的关系，将当下注入过往"[52]。

60 危机中的历史或许会通过重新建立与记忆之间更古老的修辞上的联系，来让自己再生。但倘若记忆本身也被认为是处在没有保障甚至分崩离析的状态，历史的这一努力就会变得很复杂。我会在第五章的最后一部分中更详细地探讨当代"记忆之危机"这一观念。这一危机被认为是复杂的、累积而成的，它的根源在于"传统"社会结构的瓦解，以及其后对民族国家作为一项道德工程的信念的动摇，但在现代大众文化和传播技术——这些发展正在迅速地剥夺现代社会的居民心中稳定的框架，没了这些框架，人们便不再能与任何集体过去建立起有意义的记忆关系——的带动下，这一危机的尖锐程度不断上升。历史的危机与记忆的关系是不明朗的：对于一些人（例如诺拉）来说，历史主义是造成记忆侵蚀的主要媒介；而对于其他人，对历史的信任危机仅仅是更大范围内的记忆崩塌的一部分。但是，无论历史和记忆被视为同盟还是敌人，这两者都将被消解，变得致命地脆弱——这一局面使得二者之间关系的稳定变得看起来更加难以企及。

现在，我们应该清楚，这一历史-记忆难题不是能够通过深刻的理性辩论而轻易平定的——不论是得到解决还是慢慢化为无声。这里的争议不在于两个界限明确的实体之间的关系，它们在关系中的相互位置或许会变化，但在原则上总是能确定；也不在于两个变化发展中的物质之间的关系，对此我们至少有一致的基础去观察它们难以理解的变化以及相互渗透。甚至，到头来，争议也不在于概念之间的关系，这些概念的不同表现形式的启发作用，能在一个相对学术中立的环境中得到辩论和检测。相反，处于争议中的是两个散漫无章的术语，它们都获得了许多在有些时候相互矛盾的修辞用法，并且两者都满载着一系列复杂多变的情感共鸣和象征意义。简而言之，“历史”和“记忆”的术语不仅是用于描述的符号，更是冲突的指示器和争论的工具——在一系列相互重叠的争论中，它们有时是赌注，有时是催化剂，有时则是武器，两者都既属于历史学（或更广泛的学术界）也属于整个社会。配置这些术语的不同方法能带来不同的引起争议的信息，这不仅关系到历 61
史知识的性质，也关系到历史学家的社会定位和社会责任感、文化的政治，以及现代社会问题重重的本性。因此，关于历史-记忆关系的分歧，至少在某一层面上，不应理解成对于精准可用的分析概念的合适框架的不确定，而应理解成为了控制——修改或延伸，或许还有稳定、容纳或限制——那些符号的共振以及以此为基础的关键术语的可能用途所作的努力。这并不意味着对历史与记忆之辩的每一次介入都应解释为对权力的争取，或在一个本质上二元的思想冲突中所做出的立场声明（*prise de position*）。正如我所尝试表明的，“历史”与“记忆”这两个术语被结合与分离的方式具有十分复杂的意义。这部分地是由于这些术语具有多种含义，同时也因为这些含义能在多种而非一个单一固定的讨论框架中产生共振，这些框架相互之间的关系也是复杂的，有时还很难捉摸。在这里我们提出的论断仅仅是，“历史”和“记忆”这两个术语已变得加倍重要，它们负载着许多可争论的意义，深陷在复杂的政治以及学术话语和公共话语的情感主义中，因而穿越所有这些来建立稳定的概念关系，就变成了一个错误的目标。

当今历史学家对记忆的兴趣热潮，帮助我们探索和分析了过去在人类社会中投入当下意识的过程，这一热潮的重要意义在于它帮助我们的方式，而非方向。

注 释

1 Klein, "On the emergence of *memory* in historical discourse", p. 128.

2 见，例如，K. Jenkins, *Re-thinking History* (London, 1991)，尤其p. 5。

3 F. Bacon, *The Advancement of Learning*, in B. Vickers (ed.), *Francis Bacon: a Critical Edition of the Major Works* (Oxford, 1996), p. 175.

4 G. Santayana, *The Life of Reason: or the Phases of Human Progress* (New York, 1954), p. 394.

5 J. Lukacs, *Historical Consciousness, or the Remembered Past*
62 (New York, 1968); P. Burke, "History as social memory", in T. Butler (ed.), *Memory: History, Culture and the Mind* (New York, 1989); P. Hutton, *History as an Art of Memory* (Hanover NH, 1993).

6 L. Jordanova, *History in Practice* (London, 2000), p. 138.

7 L. Goldstein, *Historical Knowing* (Austin, 1976), p. 146.

8 D. Lowenthal, *The Past is a Foreign Country* (Cambridge, 1985), p. 212.

9 M. Bentley, *Modern Historiography: an Introduction* (London, 1999), p. 155.

10 R. G. Collingwood, *The Idea of History* [Oxford, 1961 (original edn. 1946)], pp. 252–253.

11 R. G. Collingwood, "Notes towards a metaphysic", in R. G. Collingwood, *The Principles of History and Other Writings in Philosophy*

of History, W. Dray and W. van der Dussen (eds) (Oxford, 1999), p. 136.

12 H. P. Rickman (ed.), *Meaning in History: W. Dilthey's Thoughts on History and Society* (London, 1961), pp. 86–87. 这里摘录的这段话被里克曼从“Drafts towards a critique of historical reason”中摘出，作为“Plan for the continuation of the Construction of the Historical World in the Human Studies”收入狄尔泰的汇编作品集的第七卷第二部分（B. Groethuysen编），年代可能在1907—1910年之间。

13 C. Becker, “Everyman his own historian”, *American Historical Review* 37: 2 (1932), pp. 221–224.

14 L. von Ranke，他的*Universal History* (1880)前言，in L. von Ranke, *The Theory and Practice of History*, G. Iggers and K. von Moltke (eds) (New York, 1983), p. 164.

15 R. Samuel, *Theatres of Memory, vol. I: Past and Present in Contemporary Culture* (London and New York, 1994), pp. 3–6.

16 摘录自 J. G. Droysen, *Outline of the Principles of History* (1868), reproduced in F. Stern (ed.), *The Varieties of History, From Voltaire to the Present* (2nd edn., New York, 1972), p. 137。

17 Renan, “What is a nation?”, p. 52.

18 A. S. Green, J. R. Green, *A Short History of the English People* (illustrated edn., 4 vols, London, 1892) I前言, p. vi。

19 H. Butterfield, *The Whig Interpretation of History* (London, 1931), p. 3.

20 H. S. Commager, *The Nature and the Study of History* (Columbus, Ohio, 1965), p. 2.

21 Hobsbawm, “What can history tell us about contemporary society”, in E. Hobsbawm, *On History* (London, 1997), p. 33.

22 R. Hofstadter, *The Progressive Historians: Turner, Beard, Parrington* (New York, 1968), p. 3.

23 R. Hofstadter, “History and the social sciences”, in Stern (ed.), *The Varieties of History*, pp. 359–360.

24 Halbwachs, *La mémoire collective*, pp. 130–131.

63 25 同上书，pp. 130–142。

26 Y. H. Yerushalmi, *Zakhor: Jewish History and Jewish Memory* (2nd edn., Seattle, 1996), p. 86. 关于耶路沙尔米对犹太历史和犹太记忆做出的明确区分，对此的批评见 A. Funkenstein, “Collective memory and historical consciousness”, *History and Memory* 1(1989), pp. 5–26；进一步考察这一对立的历史生产的讨论，见 J. Hess, “Memory, history, and the Jewish question: universal citizenship and the colonization of Jewish memory”, in A. Confino and P. Fritzsche (eds), *The Work of Memory: New Directions in the Study of German Society and Culture* (Urbana and Chicago, 2002), pp. 39–61。

27 Yerushalmi, *Zakhor*, pp. 94–96.

28 Nora, “General introduction: Between memory and history”, P. Nora (ed.), *Realms of Memory: Rethinking the French Past*, vol. I: Conflicts and Divisions (ed. L. Kritzman) (New York, 1996), pp. 1–3.

29 同上书，pp. 3–4。

30 P. Nora, “From *Lieux de mémoire* to *Realms of Memory*” : in Nora (ed.), *Realms of Memory*, vol. I, p. xvi.

31 Nora, “General introduction”, pp. 1 (引文), 6。

32 Hutton, *History as an Art of Memory*, pp. xx–xxi.

33 同上书，pp. xxii–xxiii, xxv。

34 同上书，pp. 166–167。

35 同上书，pp. xxiv–xxv："历史学家对重复时刻的忽视是需要承担风险的，因为在世的记忆终究是他们对于过去的兴趣的基础，就好像它曾是他们试图去理解的历史行动者的基础一样［……］被经历的过去，而不仅仅是在此后被使用的过去，才是我们要努力去恢复的记忆时刻。"

36 Herodotus, *The Histories* (Harmondsworth, 1996), p. 3.

37 Anna Comnena, *The Alexiad* (London, 1967), p. 1.

38 Lord Acton, *Longitude 30 West: a Confidential Report to the Syndics of the Cambridge University Press* (New York, 1969).

39 D. Miller and L. Miller, *Survivors: an Oral History of the Armenian Genocide* (Berkeley, 1999), pp. 191–192.

40 见，例如P. Vidal-Naquet, *Assassins of Memory: Essays on the Denial of the Holocaust* (New York, 1992); D. Lipstadt, *Denying the Holocaust: the Growing Assault on Truth and Memory* (new edn., London, 1993); 以及，作为对比，R. Hovannisian (ed.), *Remembrance and Denial: the Case of the Armenian Genocide* (Detroit, 1998)。

41 I. Chang, *The Rape of Nanking: the Forgotten Holocaust of World War II* (Harmondsworth, 1997), pp. 7–11.

42 同上书，pp. 11–16, 119–225 (引文，p. 220)。进一步的讨论见 J. Fogel (ed.), *The Nanjing Massacre in History and Historiography* (Berkeley, 2000)。 64

43 W. J. Booth, "The unforgotten: memories of justice", *American Political Science Review* 95:4 (2001), pp. 777–791 (引文，p. 781)。

44 C. Milosz, *Beginning With My Streets* (New York, 1991), p. 281, 转引自Booth, "The unforgotten", p. 782。

45 T. Todorov, "The uses and abuses of memory", in H. Marchitello

(ed.), *What Happens to History: the Renewal of Ethics in Contemporary Thought* (New York, 2001), p. 11.

46 R. Golsan, "History and the 'duty to memory' in postwar France: the pitfalls of an ethics of remembrance", in Marchitello, *What Happens to History*, pp. 23–39. 类似地，托多罗夫警示了这样一种伦理实践的危险，它让自身基于"无条件地赞扬记忆和诋毁遗忘"("The uses and abuses of memory", p. 12)。

47 同上书，p. 21.

48 G. Lerner, "Of history and memory", in G. Lerner, *Why History Matters: Life and Thought* (New York and Oxford, 1997), pp. 52–54.

49 "Review Discussion: In search of the past: a dialogue with Ronald Fraser", *History Workshop* 20 (1985), p. 181; R. Fraser, *In Search of a Past: The Manor House, Amnersfield 1933–1945* (London, 1984), p. 185.

50 C. Steedman, "History and autobiography: different pasts", in C. Steedman, *Past Tenses: Essays on Writing, Autobiography and History* (London, 1992), p. 46; C. Steedman, *Landscape For a Good Woman* (London, 1986). 关于斯蒂德曼和弗雷泽著作的讨论，见 ch. 2 of N. King, *Memory, Narrative, Identity: Remembering the Self* (Edinburgh, 2000)。

51 F. R. Ankersmit, *Historical Representation* (Stanford, 2001), p. 154.

52 Klein, "On the emergence of *memory* in historical discourse" (引
65 文，pp. 145, 134)。

第二章

记忆与个体

在日常生活中，如果不是在学术场合，当我们说到记忆与回忆行为时，多半指的是我们认为私人的以及可归于个体的东西。我们都知道拥有对某物的记忆、努力去记起某事，以及意识到遗忘是一种什么样的感觉；我们既将这些体验视为普遍人类状况的一部分，同时对于我们每个人来说，在作为有自我意识的独立个体的存在中，它们又是生而固有的。我们的记忆似乎是（用芬特雷斯和威克姆的话来说）"我们不可分割的""一部分"，因此如果被剥夺了它们，就会危害到我们的个人身份意识。[1]当然，我们也常说与他人分享记忆，或加入他人的回忆或纪念行为，但这样的说法在很大程度上并不会动摇我们余下的信念，即相信记忆归根结底是个体的回忆头脑的私有产物，同时记忆中的事物总会在由一个人的头脑到另一个人的头脑之间的翻译中丢失。我们不能像博尔赫斯的小说里写的那样，在一间酒吧遇见一个人，他可以给予我们莎士比亚的记忆；[2]我们不能与朋友一起坐在炉火边"交换记忆"，直到我们每个人都拥有一个完整且一致的记忆集合。我们能料想，在这样的交换中，注定会丢失掉的东西是那种私人的参与感，它使得记忆不仅关系到我们知道什么，更关系到我们是谁。

显然，这些关于记忆的想法本身就是受文化与历史调节的。我们随着这些想法而一起接受的隐含意义，毫无疑问既反映了后启蒙思想
66 中的普遍个人化倾向，也反映了社会变革的过程，由于瓦解了许多西方社会中相对稳定而传统的社群形式，从而将（用安泽和兰贝克的话说）"越来越重的压力加于个体身上，让其成为唯一的记忆之地"的程度。[3]历史学家和人类学家对于思考记忆所做出的一个贡献，就是探索在不那么倾向于将个性和自我作为基本参照点的社会中，被附着于记忆的那些理解。[4]不过，我们不必过度沉浸在对所谓的自主个体的文化迷恋中，认为人类的思想至少在表面上是相互独立的，回忆是这些独立头脑的一项活动，而任何关于记忆对于社会以及在社会中可能具有的意义的理解，都必须至少包含关于它在个人层面如何运作以及如何被体验的这样一些理解。这一章以及下一章的部分内容就是从这一立场出发来展开的。

定义与方法

即便我们将最初的视野限定在对将个人头脑作为基本场所的记忆的探讨上，"记忆"和"回忆"这些术语还是有多种多样令人困惑的用法。在学术和日常用语中，"记忆"都可以既表示存储和恢复源于过去经历的数据的一般思维系统，又表示所读取的具体数据；既表示个体对于他/她的过去维度的存在（哲学家迈克尔·奥克肖特将此称为"被记住的过去"）所具有的一般意识，又表示他/她对于特定过去经历（用奥克肖特的术语来说，"被回想起或被征询的过去"）的具体回想。[5]就"回忆"来说，这一术语在使用中涵盖了众多表面上不同种类的思维活动：回想某个特定的事件、某个人或某个地点、某一事实信息，回想起要去做某事，以及怎样做某事，这些都是共享着同一动词描述的活动类

型，但它们的现象和含义似乎有着明显的不同。这些不同种类的回想是否（以及如何）能够在基本的思维过程层面被联系起来，这是哲学家 67
和心理学家一直在讨论的问题：人脑到底如何将它们接收到的输入信息，有些处理为关于世界的“客观”知识，有些处理为教人怎样做事情的“程序”知识，还有些处理为对个人过往的“主观”回忆，这是一个神秘而复杂的问题，本书并不打算假装去解决它。实际上，影响了历史研究和写作的那类个人记忆讨论很少能囊括“回忆”一词所能涵盖的所有现象。因而，我们的第一个目标，就是更清晰地确定出本章讨论的一个暂时的重点。

研究记忆的心理学家们已进行了一系列概念区分。[6]这些概念来源于一系列具体的学科问题，并且对于设计研究不同学术领域的记忆不一定最有效果，但它们至少可以对在本章以及下一章的一部分中所探讨的那类记忆给出一个初步的定义。最基本的，当代心理学将**短时**记忆或**运作**记忆（这类记忆将刚接收到的信息保留很短的、仅够立即反应的时间）从**长时**记忆（这类记忆能将信息保留更长的时间并纳入更大的知识结构）中区分出来。在长时记忆中，又在**陈述性的**或**外显的**记忆与非陈述性的（或**内隐的**或**程序性的**）记忆中做出了第二层区分，前者涉及有意识地保留或恢复信息形式、能被清晰表达的数据，后者则涉及维持本质上无意识形式的程序性知识，这些知识体现在本能性的行为，例如骑自行车或说母语中。最后，也是对我们此刻的目的最有意义的是，陈述性记忆本身又往往进一步分为**语义**记忆（对事实性的或概念性的信息的记忆，这类信息能从它获取的环境中抽象出来）和**情景**记忆（个体对他/她亲身涉入的事件和经历的有意识的记忆）。[7]

从一个历史学家的角度来说，心理学家所定义的短时记忆与基于它的即时行动是很难区分的：只有当记忆被堆积起来，长时间地——几个月、几年或几十年——影响人的行为时，它才能作为历史分析的一个 68

类别而具有潜在的意义。历史学家也不具有研究非陈述性记忆的显著方法，除了观察那些可能体现这种记忆的举止：只有当记忆能被明白地表述出来，并且我们由此能通过分析它在言辞或文本中的表达来触及它时，我们才能让它成为历史研究中的一个可辨识的重点。相比起来，心理学家分类中的语义记忆中确实包括了历史学家可能会感兴趣的内容——人们所拥有的那类事实性和概念性的知识，以及他们获取和组织这些知识的方式——但在个体层面研究这些内容的历史学家，仍然普遍更倾向于将他们感兴趣的领域概念化为对个体思想或观念的研究，而不是对让思想、观念或知识得以巩固的记忆过程的考察。实际上，在最近关于个体记忆的讨论中被设想为历史探究的对象的那类记忆——也就是本章将主要探讨的——是个体用于回想他们自身过往经历的事件和情境的那类记忆。

在这里，心理学家所用的术语“情景记忆”不应该误导我们，因为我们所说的记忆不需要总是集中于特定的情景（在独立的、经验性的瞬间这一意义上）：它可以是关于人、地点或过去的经验阶段的更宽泛的记忆。将这种记忆与其他形式的记忆区分开来的，仅仅是这样一个特征，即它包含了一种重要的，不仅是**认知**（*noetic*）意识，也是**自我认知**（*autonoetic*）意识的元素——被亲身卷入无论是什么经历中的感受被记住，以这些经历被记住的方式。[8]但自我认知意识有不同的强烈程度。有时，一个参与了某件事的个体会感到，或在事后感到，这一事件以及他/她对此事件的参与是与他/她的身份或个人命运紧密联系在一起的，而这一信念会强烈地影响到这一事件被回忆的方式。在其他时候，个人的投入没那么明显，对事件的回忆则有可能受到其他因素的更大
69 影响。在下文中，我将用宽泛的**个人记忆**一词，来指称任何带有自我认知意识痕迹的、关于过去事件或情境的回忆，而用更狭义的**自传记忆**一词，来指涉某类情况，其中对事件或经历的回忆，与更宽泛的个体身份

或个人发展概念之间，至少具有隐含的联系。[9]这两个术语合在一起，就涵盖了历史学家所发现的，具体体现在回忆录、日记、目击证词、口头追忆等这些地方的记忆——不论历史学家们想要将这些个体思维的产物用作事实信息的来源，还是用作探寻历史经历性质、主体性形成或难解却重要的记忆运作本身这些问题的基础，他们都必须学会去质询这些记忆中错综复杂的内容。

至少在某些时候，大多数历史学家都必须处理包含或表述了这类记忆的材料，因此，这一章将要探讨的问题就显然不是任何时代或任何历史学分支的专家能独揽的研究对象。个人记忆对历史学家的重要性，以及记忆研究可能会提出的概念和方法问题，对这些思考做出的重大贡献显然可能来自比如研究中古史、法律史或思想史的专家。不过，历史从业者中特别的一群人——口述史家——凭借他们与这些材料之间特殊的关系，以及随之而来的学科之间的联系，尤为积极地将记忆推到了历史研究的中心，并且尤为积极地通过与记忆的邂逅将历史思考转向了新的方向。口述史家与记忆研究之间的"特殊关系"来源于这一事实，即其从业者并非仅仅是（像其他历史学家那样）寻求发现和分析那些包含或呈现了个人记忆的材料，而是积极地、有目的地，在多重层面上亲身参与到生产这些材料，以及促进并影响回忆过程的活动中来。也就是说，口述史家的研究环境会不断促使他们将记忆想成一个过程，这一过程并非完成于过去——它以文献证据的形式给我们留下遗产，并且就停留在那里供我们批判性地审阅；相反，这一过程的结果由于受到变化的环境以及人为干预的影响，总是流动的、易变的、暂时 70
的，因此不仅能从文本上进行细读，也能被探查和质询——甚至，当然也可以被隐匿和抑制。从这一角度来看，记忆与其说是历史知识发展的前提，不如说是历史过程中不可分割的、无尽的、引人入胜的元素，而历史学家必须发现新的方法才能研究它。在口述史作为一项运动以及一个学科领域兴起的早期阶段，其议题仍然与其他形式的社会史议题十分接近：口述史家关注他们的受访者的记忆，是为了重构出过往更私密的经验性质感，或为了获得由精英阶层生成的文献记录，以及主流的、将这些记录视为根本基础的史学研究所排除在外的那类信息（例如，关于低等地位的或边缘群体的历史）。然而，对这项工作中的方法和概念上的困难的反思需求——建设性地思考记忆与过去经验之间难以捉摸的关系，从过去事件以及它们其后被回忆的方式之间有时不可否认的缺口中得出的结论，文化对于个体回忆的方式的影响，以及口述史访谈的社会动态对于记忆的生产与表述可能产生影响的方式——却吸引许多口述史家转向了对他们的研究对象的新的阐述方式；其中，对考察非精英社会阶层的意识和经验的激进信念不会被舍弃，但对记忆之形式、功能和意义的复杂钻研越来越被确定为这一领域的重点关注内容。[10]口述史家路易莎·帕塞里尼在谈论她对意大利1968一代的一些成员的访谈时，很好地捕捉到了这一重心的偏移：

> 记忆的叙述是带着实际经历的生动语调的。但让我感兴趣的既不是讲述的生动性，也不是它们对现实的忠实度，这两者都会让这些故事变成一部优秀的后1945年意大利社会史的二手材料。相反，吸引我的是记忆创造出它自己的历史的坚持，比起共有的社会
> 71 历史，记忆的历史要少很多内容，或许也要多出一些内容。[11]

当口述史家或其他历史学家将注意力集中于个体记忆时，他们进入的是一个已经部分地被既存的研究路径形塑过的思想领域。最近人文和社会科学领域讨论个体记忆的知识空间，在我们看来，或许由三种差异显著的路径之间的张力与互动（以及在有些情况下的互斥）所构成。这些路径各自最明显的起源之处是在不同的学科阵营（或阵营

组）中，但它们之间的各种各样的交流，已成为记忆的转向所影响到的几乎所有学科中的记忆研究的特征，因此，倘若给它们贴上清晰的学科标签，很容易造成误导。我将这三种路径分别称为**认知主义的**、**主观主义的**以及**社会-文化的**路径。接下来对它们的描述将会是概要性的，这是我有意为之，这样的描述必然不能完整地把握住不同思潮的交汇，以及每个这样的标签所隐含的观念之间的多种细微差别，但它或许有助于为后文中关于个体记忆的某些特定方面的讨论设定一些指导原则。

认知主义路径（在认知心理学家的著作中阐释得最为详尽）认为记忆本质上是个体用来记录和处理周遭世界的信息的思维工具中重要的一部分。记忆被认为是实用型的——它的目的是帮助我们在世界中确定自己的方向，让我们学会与生活相处——而不是反省型的。这一路径是个人化的，它倾向于将个体视为自给自足的记忆单位，但它并不特别关注自我与主体的内在精神动态。（甚至，正如我们已看到的那样，自我认知的回忆只是认知心理学家感兴趣的更大范围的记忆活动中的一部分。）认知主义的方法倾向于以认知效率的标准作为评估记忆的合适标准：大脑在某一瞬间所接触的信息能多快、多准确，以及以怎样的一致程度在之后被记忆恢复？记忆对细节的省略和改变，从这一视角看来，要么是由于认知故障——“走神”“曲解”或“记错”——要么是 72
作为思维用于提高整体效率的更大策略的一部分，而并非指示着可能并不纯粹的认知性功能。情感、社会关系以及文化影响被视为外部变量，它们能阻碍或提升认知表现，但不是回忆行为本身中必不可少的。

在**主观主义**路径中，认知主义的核心重点被翻转过来：记忆不是被视为形成关于外部世界的知识的工具，而是主体性的核心载体，它从事着为我们的心理经验制造内部意义的关键工作。在这一观点中，记忆的重要性主要体现在，它是我们的自我意识的主要来源，并被认为能在面对生活的颠沛变迁时，用于保存这一自我意识。认知主义者衡量认知效率，而主观主义者不论是通过对展现了被回忆之经历的叙事文本的分析，还是通过精神分析式的询问，都是为了审视或探查记忆中的象征性联系、被隐藏的幻想以及秘密的建构。根据这一观点，记忆的意义不会直白地浮现出来；相反，至少在精神分析的视域中，“记忆被概念化为一种力量，它与压抑的反作用力形成冲突，并在这一冲突中做出很大让步”，而具体的记忆被理解为“由隐藏的关注点形成的、高度浓缩的符号”[12]。

社会–文化路径有多种形式，分布在诸如社会学、人类学、结构主义心理学和文学研究这样的学科领域。它们的共性在于这样一种倾向，即认为个体的记忆生活是由他们在社会和文化中的位置所构成的，而并不仅仅是受到社会文化的偶然影响。这一路径的有些版本通过具有族群特殊性的“集体记忆”——用于调节个体记忆的结构——概念来发展这一观点；还有一些版本强调记忆活动的社会互动性；另一些版本则提及，自我或许应被视为“关系型的”，而非一种纯粹个人的现象，或者记忆是通过潜移默化地使用从个体身处的文化中得来的元素（迷思、成见、叙事形式）而被形塑的。这些主张之间有着重要的不同，但有
73 一个共同点贯穿始终，即个体总是在社会环境中回忆，并且只有当主宰这些环境的势力以及它们参与其中的条件被彻底考察过后，个体进行回忆的方式才能被清晰地理解。

倘若本着狭隘而排他的精神来发展，这三条路径中的每一个肯定都能产生出一种关于个体记忆的单维度的描述；而历史学家可以依赖的深刻见解，似乎最有可能在努力协调它们之间的相互交流时到来。实际上，历史学家们总是想要整合第二条和第三条路径：口述史家尤其追求得出聚焦于个人主体性的分析，但他们的分析不仅要将个人主体性与作为让其形成的必然环境的普遍历史经历（战争、革命、阶级斗

争等）联系起来，还要将其与文化以及社会关系的形塑作用联系起来。认知层面的记忆所引起的重视通常不及后两种路径所关注的记忆，不论是由于历史学家们认为它们在常识上过于明显以至于不需要严肃的概念讨论，还是由于他们感到对这类记忆的关注与一个过时的信念是有联系的，这一信念认为，我们之所以对记忆感兴趣，是因为它能让我们获知过去“真正的情况是什么样的”。但我们主体性的活动肯定是在用更大的努力去理解周遭世界这一背景下产生的，并且与这样的努力相交织，正如我们对文化资源的利用；[13]由此看来，完全轻视认知性也是不明智的。历史学家已越来越习惯于相信，记忆是一个重构的（reconstructive）过程，但还不习惯于去彻底地想清楚，这到底意味着什么（或许，超越这样一个模糊的认识，即认为这意味着被回忆的事件总是“基于一个当下的立场”而被回忆的）。认知心理学家没有垄断这一领域的智慧（并不比历史学家对于讨论历史变迁过程的专权更多）。但他们将回忆概念化为个体思维中的一个认知过程，这一努力确实产生了一些模型，它们能帮助历史学家去构想他们自己的、或许更关注社会方面的记忆过程概念。在本章后面的部分以及下一章中，我将从记忆作为一个重构性的心理活动这一笼统的讨论开始，接着讨论自我与叙事性的问题，然后延伸到对记忆的社会和文化方面的思考。这样的顺序能够让我刚才概括的关于个人记忆的三条研究路径依次进入我们讨 74
论的中心；不过我的总体目标并非确定这三条路径的优先次序，而是展现它们之中的元素如何能够融合在一起。

作为重构的记忆

从一个回忆的个体的角度来看，回忆或许既是一项心理活动（所做），也是一种心理感受（所感）。当然，任何有意识的心理活动都有其体验维度，但就回忆来说，这并不只是老生常谈，因为这个词被用来囊括了两种截然不同的心理体验，而其中一种令人感觉比另一种要更为“积极活跃”。亚里士多德对记住（*memoria*）和回想（*anamnesis*）做出了著名的区分。[14]前者指的是带有明显的保留和储存形式的那类回忆：在头脑中留存此前形成的印象。后者指的是被体验为有意的找回或恢复行为的那类回忆：努力让那些潜藏的或似乎被忘却的事物在脑海中重新浮现出来。亚里士多德认为，回想以记住为先决条件，因为对于在脑海中没有保留下一丝痕迹的事物，无论付出多少努力都无法让其重归意识。对两种相互联系却又在现象上不同的回忆模式做出区分——其中一种在表面上是连续的，并具有消极的保持力；另一种是间歇式的，并积极致力于找回——成了自亚里士多德以后对记忆进行理论化所共有的一个特征。例如圣奥古斯丁就发展了记忆的比喻，将其比作一间仓库，其中对过去经历的感官和智识印象被储存下来，以供未来所用。他接着幽默地描述了这一关于回想的奇思：

> 当我走进这间仓库，我要求他们将我想要的东西呈上前来。有些东西立刻就出现了，但有些东西需要更长时间的寻找，而后才能从隐蔽处被拖出来。还有一些东西则匆忙地挤过来，当我在寻找和询问其他东西的时候，它们跳入视野，就仿佛在说：“会不会可能是我们呀？”我将这些东西用我的心灵之手从记忆中抹去，直到
> 75 最后我想要的东西从它秘密的小隔间中显现出来。[15]

与潜在地储存心理印象的记忆，以及有意地将特定印象带到意识中来的回忆行为一道，圣奥古斯丁还向我们展示了这种不请自来的记忆。对于他来说，这些是有意的回忆行为的副产品。不过，其他一些著述者已关注过这类记忆更无意的显现——它们会不知不觉地抓住我们，或

在某种偶然的外部刺激下产生反应（普鲁斯特的玛德琳蛋糕是最著名的文学案例）。亚里士多德的“记住”可以被视为潜藏之记忆的持久基础，这些记忆可以通过有意地努力回忆来激活；而今天我们时常想到的记忆似乎更像是一种流动的介质，它在不同的时间让不同的事件凸显出来，其方式不仅是靠我们自己有意的回想，也需要我们的物理、社会和文化环境中各种各样的刺激物，或许还有我们内在的心理发展和平衡需求的推动。

无论我们怎样看待它，回忆似乎总是与遗忘紧密相连。过往的经历并非一盘可以通过记忆来倒回的磁带，记忆无法通过一系列连续的被回忆起的事件向后追踪，直到所有事情都被清晰明了地重述：回忆往往是一件推测性的、引导性的工作，是对一片或多或少被遗忘的土地上被承认之点的追踪，而这整片土地是我们从未给予过稳定关注的。诚然，遗忘的意义颇具争议。“记忆是由遗忘制成的，就好像海岸线是由大海制成的那样。”这是人类学家马克·奥格充满诗意的评论[16]——但是一个人的大海“制造”（crafting）却是另一个人俗常的海岸侵蚀，遗忘对于有些人来说或许只是时间的流逝或记忆的退化，对于另一些人来说却能对形成被记住的东西有微妙的贡献。对于有些人来说，它是自然损耗的一种形式——一个不可避免的一般现象，但或多或少有其发生的偶然性（尽管受到年老、脑损伤、无法集中注意力这些因素的影响），并且终究没有明显的目的，也没有深层次的意义。对于另一些人来说，它仅仅是选择性的结果，而这种选择性对于记忆的认知效率来说是必需的——为了避免认知上的超载，出于实用性而有目的地放弃一些数据，否则，这样的功能超载将会导致思维无法对任何东西给出可用的理解。还有一些人，追随着诸如弗洛伊德或柏格森这样的思想家，认为心 76
理的过去经历是永远无法从根本上被抹去的：即便是那些在表层上被遗忘的经历，也会在我们思维运行的潜意识层面留下痕迹，并且持续地不仅对我们的行为，也对我们有意识的回忆模式施加影响。

记忆是什么？我们对这一问题的认知在潜藏的与显性的、持久的与瞬间的、有意的与无意的，以及被记住的与被遗忘的之间不稳定地来回摆动，并以此为特征。对任何这些对立极点的探索都会让另一概念上的矛盾，即作为残存物的记忆与作为重构物的记忆之间的矛盾，浮出表面。从某一角度来看，记忆以持久性为标志——它保存并适时推进着早期经验的残余物、痕迹、印象或废墟遗迹。从另一角度看，记忆又以回顾性为标志——它是一个基于当下的、重新描绘过去现实图景的努力，相比起被重构的过去的方方面面，它更加受到当下对意义与各种理解范畴的需求的激发和引导。我们很难在思考记忆时不感到一种平衡与调解这两方面的需求——在事实上理解，某个持续存在的事物是如何被连续地重构的，以及它的持存是如何塑造与影响这一使得它本身被改变的重构的。

近来学术思考的盛行趋势是详细探讨记忆的“重构性”这一极——更多地关注过往的记忆是如何根据当下的需求和思考方式而被不断调整的，而非关注记忆中经久持存的东西。对这一重点的论述是极为有力的。过去不是作为一个完整、直接的经验性现实而存活到现在，而今也没有人会认为记忆给予我们的是关于过去事物的不变形象，有着类似摄影一般逼真的准确性。当某一时刻已经过去后，这一时刻的情况和发生的事件不会进入一种隐退状态（就像萨特曾宣称的那样），[17] 此后的脑力劳动可以在其中造访那些情况和事件，或从中找回它们；相反，它们会被超过，也不可能被精准地取回。为了记住它们，我们必须重构它们，这种重构，不是将小心存放的破碎之物重新组装起来，而是
77 想象性地配置那些不再具有现实性的东西。每一件在我们记住过去时发生的事，都发生在过去已不存在的当下，而不是过去本身当中，或发生在两者之间的临界状态。

然而，说得极端一些，这一观点有可能使记忆沦为一种想象性的投射，它在很大程度上由当前的需求决定，以至于在任何有意义的意义上都不再与过去经历相关联。由此，在这一定义下，记忆将成为过去的表现（representation），而被表现的过去仅仅是要在表面上与幻想或虚构所提供的过去不同。要保有一个独特的记忆概念，或许需要认真对待（不是只看到表面）过去经历与当下回忆之间有如脐带般的连接感，而当下的回忆与涉及回忆行为的实际个人经历似乎是不可分割的。哲学家们已经详细地——尽管并非决定性地——论述了经历与记忆之间的联系是否能被恰当地描述为一种"因果"联系。[18]对于我们眼下的目的来说重要的，仅仅是我们所拥有的、作为回忆感觉之一部分的这样一种信念，即相信特定的过去经历并不仅仅是我们当下回忆的对象，而在一些更关键的意义上，更是其来源。也就是说，我们感到，不仅我们正在回忆的东西是我们真正经历过的，而且塑造（并且可能激发）了我们当下回忆的方式的，也是在那一过去经历中，而不仅是在我们当下处境中的东西；将记忆固定在过去经历中的这种做法，证实了我们自身作为有意识的个体的根本连续性。

当然，所有这些都可能是一种幻想。不过，还有一些更具体的原因使得我们力求至少把某些"残存的"或"持续的"观念融入我们的那种"记忆是回溯性的重构"的观念。就其本身来说，瞬间天生就是稍纵即逝的：记忆要想捕捉它们，只能通过重构的方式。但事物——物件、文本、环境特征，甚至包括人——有着更大程度的持久性，它们的持存影响了我们回忆的方式和内容。这样的影响或许或多或少是偶然的（比如对从前常去的某个地方的造访，会唤起与此地相关联的人与事的记忆），或者，也可能是刻意制造的（比如当我们翻开一本相册，它是我们从前为了纪念一些人或一些事而汇编起来的）。在本书之后的几章中， 78
我们将回头继续探讨人物、地点和物件在唤醒和引导回忆方面的功能：

此刻需要强调的只是，回忆的重构活动是在环境中进行的，而环境会比记忆试图恢复的短暂瞬间要更长久，并且其中会散落着此前留下的印记和提示物。这些环境的特征本身容易受到变化的解释的影响，但它们在结构上的持续性多多少少会影响到过去被重构性地回忆的方式。

为了更详细地说明一种“重构主义”的记忆观念蕴含着什么样的内容，我们来看看这一观念的拥护者中的先驱人物，即心理学家弗雷德里克·巴特莱特爵士的阐释：

> 回忆不是重新激发那无数固定不变的、无生命的、碎片化的痕迹。它是一种想象性的重构，或建构，是由我们对于以下二者的态度之间的关系塑造的：其一是我们对于一整个活跃且有序的过去反应或经验的态度，其二是我们对于小部分的显著细节（通常显现在图像或语言的形式中）的态度。[19]

根据这一理解，记忆不是此前所目睹的事情的心理副本；也不是可以被重新激活、制造出此前经历的心理复制品的痕迹。相反，我们回忆一件事，是要在当下的思考和设想的惯常结构中，在心理上重做这件事。被回忆起的东西往往是被重新配置的，并因此被含蓄地重新解释，而绝不仅仅是被恢复或重现的。在巴特莱特看来，记忆并不是用于为我们提供一份关于过去经历的完整而精准的描述：它的目的是提供那种经过选择和编排的、对这些经历的理解，而这一理解可以成为当下有目的的行为的基础：他写道，记忆“几乎不可能是真正准确的，[……]它是否应该准确，这一点也完全不重要”[20]。

基本的“重构主义”记忆观大体上有两点含义。第一，回忆不是记忆活动中一个独立自足的分支——正如巴特莱特所说，“没有一个完全独立的功能，能完全区别于感觉、想象，甚至区别于建构性的思考”[21]——而是与我们更具一般性的理解过程连接为一个整体。的确，对过去经历的回忆仿佛是一种独特的心理活动——与单纯的认识、想 79
象或基于其他信息的推理不同。但它们之间的界限并不容易确定：我们并不总是能明确，我们是记住了某件事，还是仅仅是想象出、梦到、被告知，甚至仅仅是根据其他知识推定了这件事。有时我们会发现我们所“记住”的经历其实并未发生过，或者，我们当作亲身经历“记住”的事情实际上是他人所讲述的经历。[哲学家伊丽莎白·安斯康姆甚至专门创造了一个动词——虚忆（rember）——来描述这种虚幻的回忆。][22]这种误识或许能让我们意识到记忆与其他类型的心理建构之间关系的流动性。“重构主义”观点暗示，在回忆一件事时，我们不只是想起从对于该事件的直接经验中得来的一系列形象或印象；相反，我们是去理解这件事，通过结合从其他资源中获得的信息——我们普遍的文化、我们经验的其他领域、我们在回忆时所处的环境——来为我们对这件事的感受赋予意义。[23]我们回忆这件事的能力同样也多多少少依赖于解释它的能力，解释时是通过将它与形成当下普遍理解的概念框架的思想网络和意义系统联系起来。这一事件中易于与这些框架联系起来的方面很容易保留下来，而不能与这些框架联系起来的，则要么被修改，要么就被简单地遗忘了。

接下来，“重构主义”观点的第二点含义在于，记忆尽管在表面上有着很强的稳定性，在本质上却很容易变化，这既体现在它对于过去经历中的特定瞬间的印象上，又体现在它将这些印象连成一体的方式上。的确，只有当记忆具有一定程度的稳定性时，它才能要么作为一个严格的认知工具，要么作为我们的自我实现的一部分而对我们有所用处；倘若我们对于过去事件的记忆在每一天都发生着根本改变，我们的有目的的行为以及个人身份认同就会失去基础。但是，从“重构主义”的立 80
场来看，记忆中的变化发展是构成回忆的过程的自然结果。分别在两个单独的场合中回忆同一件事情，所得到的结果很大可能是不同的，这首先是因为回忆时所处的直接环境是不同的，从而暗示回忆者去建立不同的心理联系；其次是因为，回忆者在这两次回忆之间的经历会改变用来解释回忆的机制。

心理学家用来描述记忆如何运作以及如何变化的模型之一，使用了“编码”和“读取”这样的语言。[24]根据这一模型，个人的事件或经历中的印象不会直接传入记忆，而是或多或少在其发生时就依据一个或多个思维模板或者说认知图式（*schemata*）而被编码。[25]这些认知图式，在这一经历发生的瞬间以前就已形成为思维设备的一部分，有效地决定了经历中的哪些内容将会被遗忘，而哪些内容至少潜在地可用于之后的回忆。使用这类认知图式进行编码，在保留下来的数据上施加了某一特定的结构，而这一最初的数据结构也会反过来影响未来回忆的可能性。当一件事或一段经历被回忆时，在记忆中读取数据的过程同样需要运用到认知图式，它们或许与用于最初编码过程中的图式相似，又或许大不相同。当这两套认知图式接近一致时，经历和事件会大致像最初被感受到的那样被回忆；而当两套认知图式截然不同时，由回忆过程建构起的记忆就会被装配成不同的样子，此前记下的细节会丢失，而在有些情况下，或许就连形成连贯的记忆都是困难的。此外，由于读取本身也是认知图式的运用中的一项操作，在形式上与最初的编码过程中所用到的相似，每一个读取的时刻也同样是一个“重新编码”的时刻，向之后在其他场合的回忆的可能性施加了自己的影响。（在多大程度上这种重新编码能推翻和销毁最初或此前的编码留下的痕迹，这仍然是一个尚处于争论中的问题。）因此，不断回忆起的事件很可能在回忆中会经历一定程度的演变。它们在某一时刻是如何被回忆的？
81 这一问题不仅受到最初事件发生的环境（和它在当时被编码的方式），以及激发了最近一次回忆的环境的影响，也会受到此前回忆的历史的影响。

“编码和读取”的记忆模型建立在一个文本性的隐喻之上，这使得它们对于历史学家、文学研究者，还有其他习惯于处理文本、视觉或言语表现，以及与之相关的意义和解释问题的学科的从业者来说，是相对容易理解的。[26]可能没那么容易理解，但是仍然有重要作用的，是一些心理学家近来发展出的更有“联结主义”（connectionist）特征的模型。比如，詹姆斯·麦克里兰将回忆视为心理系统中的一种活动模式，这一心理系统是由众多“简单的但大量相互关联的处理单元”组成的。关于某一经历中的事件的最初“记忆痕迹”——它最初产生的联结活动模式——很大程度上受到事件或经历本身的影响，但同时也受到此前已存在的单元之间的联结模式的影响。实际上，我们最好不要把记忆痕迹理解为关于该事件的不连续的图像，甚至理解为一则经过编码的消息；相反，我们应该把它看作对此前已存在的联结模式的修改，对于共同参与理解该事件的单元，它加强它们之间的联结，而对于并未用于这一过程的单元，它则削弱它们之间的联结。当原始事件中的一个或多个特征重现为当下情境中的一部分时，回忆就被激活了。由此建构的——以及大脑当作“记忆”所经历的——回忆模式将因此受到联结模式的影响，而联结模式是在原始经历被记录的时候建立的，在这一程度上，该事件被回忆的方式将与它最初被经历的方式很相近。但是，该联结模式之后所受到的修改也将影响回忆模式，这些修改是通过之后的经历产生的，在这一程度上，对事件的记忆实际上往往是原始经历经 82
过调整后的版本。[27]

这种思考记忆的方式部分的价值在于，它鼓励我们进行整体性的思考——不是将一般而言的记忆现象视为一系列具体事件，与表现或重新编码那些事件的记忆之间一一对应，而是视为一个更大的心理联结网络，其中任何一个部分的发展都可以作用于网络的其他部分。这一点反过来也会鼓励我们去重新思考事件以及以事件为中心的记忆被认为具有的、在人类回忆过程中必然的中心性。我们需要提醒自己，事件并非必然就是我们的经历中的明显特征：它们是心理的建构——是有组织的脑力劳动的产物，借此，我们为无尽、不断而缭乱的印象与感受之流赋予秩序和意义。就其本身而论，事件也不是稳定的；它们的边界往往容易被修改，它们的一致性也往往只是从某一视角看来的一致性，而当视角被调整后，这种一致性就会瓦解。心理学家创造了“记忆之束”(memory binding)一词来指称在我们对于某一事件的感受中，不同元素之间的联系的维持，它将这些元素凝聚在一起，形成一束独立的印象——作为该事件的组成部分，这一“记忆之束”由其元素之间的相互关系来确定，而不是由这些元素与我们经验的其他部分的联系来确定。但记忆之束在某种程度上往往是脆弱的、暂时性的。我们的经历中的变化、对新的信息的获取以及一般理解框架的转移，都可以改变我们所建立的事件内部以及事件与事件之间的联系，同时也可以改变我们将一件事与另一件事区分开来的程度。

事实上，对于希望记忆如实再现过往经历的人来说，记忆不像他们想要的那么擅长于保持过往事件的独立性。认知心理学家归为记忆失真(memory distortion)的现象，很大程度上来源于大脑将某一经验性情境中的细节转化、合并、吸收进对另一情境的记忆的倾向(用心理学家
83 的话来说，这被称为“来源归属”错误)，或者将不同情境中的细节融合成对实际上并未发生过的事件的记忆的倾向(“记忆合取”错误)。用来评估警方问讯和司法程序中目击证词的可靠性的研究已表明，人们对于亲身经历之事的记忆是如何因“事后信息”(例如，目击者在从事情发生后到说出证词前的时间里接收到的信息)或问讯过程中提及的想法的加入而被扭曲的。关于童年时期遭受到的性侵的所谓“被恢复的记忆”，由其争议引发的一些研究表明，即便是对于具有高度私密性

和创伤性的事件（如果是真实的话）的明显记忆，在有些情况下也可以是合成的。[28]如果以表现的准确度为评判标准，那么这类情况下的记忆明显是功能失调的。然而，一些心理学家表示，记忆易于受到这样的扭曲的倾向或许是（用丹尼尔·沙克特的话来说）“我们为了在许多方面服务于我们的过程和功能所付出的代价”[29]——实际上，这与其说是记忆容易犯错的缺陷的证明，不如说是它作为一种对经验进行认知管理的工具，所具有的更深的有效性和系统的无情性的证明。这一观点暗示，就记忆来说重要的能力，不是给我们提供关于一连串独立事件的完美精确的细节，而是综合、概括、按优先顺序排列，以及选择——给我们一种简化过后的经验摘要，让我们能够制订并遵循连贯一致的行动方针。从这一角度来看，失真的可能性就潜藏在解释性的简化功能之中：通常可用的记忆中或许会携带时而出错的记忆，这是它的风险。这一路径鼓励我们——包括历史学家——更多地将记忆中“不可靠”的情况，视为思维既具创造性又具实用性地解释和参与其经验之流这一更为普遍的——并且往往既必要又不无问题的——过程的一部分，而不是其缺陷的简单表现。它鼓励历史学家超越那种简单的对于衡量具体回忆的准确性的方法论关注，而去发展一些技术，用于理解“错误的” 84
细节在更大的回忆模式中占据的位置，并探索关于过往经历的记忆（包括那些“被扭曲”的记忆）所体现或表达的意义。

心理学家乌尔里克·奈塞尔在一篇开创性的文章中提出了处理此类问题的一种可能的方法，这篇文章分析了尼克松总统的一位白宫工作人员在1970年代初向参议院水门事件调查委员会提供的证词。约翰·迪恩的证词涉及他与尼克松以及其他白宫人员在水门事件的掩盖时期的谈话。奈塞尔将迪恩对这些谈话的描述与根据相关会议的录音整理出的文字记录进行对比，由此展现了迪恩对于有些谈话的生动而细致的回忆如何与录音带表明的当时实际发生的情况相矛盾。扭曲迪恩记忆的不只是后见之明，还有他夸大自己在谈话中所起的中心和重要作用的倾向。尽管他对谈话中有些片段的回忆相当准确，但对具体意见交换的细节和一般要旨的叙述常常是不准确的。有时，一些细节被从一次谈话移植到另一次谈话中；还有些时候，迪恩的记忆代替了总统的插话，在实际上没有答案或认可的地方给出答案或表示赞成。但是，奈塞尔记录这些记忆失真的目的却超越于那种对记忆的认知性错误的简单理解。他指出，迪恩的回忆不应被理解为它们宣称自己所是的内容——每一个精确的“情景”记忆都与具体的对话交流相关联——相反，他的记忆的真正的特点和功能是（用奈塞尔自己创造的新词来说）“再情景性的”（repisodic）。这些记忆真正表达的是迪恩的印象，而这些印象不是来自被视为一个个独立的情景的个人会面，而是来自一系列被归为在结构上相似并且在主题上相关联的谈话情景，它们因此被模糊为一个整体。这一系列谈话以及迪恩自己为它们所作的心理准备，还有事后对它们进行的反思，带来了累积而重复的影响，正是这种影响形成了迪恩对询问者让他回忆的这些特定情景的记忆。他准确记得一次特定谈话中的细节，是由于这一细节与他的整体印象较
85 为一致，或者包含这一系列谈话的整体的典型特征，或与他事先在内心中反复考虑或排演的个人贡献有关；而细节不准确的情况，则通常是由于这一细节经过调整，以使得对特定情景的记忆与迪恩的整体印象更为一致。对于奈塞尔来说，对迪恩记忆中明显的错误之处的分析，揭示出了关于记忆更重要的真相。很多我们认为是关于特定事件的记忆或许实际上至少部分地具有“再情景性”；也就是说，它或许并不那么关注使得某一事件在其他事件中脱颖而出的独特性，而是更关注那些能让它成为更普遍的经验中一部分的、一般性的、反复发生的或典型的元素。对记忆中的“不准确”的关注，需要与对这些记忆所传达的更宽泛的（以及奈塞尔认为的，在更大范围内具有准确性的）感受的敏感性结

合起来。[30]

奈塞尔对迪恩的记忆的分析，依然受到了认知心理学对记忆准确性的基本关注的影响。他的论点的根本要旨在于，尽管迪恩对于具体事件的记忆是不准确的，它们实际上在更整体的层面上给出了一个关于尼克松政府当时发生了什么的正确印象；当记忆的概念被重构为“再情景的”，它们与客观的过去现实的关系就变得明晰了。从事其他领域——文学研究、精神分析、人类学、口述史——研究的学者从另一不同的角度来处理记忆失真的问题，他们并不看重客观准确性或真实性的观念，而是更看重记忆象征性地建构过去，以使其适应当下的（不一定是认知性的）需求和感受的功能。对具体事件的记忆为实际上从更大范围的经验中得来的感受提供了一个看起来具体的关注点，就此来说，它们的意义总是有着部分的象征性，记忆在不同的事件内部和事件之间建立起来的联系也是如此。当我们“记错”事件的具体特征时，这一观点认为，这不是（就像奈塞尔的“再情景性”记忆概念所暗示的那样）由于我们的记忆实际上专注于该事件所属的客观存在的过去现实的整体特征，而是由于我们的头脑是在用这一事件来缔造或维持象征性的联系，这些联系不论是对于我们的自我意识，还是对于我们 86
当下看待事情的方式都是不可或缺的。这种解释视角，举例来说，被口述史家和文学研究者亚历山德罗·波特利发展起来，在一篇很有影响力的文章中，他集中探讨了关于意大利炼钢工人路易吉·特拉斯图利在1949年特尔尼城示威中与警方冲突被杀的记忆。[31]作为一名口述史家，波特利在事件发生大约二十年后采访了特尔尼的工人阶级居民，在文中展现了特拉斯图利之死如何被象征性地结构起来，并与特尔尼工人阶级记忆中的战后经历的其他方面相联系。在回忆和叙述这一事件时，这些受访者并非仅仅强调它与其他有意义的叙事（例如，利用钉死于十字架上的意象以及其他会让人想起基督受难的图案）之间的一些潜在的象征性联系；他们实际上对这一事件进行了历史迁移，在记忆中将其从它原本的历史情境——1949年意大利政府签署《北大西洋公约》引发的抗议——中取出，而移植入1953年抗争特尔尼钢铁厂裁员与解雇这样一个不同的背景之中。对于波特利来说，对这一惊人错误的发现带来的不是对口述材料在事实上的不可靠性的忧思；相反，通过这一发现，他向我们指出了一种方法论的契机。“事实与记忆之间的差异，”他断言，“最终会提升口述材料作为历史文献的价值。”因为正是这一差异给了我们线索，让我们去发现历史中的人们理解他们的自身经历以及塑造其经历的政治和社会冲突的思维策略。根据波特利的说法，为了理解这一点，我们需要认识到在特拉斯图利之死这样的事件中，记忆与历史事实的偏离并不是“错误的记忆”的问题——纯粹的、简单的认知缺陷问题——而是“记忆与想象力积极地、有创造性地为关键事件，甚至是普遍的历史赋予意义”[32]。波特利指出，对于他在20世纪六七十年代采访的那批人来说，特拉斯图利之死与抗议北大西洋公约组织之间的心理联系，远远比不上它与他们集体抗争资本主义机构和资本主义国家的更长久、更广阔的历史之间的心理联系所引起的共
87 鸣；并非1949年的事件，而是1952—1953年的事件，才是这一集体斗争中明显的高潮。将特拉斯图利之死置换到这一后来的却（根据他们当下的关注）更重要的时刻，是将此作为“殉难”事件融入意识的必要环节，而“殉难”的象征性意义是植根于他们战后经历的普遍性之中的。波特利猜测，他们无法强硬地对抗1949年的杀害，与之伴随而来的无力和羞辱感，或许也通过将特拉斯图利之死的记忆与之后产业冲突中更坚定的战斗记忆相融合而得到了缓解。特拉斯图利之死这一事件在工人与市民的记忆中保留下来，依赖于记忆调整细节以迎合变化的象征需求和心理需求的能力。

通过不同的方式，奈塞尔和波特利都强调，我们不可能将对于具

体事件的记忆从与之相关的更大范围的情境与更长久的历史中分离出来。事件是有孔隙的；意义从它们的边界中渗透进来。因此，我们对事件的记忆总是承载着超越了其直接和明显的参照点的意义。无论具体的记忆看起来如何精准集中，它们都是思维整理和解释持续的经验之流这一整体性的努力中一个可调整的部分。甚至，在奈塞尔首先提出了他的"再情景性记忆"概念以后，他与其他研究自传记忆的心理学家又向前更进了一步。他们推翻了这样一个记忆概念，即记忆主要是用来让人重新体验过去经验中特定的情景性时刻的具体样貌。

在关于这一问题更近的一次论述中，奈塞尔指出："个别的经历在记忆中是没有特权地位的；记住长期的情况或典型的模式至少是与此一样自然的。"[33]对这一观点的一个有影响力的发展是马丁·A.康威描绘出的自传性回忆模型，其中，记忆是从三个相互连接的知识层中得来的数据的"汇编"。在第一个层面上，与**终生**相关的知识记录了"自我的目标、计划和主题"，这些"目标、计划和主题"在个体存在的特定阶段内——通常至少几年——从整体上起着作用。这样的知识包括，比如，"对重要之人的了解，对所实现的目标的记录，以及关于行动者、行动和地点的一般性知识"，它们对于这一特定阶段的个体来说十分重 88
要。在第二个层面上，与**一般性事件**相关的知识由"长期的、重复性的事件的记录"组成，它们通常持续几个星期或几个月，而不是好几年。（约翰·迪恩对他与尼克松的重复会面的再情景性记忆就符合这一描述。）只有在第三个层面——关于**具体事件**的知识层面——知识才涉及具体事件中实际经历的细节（"形象、感觉、气味以及其他感官感受特征"）。在康威的模型中，对具体事件的回忆是一个结构化的检索过程，我们只有在心理上穿越一层层更笼统的自传性知识，才能瞄准具体事件的细节。回忆的实际工作大多数是在这些更笼统的层面进行的，并且不是用于生产关于具体过往事件的准确、集中的印象，而是用于培养对于作为个体过往经验的结构化容器的年代、空间和社会背景的一般意识。[34]我们还可以补充一点：这些容器，不应该被视为人生经历的客观特征——它们“就在”过去，等待着记忆去触及——而应视为大脑为了理解事物而建构的机制的一部分——这一机制总是象征性的，受到更大的文化范畴的影响，并且易于随着生活的继续而变化发展。

当我们不再将记忆视为对过往经历中独立而具体的时刻一对一再现的集合，而是将它视为对那一经历的连续的、解释性的重构——它在普遍与特殊的感受层面之间摇摆，并且调动起多种多样的心理资源——我们就更难将记忆理解为一种总是与它所源自的经历相分离，并且明显后于那一经历的东西。显然，事件——具体的、相互独立且分离的——只有发生过后才能被回忆。但事件是在与更广泛、更长久的经验之流的关系中被理解和被建构的，而连续的回忆实践与回忆经历也与其交织在一起。甚至，从某一角度来看，我们可以说记忆不应简
89 单地被视为对已过去的经历的后期重构，而应视为经历在时间上的延长——然而这样的延长证实了经历所固有的易变性，它们的意义从来没有被最初“发生”之时的感觉明确固定下来，而是往往随着这些瞬间被归入更长期的发展而不断变化，或者在此后的事件之棱镜中被折射。

记忆、自我与叙事性

在重构过往事件和经历时，记忆是从一个具体的个体的立场出发的。但这一立场不能简单地被认为是理所当然的，因为有一种观点认为，回忆的个体自身是由他/她所记住的经历，以及他/她回忆往事的这一经历一起建构的。实际上，自传性回忆是一项具有双重建构性的活动：在头脑中建构作为个人经历之要素的过往事件和环境时，我们也在

同时建构并维持作为回忆之主体的我们自身——也就是说，作为主体，每个人都意识到自己是一份独特的个人经历记录的所有者，并且因此也是真正有能力回忆这段经历的唯一的人。在这一意义上，我们回忆那段经历的方式的变化，同时也是我们的个人身份意识——我们的"自我"意识——的变化。然而，记忆的心理现象与自我的心理现象之间的关系仍然是难以捉摸而且有争议的。对于约翰·斯图尔特·密尔，这两者是"同一事实的两个方面"：正是一个人的意识，通过对于"一连串长期而未经打断的过往感受"的记忆，才能维持他/她对于自我的认知：

> 我自己是那个有着那一系列感受的人，根据直接的知识，除了知道我具有那些感受，我对自己一无所知。但在这一系列感受的所有部分之间，存在某种联系，它使得我可以说它们自始至终是同样一个人的感受[……]。[35]

但是，当我们想到记忆看起来真正保留下来的、关于我们的"一连串过去感受"的知识是何等碎片化时，这一观点或许看起来就很有问题：被回忆的自我（文学批评家丹尼尔·奥尔布赖特的用语）远远不能以我们的回忆的无缝性来证明，相反，它"开始并且结束于一种虚无的状态，并 90
且自始至终都被虚无布满"[36]。到底是身体的连续性还是精神的连续性（即意识的连续性），是决定"个人"存在连续与否的决定性标准？主要在对此问题的更大范围的概念讨论的背景下，哲学家们激烈地讨论了记忆是否是个人身份意识的基础，或个人身份意识是否是记忆的基础这一问题。[37]（是因为我能记住此前经历中的事件，我才能意识到自己是一个连续存在的个体，还是因为我有这样一种对于自己的连续存在性的意识，我才能在我的一些心理印象中辨别出记忆——例如，辨别出关于过去而不是关于当下经历的印象？）对于非哲学领域的观察者来说，这样的争论有时可能会令人想起关于鸡生蛋还是蛋生鸡的争论：我们可能会更喜欢这样一种观点，即“记忆与身份是彼此相互确认的”，或者“记忆和自我的发展是两个同步的过程”[38]。但是，认识到这一很容易被视为理所当然的关系的问题性同样也很重要。毋庸置疑，自我意识并不依赖于记忆为我们提供一个关于我们过往经历的连续的、逐一的记录。（甚至，从心理分析的角度来看，恰恰相反，它可能依赖于我们压抑对经历中某些元素的记忆的能力，这些元素很难被同化入我们的自我概念之中。）甚至，同样毋庸置疑的还有，在某一层面上，个人身份意识更多地依赖于我们作为个体，对于回忆的一般感觉的熟悉程度，而非记忆唤起特定细节的能力。倘若自我意识会对我们的行为产生积极的影响——倘若这不仅是一种哲学层面的抽象影响——那么它就需要某种坚定的内容：我们不仅需要一种对连续性的一般感受，还需要感到被一段特别的经历所影响，或在一系列特定的历史变迁中保持着自己特定的自我特质。记忆能够为组成这样一种积极的自我意识提供素材，但我们还并不清楚，仅仅只是简单地记录一系列过往经历是否就足以产生这种自我意识。

91 相比起将自我意识视为由回忆过程引起（即创造）的，近来的心理学思考更倾向于将自我概念视为构造那一过程的有效“认知图式”的一部分（不过，当然，自我概念还是可能在这一过程中逐渐受到修改）。在杰罗姆·布鲁纳看来，“自我建构所涉及的至关重要的认知活动，似乎更像是‘思考’，而不是‘记忆’”[39]。从这一解释视角来看，“自我”并非我们通过回忆来认识的东西：它们是我们用一系列可获得的材料在心理上建构出来的，这些材料包括记忆，但也包括叙事传统、文化成见、迷思，以及集体期待。它们是有效运转的概念，而不是被记住的现实。如此，它们或许是灵活的，甚至在某种意义上只是暂时的，但它们同样也有着很高的要求。“自我是一个不断被重写的故事，”布鲁纳写道，“我们从过去中记住的，只是保持一个完整的、令我们满意的故事所必需的部分。”[40]受到精神分析传统影响更深的学者，则在记忆与遗忘的一般经济中赋予了自我的心理发展一个更为核心的位置，并且对此有着稍许不同的理解：他们认为，自我不是一个认知软件——一种需要维持的心理建构，其功能是为人们框定和组织一片特定的回忆区域——而是对人类心理努力实现和保持定力和整体性这样一种尝试的永恒却并不总是成功的表达，这种定力和整体性往往面临着被一些坎坷经历打破的威胁。

这两派观点都不曾将自我设定为一个毫不费力的统一体。被安泽和兰贝克称为“清楚、透明的自我之理想典范”的东西，在他们看来，是鲜少能被实现的：“含糊才是定律”——其结果是，记忆并非简单地维持“关于我们身份的主导观点”，而是相反，“往往威胁要破坏它，无论是通过明显的缺口、不确定性，还是不再属于我们的那些过往瞬间”[41]。在这里，以及在大多数受心理分析启发的讨论中，重点是在具有威胁性的含糊和分裂方面（最形象地体现在“多重人格障碍”案例中），但那些更倾向于将自我视为一块被建构起的心理设备的人，有时却会强调交替变化的元素，甚至或许还有在自我建构中起作用的选择和实验：根据这一观点，个体可以适应不同场合的需求，或配合不同的受众或不同 92
种类的经验过程，来处理不同的自我概念。（在这样的情况下，哲学家乔纳森·格洛弗所说的自我的“内在故事”仍然需要在多大程度上在不同的自我表现之间进行调和，这仍然是一个争论的焦点。）[42]但是，无论是单一的还是多重的，是危机重重的还是实验性的，对于大多数当代理论家来说，自我总是处在被建构或修改的过程之中：在这一意义上，它从未变成一个稳定的记忆对象，却始终是帮助构成和解释记忆本身的一项工程。口述史家阿拉斯泰尔·汤姆森这样总结自我与记忆之间的联系：

> 回忆是我们在故事讲述中识别我们自身的重要方法之一。在讲述故事时，我们能发现在我们心目中，过去的自己是什么样的，当下的自己又是谁，以及在未来我们想要成为什么样的人。我们所记住的故事不会是我们的过去的准确再现，却会利用那一过去的某些方面，并塑造它们，使之符合我们当下的身份与抱负。[……]记忆是我们创造的“有重要意义的过去”，我们创造它们，以求在时间的流逝中能对自己的人生做出更令人舒适的理解，同时，在这些“有重要意义的过去”中，我们过去与当下的身份变得更为一致。[43]

对于像汤姆森这样的口述史家来说，对被建构的自我与个人记忆之间这些相互建构的互动进行分析，是学术界的一项中心任务。

不同领域的学者已经用许多不同的概念语言来寻求理解自我建构对于记忆及其表达的影响。例如，在1950年代，心理分析学家恩斯特·克里斯表示，自传性回忆是由“个人迷思”（personal myth）塑造的。这样的“迷思”，可能适用于个体所记住的过去整体，或其中的某些特定部分；据克里斯说，它根植于童年早期的心理经验，在那时，在孩童的感受中幻想与现实还没有明确的区分。实际上，当对现实的感受随着个体的发展而变化时，迷思就是仍与这些感受交织在一起的幻想元素，它的作用是让自传性回忆偏向于对特定叙事或自我概念的维持。[44]类似地，其他学者也强调了作为自传性回忆中的元素之一的“迷思”，但
93 他们不太在意探讨个体心理的早期发展中迷思形成的起源，而更在意探索由个体所处的文化所提供的、自我建构中的虚幻材料。任何一个文化都有可能产生一些刻板印象，而个体在组织他们的自我规划和自传记忆时则可能会利用这些刻板印象：例如，基督教文化提供了殉道者、悔过的罪人、重生的信徒这样一些形象；资本主义文化则提供了英

雄的企业家、白手起家的人、有目的的消费者这样一些形象。[45]同为社会学家和心理分析学家的杰弗里·普拉格探讨了经受心理分析的病人如何利用文化中可用的“经验范畴”(或“意义框架”),通过将他们自身塑造成某一熟识类型的受害者或受难者(例如同性恋者、非裔美国人、性侵受害者),这些框架能帮助他们理解自己的问题。个体对这一范畴的运用伴随着编织“关于经历的详细叙事,其中个人历史与受难故事相交织,而这些故事中包含着疏离或歧视、认可或救赎等种种主题”。普拉格指出,这样的叙事,“不仅是个体自己编造的,也反映了个体从文化中的大量借用,是文化让各种各样关于受害的故事变得纯熟”[46]。某种程度上与此类似的是,在关于都灵工人阶级对法西斯主义的经历的口述史中,路易莎·帕塞里尼强调了“反复的自我表现”在组织年老的受访者提供给她的自传性讲述中所发挥的作用。这些本质上刻板化的表现,植根于为人熟知的工人阶级文化叙事形式,或是政治或宗教意识形态生产出来的叙事形式,它们将个体塑造为,比如,“一个天然的反叛者”“一个天生的社会主义者”“一个辛勤的工人”“一个小丑”,或者仅仅是“一个总是很幸运的人”,或总是过着“悲惨的生活”。通过运用这些老套的模式,帕塞里尼采访的那些人,为他们原本坎坷而混乱的存在赋予了一致性和可理解性(不仅是为了他们自己,也是为了在同样的文化中成长起来的其他人)。[47]最后,人类学家莫里斯·布洛克将我们的注意力吸引到个体对特定经历(例如革命、迁徙或殖民压迫)的心理反应上来,包括他们亲身回忆这些经历的方式,这些心理反应或许是由 94
文化中内含的集体认同概念塑造的,这些概念描述了一个群体与历史经历之间关系的本质特征。也门北部的萨达人(Sadah),由于据称是先知穆罕默德的后代,认为自己承载了永恒的神圣智慧,感到自身“在历史中如同流水中的岩石”,无论受到何种灾难的波涛侵扰,终究会保持不动。菲律宾中部的米骨族人(Bicolanos)却认为他们是一个“一无所有”的民族，故而他们的命运总是易被影响，总是在与更强大的外族的接触中被改变。布洛克指出，这样的集体自我表现给经验以及记忆带来了改变，而这种改变是人类科学家不应该忽视的。[48]

这些从不同的学科领域得来的案例，说明了文化成见或意义框架可能对记忆的架构与呈现产生多种多样的影响。这样的心理机制由文化生产出来，又为个人所套用，它们或许是束缚，又或许可以让人摆脱束缚：在光谱的一端，它们在稳定个人身份意识方面起着关键作用，使其不受生活中的混乱和波动的威胁；而在另一端，它们或许是由文化强加的负担——用卡罗琳·斯蒂德曼的话说，“强制的叙事”[49]——对它们的使用所反映的，与其说是个体对意义的寻求，不如说是个体痛苦地陷入了他人为其设定好个人身份条款的社会之中。有时，个体所利用的框架或刻板印象或多或少是由更广泛的文化所给予的，但也有些时候，更丰富的文化会提供一系列模型，供个体从中选择并进行实验；有时，这些选择和实验会深深受制于社会环境和权力关系，而有时，这样的制约又没那么强。

但是，不论个体对这些机制的使用是伴随着异化还是让自我保持镇定的舒适感，它们作为表达个体回忆的结构性元素的融入，几乎不可能是完全自然而且自动的。帕塞里尼集中关注都灵的受访者对刻板化的自我表达的使用，她指出，这包含了一些有意识的叙事表演，由此对经验与叙述之间差异的认识就并不是完全缺席的：“这些采访对象意识
95 到，在两个层面上，他们的故事与现实生活并不完全相符。但正是因为他们是在讲故事，他们便有意识地诉诸他们的文化中用于讲故事的既有模板。”[50]而在帕塞里尼强调这一差异之时，普拉格在对其病人类似的叙事行为的探讨中，却强调了将个人记忆从套用的叙事惯例中剥离出来的现实困难：“我们几乎不可能为当下的记忆者，在记忆中分解出现有的经验范畴、用于将当下与起源于过去的故事连接起来的叙事，以

及这些特定的自我理解形式的后果。”[51]

在这里，我们所面对的是一个关于记忆与叙事的更大问题。当历史学家或其他人（心理学家、社会学家、文学研究者等）开始研究记忆时，他们实际上观察和分析的不是作为内在心理状况的记忆，而是通常以口头或文本的形式呈现的、外在的记忆表达。认为研究这些表达能让我们直接触及记忆的内在心理质地或者记忆表述所涉及的个体的原始经历，这种想法显然过于天真：毫无疑问，事情是不会精确按照它们原本被经历时的样子被记住的，也不会精确按照它们在内心中被记住的样子被表述给他人。然而这一陈述本身所暗示的三阶段模型（经历、记忆、叙述）也显然是有问题的，因为倘若我们换一个角度来看——将记忆视为一个连续的或重复的过程，而不是一个一次性的操作——那么经历、记忆和叙述这三者就不是独立而连贯的，而是同步并且相互关联的。换句话说，我们并不是经历过完整的一生以后再来开始回忆它，也不是完成回忆以后再来开始将我们所记住的东西以叙述的方式组织起来；相反，在人们不断致力于保持、发展和表述他们对于变化的世界及其自身在世界中变化的位置的理解时，经历、记忆和叙述是一同展开的意识的三个方面，相互渗透，也相互补给和修改。我们经历某一特定事件的方式或许会受到我们对于更早的经历的记忆的影响；这一事件
此后被回忆和叙述的方式，或许既受到我们对于从事件发生到被回忆 96
和叙述这段时间之间的经历的记忆的影响，也会受到更早的叙事安排的调节作用的影响。就算我们回忆的历史无法简单地与其叙事安排的历史等同起来，它也不可能简单地从中分离出去。

心理分析理论家唐纳德·斯彭斯在他自己关于临床环境中的自传记忆分析所引起的方法论问题的讨论中，更进一步探究了叙事性（narrativity）的问题。斯彭斯认为，叙述过往经历的病人实际上是“翻译家”，他们致力于将“关于经历的私人感受”（呈现在他们的记忆中）

转化成“通用的言语”[52]。在最纯粹的状态中，记忆（斯彭斯称）是非语言性的：它们由形象或感受组成，这些形象或感受或许看起来是清晰而准确的，实际上却往往是含糊而不确定的。为了向心理分析师（或其他人）讲述而将这些形象或感受诉诸语言，是一种描述性的行为，它像所有类似行为一样，实际上改变了所要表现的印象。这体现在两方面。第一，对描述最初形象的词语的选择，不可避免地会强调这一形象的某些方面或要素，而以忽略其他方面或要素为代价：鉴于没有任何语言描述能抓住如一团乱麻般的诸多印象的方方面面，每一次叙述回忆中的经历的尝试都包含着失真与歪曲。第二，鉴于用来描述记忆的词语也必然承载着其他心理联系，不属于原有记忆印象的意义会通过叙述行为输入进来。[53]斯彭斯认为，这些叙述产生的效果其实足以破坏，进而取代原有的记忆：

> 重点在于：一旦被表达为一系列特定的语句，记忆便被改变了，患者或许永远不可能再拥有与从前一样的那种模糊的、不明确的、未经破坏的印象。因此，叙事这一行为很容易将过去固化为一段明确、具体的，但同时也在某种程度上极为专断的语言，这段语言反过来起到了歪曲早期记忆的作用。更确切地说，新的语言描述就此**成为**最初的记忆。[54]

根据这一观点，叙事性模糊了——甚至彻底地改变了——它想要说清楚的记忆。记忆最初被语言表达的方式决定了它们此后的形态：
97 它们不可能回到那种前叙事状态。这一观点是可争论的：莫里斯·布洛克从他的人类学田野工作中得到了这样的案例，同样的受访者在不同的场合会对同一件事做出聚焦于不同重点的叙述；他表示，记忆本身其实并不是在它们被叙述的那一刻就立即被吸收并彻底改变的。相反，记忆以本质上非语言的形式被储存下来，它们可以为一系列由不同的环境性或社会性的提示事物所引发的不同叙述提供素材。斯彭斯将叙述视为第二阶段的记忆——记忆被不可挽回地转换成了叙述的形式——布洛克却将它们仅仅视为关于被记住之事的陈述，受到不同场合的要求的影响，却又总是为其他可能的叙述留有余地，在那些叙述中，记忆同等地牵涉其中，却与之有着不同的牵连。[55]然而，无论我们对此作何看法，或许都有理由认同斯彭斯的基本意见，即在作为内在心理印象的记忆，与心理分析师——同样还有历史学家——基本上不得不处理的记忆的叙述部分之间，总是存在着难测的差距；并且，记忆在特定时刻被套入的叙事模式或许会对此后理解和重述那些记忆产生至关重要的（倘若不是完全决定性的）影响。

如果到目前为止的论述我们都接受，那么斯彭斯的观点对于历史学家如何处理他们在口头和书面材料中遇到的记忆叙述具有三点重要启示。第一，它暗示历史学家必须对这些材料的语言和叙事性保持敏感——包括叙事结构和策略、语言的技巧和反响，以及所采用的形式的文化起源与象征意义。

第二，斯彭斯强调了早期叙述对后期的叙述模式的影响，这提醒我们，作为历史学家，我们很少能够见证记忆最初获得叙述形式的那一刻。塞缪尔·施拉格曾恰当地警示口述史家，不要对口述史访谈中抛出的记忆抱有天真的幻想，以为它们一直保持着休眠状态，直到采访时才被唤醒。他指出，相反，口述史家往往是“一个已经高度发展过的过 98
程的干预者”，因为“就像在大多数故事讲述的场合，大多数被讲述的故事其实在之前就已经讲述过了”，而且很可能讲述过很多次了。“一个故事变为口述史家可能会遇到的形式时，已经经历过伴随着重述而来的、逐步的细节组建”，而口述史家最明显的贡献或许只是提供一个新的文本环境，使得已经经过多次排演的故事必须去适应这个环境。[56]

诚然，也有其他口述史家更重视一种能力，即敏锐地进行口述史访谈，以重新聚焦或更新受访者的回忆，但这一点并不能否认前面的那些提醒，即大多数讲述给口述史家的记忆叙事（或者历史学家遇到的文献形式的叙事）都包含了经过前期排演的元素。要评估这样的叙事，我们不仅需要考虑笼统的叙事化的作用，也需要考虑此前的叙事安排的具体历史的作用。

第三，斯彭斯坚持认为，叙事化过程既包含了对一些心理联系的切割，又包含了对新的心理联系的建立。这意味着我们对记忆叙述的分析不仅需要关注明确表述的内容，也需要关注那些被排除在外的内容；不仅需要关注那些从前期到后期在叙述中一贯保持下来的内容，也需要关注被修改或置换的内容；不仅需要关注赋予这些叙述以明显意义的象征性联系，也需要关注这些叙述用以破坏或阻止的其他联系。实际上，斯彭斯对记忆借由叙事化过程所形成的转变的强调，给这些心理分析实践中已然暗含的问题增添了新的层面——记忆本身总是经过了各种形式的压抑的加工，这些压抑的作用不仅体现在沉默和遗忘，也体现在对被记住的事情的转移置换和重新排列中。口述史家（连同自传性写作的研究者）越来越汲汲于根据这些建议来改变他们的探寻模式。他们的做法，有时是通过详细地引入特定形式的心理分析理论（不论是弗洛伊德、拉康还是克莱因的理论），或者只是简单地通过更普遍地使用模糊的心理分析语言，来描述这样的议题；其中的主导设想已不再认为口述证词直截了当地表述了一种流行的过去意识，而是认为它为口
99 述史家提供了探索那些隐藏的烦恼丝线——它们既穿过记忆与叙述的表层，又隐藏在表层之下——的一个入口。

因此，举例来说，塞尔玛·莱德斯多夫在她关于20世纪早期阿姆斯特丹的犹太无产阶级的著作中，称自己要“寻找被讲述的故事的间隙中所隐藏的未被讲述的故事”——她进一步通过结合文本与考古的

比喻来说明这一行为的性质:“真正的故事”只有通过领悟受访者的证词中“字里行间的言外之意”才能找到;“研究者就像考古学家,不断挖掘个人在记忆以及个性上的新的层面”[57]。通过不太明显的心理分析方法,阿拉斯泰尔·汤姆森谈到了处理某些战时经历记忆,需要“剥去随着时间的推移以及在不同的社会环境中围绕那一经历而建构的意义层”,“通过关于同一经历的更早的表述”回到过去,由此揭示记忆的“层层积淀”[58]。

即使在记忆表述仅限于对具体事件的回忆时,这一表述也仍然具有叙事性。当我们将注意力转向这些回忆如何融入自传性自我呈现——人生故事——的更大结构时,对记忆和叙事性关系的分析就变得更为迫切了。将人生中的事件联系起来,这不可避免地是一种叙事性的建构行为。至少在更为成熟的形式中,自传性意识不仅取决于一种对个人存续时间的感受——感受到一个能让一系列经历加诸其上的连续的存在体(自我)——也取决于这样一种感受,即这些经历是依照有意义的次序相继发生的,而它们的一部分意义即在于对个体自我所产生的连续的、累积的作用。被记住的自我所处的时段是一个被组织以及被重点标记的时段——不是一个无缝的时间之流,而是有着“之前”与“之后”、更长的或更短的时长、固定不动的瞬间和加速运动的阶段、周期性的节律,以及激烈的前进或倒退。对自传性时间所作的叙述性组织,通常是在许多层面上运作的。首先,它或许能调用既定社会中可用的、多种多样的标准和常规时间度量以及管理系统中的任
何一个——日夜、星期、月份与季节的循环往复;通过一日三餐或工作 100
任务对一天进行习惯性地划分;礼拜仪式、财政或学术日历的划分;以年、年代、世纪,或者皇室统治任期,或者通过与生日和纪念日的关联来记录时间发展;等等。这些系统提供了有用的工具来标记自传性叙事中的时间流逝,但它们本身不足以为事件与经历赋予有力的自传性意

义。为此，一种更加个人化的时间体系就是必需的，并且依旧是一个叙事概念：我们通过将我们的回忆与隐含的（或者有时也是明显的）个人发展故事联系起来，来赋予它们时间结构。在这里，我们再一次取用了我们文化中熟悉的心理框架。举例来说，文化或许可以给予我们“生命周期”的概念（以及它的标准化过程，从童年，到青年、壮年，最终到老年），或是那些追寻特定人生道路的人注定要遵循的“生涯”概念。这类框架或许得到广泛接受，以至于看起来如同老生常谈，但它们为自传性回忆和叙述提供了重要的支架，使得个体能够以可识别的发展方案将特定的记忆分配到特定的人生阶段。

如此施加在记忆之上的时间划分，可以时常通过联系其他种类的记忆标记——例如与地点（当我们的记忆集中于我们在人生的某些阶段所熟悉的物理环境时）或社会群体（当它们与我们在职业生涯的某些阶段与之共事过的某些人有关时）有关的标记——得到强化，或更深入的发展。扩充以丰富的细节后，个体在不同阶段的经历会被以不同的情感质地或情绪色彩投入记忆中，使得一种几乎独立于更明显的情节化风格的叙事模式得以发展起来。因此，例如在维多利亚时代若斯墨丘斯（Rothiemurchus）的伊丽莎白·格兰特夫人的回忆录中，作者童年时期接连的成长阶段（在中年的回忆中）是与和它们相关联的物理地点，以及和这些场景有联系的社会关系相映现的。格兰特三四岁时生
101 活在苏格兰高地，她从这段破碎的回忆中编织出了一幅与她所喜爱的保姆贝蒂在一起的自由自在、田园牧歌般的童年景象：

> 她洗干净我们的衣服，把我们打扮得漂漂亮亮，然后带我们出门，终日在室外玩耍。我们给那个伤心人约翰·坎贝尔带去了很多安慰，我们与每一个遇到的人交谈，贝蒂唱歌给我们听，给我们讲童话故事，还给我们做灯芯草的王冠。她让我们一直保持着愉

快的心情，就像在我的希望中所有孩子都可以保持的那样。

然而，给这一叙述带来力度的，却是格兰特在它与记忆中的下一个童年阶段之间几乎马上就建立起的细节对比：

> 1802年的冬天，在一整个空白的季节过后，我在伯里路（Bury Place）的一所阴暗的房子中醒来。那里没有阿姨，没有贝蒂，一个名叫戴夫人的乳母带着我们去碎石路上散步，没什么可以玩的东西，也没有人与我们玩耍；我们周围的物件都是陌生的，而且不合心意。戴夫人严重地区别对待威廉和简。她欺负威廉。简却是她喜欢的，因为简总是很乖巧。我则是她不喜欢的，我太任性了。

接下来的一年，她又搬到了林肯律师学院广场（Lincoln's Inn Fields）的一个更通风的住所，于是再一次让氛围变得轻松起来：

> 我们有广场可以玩耍，被允许不受仆人约束地在那里跑来跑去。很快，我们与许多孩子熟识起来，并且很喜欢这些新的伙伴。从这时候起，我们的城镇生活便不再是不开心的了。

在这些明快与阴郁、自由与束缚、社会融合与社会分离以及放松与训诫之间的来回摇摆中，格兰特的童年回忆获得了一种叙事张力，这一张力来源于强有力地帮助她形成关于个人发展的回顾性感受的文本对比，而不是明示的戏剧化细节。[59]

当然，个体或许也可以给他们回忆中的存在安排更明晰的戏剧性叙事结构。有各种各样的文化资源——民间传说、虚构文学、史诗、宗教神话——作为储备，我们为全部的或部分的过往经历赋予英雄的追

求、圣灵的(或浪子的)进步、信仰转变的戏剧、田园的牧歌这样一些想
102 象性的结构；我们以叙述的方式将此塑造为喜剧或悲剧、信仰启示或道德故事、浪漫情节剧或闹剧。在这样做的时候，我们赋予它一种戏剧化的整体性，以及一定程度的叙事一致性，这种一致性，在我们生活的日常经历之流中是很难具有的。在自传性写作更为成熟的形式中，受现代文化对“自我”概念的长期关注的影响，这一对于个体存在的戏剧化的组织方式找到了一种尤为正式的表达。正如文学研究者乔治·古斯多夫在一篇很有影响力的文章中所言，自传作者寻求“将他个人生活中散落的元素进行重新装配，并将它们重组为一幅综合性的概略图”，“向着一个关于其整体命运的完整而连贯的表达”而尽力。这一写作不仅为它所描述的存在设想了一个整体，也为其设想了一种终结：倘若他们的人生并非恰恰处在终点(毕竟大多数自传作者都确实希望能在自传完成后继续活下去)，这也仍然意味着，自传作者抵达了一个有利位置，在此处，通过一个实际上是回忆与有意识的解释相结合的过程，他们可以回顾和总结人生的本质特征。这一过程的结果，是一份经过抛光打磨的人生表现：一份文学产物，它作为文本的叙事一致性代表了被描述的存在中那种假定的整体性。的确，近来自传性写作的研究者，尤其是以女性主义视角来研究它的人，已然削弱了关于这一文体的许多设想，揭示了其内在的张力与意识形态功能，并以一种更为复杂的、关于主体性的思想史和社会史的名义，挑战了其中关于肯定性的、自主的自我的英雄神话。[60]在这里，我并非想要表明，我们应从表面上来判断经典形式的自传所标榜为真实的内容，而只是想说，作为写在自传中的内容，它们对于我们如何看待记忆与叙事之间的联系，是有所影响的。

很显然，我们不能将高级自传性艺术精心打磨出的文学作品简单地视为原始经验的表现，甚至也不能将此视为它们留在记忆中的样子。部分地由于这一原因，文学研究者不仅总是让自传研究远离记忆概念

（他们更倾向于谈论主体性或自我叙述），而且总是坚守着将叙述活动与生活经历区分开来的间隔。在路易斯·O.明克简洁的表述中，“故事不是被经历的，而是被讲述的”[61]。根据这一观点，某一个体直接的经历 103
之流并不会自动归为一个完整连贯的故事，而是必须依赖该个体的回忆，以及其后的讲述。倘若这样的故事能够出现，那么它只能是通过回忆和讲述的过程而形成的：它不是人生中的事实，而是一项心理成果。如果我们认为这意味着被讲述的故事（尤其是那些在正式的自传性文学中讲述的故事）与日常生活中经历的事情之间的关系是微弱的，并且这种微弱性在某一方面与叙事确定性的风气，以及这些回忆故事似乎常常具有的精湛驾驭技巧和一致性有关，那么这一点似乎是有根据的。倘若我们认为这意味着经验与叙事性之间在某种程度上是相互排斥的，那么它似乎不那么站得住脚。我们在回忆时，往往已经倾向于将回忆的内容与至少部分地具有叙事性的思维模板和意义框架联系起来，以此来对我们的印象进行归类，例如将它们归为童年而非成年记忆，或归为与更早的而非后来的职业或婚姻关系发展阶段有联系。我们或许可以认为，这种思维模板对于决定我们会记住什么样的事情起着重要的作用：是记住开始与结束的时刻，从一个阶段转变到另一个阶段的时刻，还是那些代表或界定这些阶段的人物、地点和事件。并且，尽管思维模板本身也毋庸置疑是很容易被修改的，在一般特性方面，它们似乎不太可能与我们随着生活的展开而经历它的方式完全不同。叙事性——换句话说——并不纯粹是回顾性的：相反，故事（在其整体框架而非具体内容中）是想象性的建构，我们可以用它们来回想过去，同样也可以用它们来预想未来，并且由此来理解任何一个既定时刻所发生的事情——通过将发生的事情与过往经历、正在进行的事项或推测出的未来可能性联系起来。因此，我们可以认为当下经历中的某些方面，是能让我们沿着选定的职业道路向前进步的所需要素，或是为了确保在将来受益而必须忍受的部分困难，又或者，是对我们由于早期的努力而本应得到的报酬实行的不公正的剥夺。所有这些理解事物的方式都潜在地建立在叙事概念上。所以，我们似乎有理由和哲学家戴维·卡
104 尔一道，认识到"'生活'与书面叙事之间有着某种形式上的共同体"，而非根本上的不一致。[62]在回忆和叙述过往的经历时，我们很少将叙事形式强加于它此前从未染指的地方。

无论如何，我们最好不要以我们对于更为优美而成熟的自传性文学的思考作为模型，来思考经历、记忆与叙述三者之间的相互关系。[63]即使在沉迷于"自我"的现代文化中，正式的书写形式的自传也只是特例，而不是常态：大多数人都既没有机会也没有意愿（或者闲暇和自信）去建构一份详细、"确定"的人生故事版本。更常见的情形则是，自传性叙述是在交谈的环境中产生的：它的形式是口头的，而不是文字的；它是零碎的、暂定的，往往被反复排演和重复，但也总是会被修订，会根据新的场合的需求或不同受众的期待而进行调整。正如波特利所说，它始终是"一个活着的事物"，并且"永远是一部还在完成过程中的作品"[64]。近年来，口述史家与其他人对于这一类自传性创作的叙事节奏和话语模式变得越来越敏感。波特利曾颇具启发性地谈到这种发生在口述史访谈中的叙事生产，它是一个"仍在制作中"的"文本"的产物——总是在寻找形式与稳定性，却总是以多重素材来组建自身，并且仍然在探索其自身的叙事可能性：

> 有一些渐进式的寻找主题的方法，就好像音乐中的滑奏（glissando）；谈话中的修补以及事后的更正，是为了准确性或实用的有效性；累进的重复，是为了完整性和准确性，或为了戏剧性效果。这种在创作上的个人努力，是以对社会化语言的使用（陈词滥调、公式、民俗传说、刻板的逸事、司空见惯的事物）以及从文字作

> 品（小说、自传、历史书籍）或大众媒介中得来的体裁范例作为支撑的。这些已建立的言谈区块在一片没有标记的言语之土上确定出稳定的道路，就好像无形却精确的空中航线，在流动的空域中引导着飞机……
>
> 在流动的文本实验和固定的刻板材料之间，这一“完成的”讲述可以自由分裂，像一座移动的岛屿，像冰山的尖顶一样漂浮。为 105
> 了理解叙事是怎样形成的，我们不应该将自己限制在这些完成的瞬间之中；我们同样需要思考那些公式化的材料，那些表面上无形的连接和支撑物，以及历史学家作为对话者和引导者的角色。[65]

在另外的著作中，波特利关注了在这种自传性表达中起作用的时间性操作。他对比了口述史家对精准的年代断定、条理清晰的情节安排和单一的时间线的重视，以及那些为了历史学家或其他人而回忆他们的人生经历的人们，所采取的对于事件与经历的更为灵活多变的时间安排。在后者中，联系不仅是依照时间顺序的，也是主题性的，并且它们不是在单一的时间框架中，而是在许多相互重叠的系统中被建构的，其中每一个系统都有各自的时间划分惯例和时间测量标准。因此，叙述者会根据不同的隐含重点——是着重于国家政治的发展、地方社群的生活，还是更亲密的个人和家庭历史——来对事件和经历进行不同的分组。有时，这些视角中的其中一种会对我们回忆和叙述事情的方式产生主导的结构性影响；而更多的时候，叙述者会在不同的视角之间摇摆徘徊，将它们编织在一起，成为一套语言化的记忆，其连接模式和终点总是处在移动变化之中。类似的易变性在波特利称之为“往返操作”（shuttlework）的叙事实践中表现得很明显。在这里，叙述者的关注重点在时间中（在过去和现在之间，或在被回忆的过往之中的不同阶段之间）前后移动，将人生经历更多地表述为一种感知到的差距——常常被提到的“彼时”与“此时”之间(青年的世界与老年的世界之间,这一代人的经历与取代它的下一代人的经历之间,等等)的间隔——而不是将其表述为一段依照顺序展开的叙事。[66]在这类口述证词中,回忆与叙述的过程相互纠缠,难以分割:对叙事的组织或许比在更为文学化的自传形式中要更加直接地受到在即时的回忆行为中出现的心理联想的影响;反之,讲述故事的直接压力或许有助于将记忆激发为行动,并塑造
106 出我们所记住的东西的形象。

杰罗姆·布鲁纳认为,我们每个人的心中都携带着一份“未经加工而不断变化的自传草图”[67]。这一草图始终是未完成的,原因有二:第一,因为生命本身还没有完结;第二,因为我们对于叙述人生的方式的检测还没有结束。讲述我们的人生故事不仅需要将我们过去的和当下的生活联系起来,还需要将它们与我们自信地、充满希望地或推断性地预想出的未来联系起来:它不仅包含着回顾,也包含着预设规划。随着时间的推移,我们曾经的一些期待得到了实现(或保持着在将来得到实现的可能性);而另一些却受到挫败,或干脆就被放弃了。一波接一波的新的经历,迫使我们去修改对于未来的预期,而这样做——鉴于改变对于未来的预期意味着改变我们对于过去行为和经验会把我们引向何方的理解——可能会影响我们回忆自己更早的人生阶段的方式。年轻时的希望是通过后来的幻灭的滤镜来被回忆的;对曾经的想法的放弃,被当作“成长”所必经的过程中的一部分而重新置入记忆。后来的经历中的差异,会令我们回忆最初类似经历的方式有所不同。例如,同时身为社会学家和口述史家的伊莎贝尔·贝尔托-威亚姆通过采访巴黎烘焙工人的学徒经历,发现那些在后来的职业生涯中完成了心愿、成为烘焙师和雇主的人,会将学徒期间经受的困难回忆为达成最终成就所必需的磨砺,而那些未能达到这种自立和受尊敬程度的人,在回忆类似的经历时,则倾向于强调学徒处境的本质是遭受残酷的

剥削。[68]这样的差异不足为怪，但它凸显了自传性回忆所涉及的一些重要的方面。

鉴于自传性回忆反映了我们理解并且适应作为人生经历的一部分的变动、断裂和矛盾的需求，它往往既充满情感，又具有情感上的复杂性。我们通过记忆与之相连的过去，同时既是与我们相伴随的过去，又是我们抛诸脑后的过去。从某一方面来看，它塑造了我们，将我们带至 107
当下的境况和当前的未来发展可能性——这些与我们的自我意识和个人身份都是不可分割的。而从另一方面来看，不论好坏，它是我们不再能牢牢把握的过去，充满着已然退去的视野、未曾成形的期待，以及没能持久存在下去的境况与关系。这是一个满载着已经逝去的自我的过去：我们曾经是但现在不再是的自我，我们曾经有可能成为但从未真正成为的更鲜为人知的自我。有时，记忆是由过去与现在之间的连续性所主宰的，或者至少，这两者之间的差异并不令人苦恼；而有时，回忆却带着一种悔恨、怀旧、失落或破裂的感受。一些特定的记忆所带有的情感意义并非仅仅固锁在被回忆的过去经历中，也并非仅仅来源于回忆之时占主导地位的环境状况。相反，它们来源于思维维持和管理过去与现在、前景与回顾、身份认同与可能性之间的联系的持续努力。这些并不总是以同样的方式完成。彭妮·萨默菲尔德在分析其关于二战中的妇女的著作中所引用的访谈材料时，在她的老年受访者中分辨出两种不同的回忆模式。在第一种，即“人生回顾”中，受访者有意寻求一种对人生的整体理解，而甘冒在平衡整体的希望——不一定总是能意识到——中面对人生中的痛苦经历的风险。在第二种中，这些风险通过一种策略而得到了规避，这一策略隐含的最重要的目标是“对自我尊严的保持”，它是通过一再重复能够确证个体及其过往经历之价值的故事来实现的。[69]个体可能会在这些模式之间摇摆不定，这取决于她们正在回忆其人生的哪一阶段，也取决于她们当下处境的变化。

记忆与个人身份之间亲密的情感联系，在我们思考自传性回忆如何被创伤性经历扰乱这一问题时得到了最为生动的凸显。[70]（甚至，“创伤”作为一个分析术语的出现和完善，本身就受到了对于回忆如何被这类创伤经历感染的研究的影响。）那些残忍地中断人们的期待和关系的经历，不仅会产生本身就具有伤痛性的记忆；将这些记忆纳入常规个人
108 经历叙事所面临的困难，也会使它们具有更为深入的破坏性。正如莱德斯多夫所说，“创伤不是人生中的一个孤立的事件，相反，它［……］往往能够决定性地影响一个人对于此后之人生的感受，对于此后之事件的解释，以及［……］对于此前之经历的记忆”[71]。有时，大脑通过努力抑制关于令人不安的事件的记忆来应对创伤威胁；而在另一些时候，一些印象会不受控制地重新出现，它们恐怖而生动的直接性在自传性回忆精心构筑的稳定化结构中无处容身。在有些情况下，对记忆中的细节进行选择性的重新加工可以让我们更有效地应对那些令人不安的经历。例如，马克·罗斯曼关于一名年轻犹太妇女躲避纳粹的战时经历的敏锐研究，展现了在玛丽安娜·埃伦博根后来的回忆中，她对战时经历中具有最明显的创伤性特征的生离死别时刻的讲述，是如何通过对细节的微小夸张或改变（例如，她讲到自己从抓走了她的所有家人的盖世太保手中逃脱）来进行巧妙地调整的，这种方式或许可以减轻此前对相同经历的理解中可能带有的罪恶感。[72]这一案例或许可以证明自传性回忆所具有的根本上的韧性——它保护自身免于瓦解的能力。拉脱维亚人的事例，也以不同的方式指向了同样的结论。在二战期间以及之后的一段时间，纳粹和苏联人的接连入侵和占领摧毁了拉脱维亚人的生活，韦达·斯库尔坦斯分析了他们的心理生存技巧。斯库尔坦斯强有力地指出，“生活的日常结构的崩塌催生了在故事讲述中重构意义的需求”，这样的挑战迫使面临挑战的个体去深入挖掘他们可利用的文化资源。[73]面对他们自身生活的崩塌，以及支撑着自传性回忆的惯常

模式的社会状况的毁坏，拉脱维亚人利用文学和民俗资源，生产出“由个人生活经验和文本回忆相交织而成”的叙事，让他们得以挽回自身存在的意义[74]——在这样做的同时，也在苏联的压迫下，保存了他们独特的国族文化中的一些元素。109

认为创伤经历与叙事崩塌之间存在着必然联系的看法显然是错误的。但是在另一些情况下，不论是由于对个人生活的妨害在某种程度上更为深重，还是由于随之而来的一场更大规模的对于社会和文化结构的破坏阻碍了个体维持那些能给予支持的文化和人力资源，创伤经历能够在传记式回忆的结构中产生出真正的并且很可能是持久性的危机。对大屠杀记忆的研究——近年来一个大量扩张的领域——就强调了这种危机的多重形式。例如，劳伦斯・兰格强调了最先由一位奥斯维辛幸存者夏洛特・德尔波提出的“一般记忆”（mémoire ordinaire）与“深度记忆”（mémoire profounde）之间的区别。大屠杀幸存者通过“一般记忆”，将大屠杀经历纳入某种常规感受的结构中（因此得以远离它、叙述它、传达它），而“深度记忆”以重新体验的而不是回忆中的事物所具有的残酷的直接性，将那一经历带回表面，以此反复地打断“一般记忆”的这种努力。[75]在其他地方，兰格还谈到大屠杀“在时间上的持续性”，让那些经历过它的人不断“重新体验”它，由此打乱了正常的“经验时间纪年”——其中过往的经历具有有序的叙事排列。[76]心理学家亨利・格林斯潘在强调幸存者将经历转化为叙事的努力的同时，也强调了这一尝试在根本上存在的问题。格林斯潘写道，幸存者的故事和叙述声音出现于“两类记忆之中：从幸存者自己常常所称的‘人生的正常情况’（他们与我们所有人所共有的）中打捞出的显著的主题和认同，以及关于大屠杀本身中那些意义（以及许多其他的东西）的减损和最终瓦解的记忆”。根据格林斯潘的说法，将这两类记忆结合起来“终归是一项失败的折中操作”：“那些被挽回的意义最终再一次被减损；类比被引入，而后又被否定和放弃；故事被截短，或被一再重复。”在有些时候，幸存者通过转移他们回忆的重点——从大屠杀经历本身，转移到他们在战后讲述那些无法出口的经历的努力——来实现一定程度的叙事秩序。
110 在其他时候，叙事分解为“一系列受压的、不连贯的快照图像”，以“具有直接性和同时性，而不是体现出记忆和持续时长的语言”表达出来。格林斯潘指出，正是通过分析幸存者未能成功的讲述尝试（而不是研究已完成的叙事建构），我们才得以开始理解大屠杀记忆的真正意义。[77]

让创伤经历（例如大屠杀经历）难以被同化入稳定的回忆结构的，并不仅仅是由极度的个人苦难所造成的心理损伤，还有记忆所关注的社会环境所遭受的残酷破坏——在大屠杀记忆这一案例中，即是在大屠杀经历之前的世界（现在已经完全被毁）与幸存者所生活的战后世界（其中和他们有关系的人，与幸存者的战前社会圈子以及与大屠杀经历本身所处的社会环境都是没有联系的）之间建立记忆桥梁的不可能性。即使是不像大屠杀那么具有毁灭性的重大变革——例如，随着20世纪末期东欧集团的解体而来的社会、政治和文化混乱——也会带来记忆问题，无论是通过打破或质疑曾经主宰着人们的自传性回忆的概念框架，还是通过让此前在日常生活中引导过人们的众多记忆突然变得多余。[78]

对这些过程的反思，使得一场更大范围的关于记忆的社会联系的讨论变得十分有必要。该讨论的一部分关系到个体是如何与对集体过去的更宏大的叙事联系起来的，这一内容会再次出现在第五章的第四小节；而其余部分，我们将在下一章中详细探讨。

注　释

1 J. Fentress and C. Wickham, *Social Memory* (Oxford, 1992),

pp.4–5.

2 J. L. Borges, "Shakespeare's memory" (1983), in J. L. Borges, *The Book of Sand and Shakespeare's Memory* (Harmondsworth, 2001).

3 Antze and Lambek (eds), "Introduction", p. xiii.

4 见，例如M. Lambek, "Memory in a Maussian universe", in S. Radstone and K. Hodgkin (eds), *Regimes of Memory* (London, 2004), pp. 202–216。 111

5 M. Oakeshott, "Present, future and past"，收于他的*On History and Other Essays* (Oxford, 1983), pp. 15–16。关于"记忆"这一术语在近来的心理学写作中的不同用法，有一篇有助于澄清的启发性概览，见E. Tulving, "Concepts of memory", in E. Tulving and F. Craik (eds), *The Oxford Handbook of Memory* (Oxford, 2000), pp. 33–42。

6 这里展现的各类术语是基于对大量文献的综合，不过，有益的讨论可参见下列篇目：D. Schacter, A. Wagner and R. Buckner, "Memory systems of 1999", in Tulving and Craik (eds), *The Oxford Handbook of Memory*, pp. 627–643，以及pp. 395–398 of D. Balota, P. Dolan and M. Duchek, "Memory changes in healthy older adults"，位于同一卷。

7 "情景记忆"这一术语在某种程度上由于使用上的不一致性而受到了污染。大多数心理学家基本都用它来指涉集中于个体自身的有意识经历的陈述性记忆形式，但也有人用它来指涉个体用于回忆此前特定场合中呈现给他们的具体信息项（例如事实或一串文字）的能力。

8 见M. Wheeler, "Episodic memory and autonoetic awareness", in Tulving and Craik (eds), *The Oxford Handbook of Memory*, pp. 597–609。

9 "自传记忆"也是一个在心理学文献中意义并不完全一致的术语。我对它的理解基本上符合下列作者提供的定义：U. Neisser, "What is ordinary memory the memory of?", in U. Neisser and E. Winograd

(eds), *Remembering Reconsidered: Ecological and Traditional Approaches to the Study of Memory* (Cambridge, 1988), p. 361，以及W. Brewer, "What is autobiographical memory?", in D. Rubin (ed.), *Autobiographical Memory* (Cambridge, 1986), p. 26。除了鲁宾编辑的文集，参见B. Ross, *Remembering the Personal Past: Descriptions of Autobiographical Memory* (Oxford, 1991); U. Neisser and R. Fivush (eds), *The Remembering Self: Construction and Accuracy in the Self-Narrative* (New York, 1994)。

10 关于部分这类问题的表现，见A. Portelli, "On the peculiarities of oral history", *History Workshop Journal*, 12 (1981), pp. 96–107; P. Thompson, *Voice of the Past: Oral History* (3rd edn., Oxford, 2000)。

11 L. Passerini, *Autobiography of a Generation: Italy, 1968* (Hanover, NH and London, 1996), p. 23.

12 Antze and Lambek (eds), "Introduction", p. xii.

13 这些相互联系在格雷厄姆·道森关于叙事"定力"观念的有影响力的系统阐释中得到了精练的处理。它强调了关于被记住的经历的故事如何同时"定下"在认知上可行的关于事件的叙事，以及在主观上
112 可行的关于经历这些事件的自我的概念，其方式同样依赖于社会认同。G. Dawson, *Soldier Heroes: British Adventure, Empire, and the Imagining of Masculinities* (London, 1994), pp. 22–23.

14 R. Sorabji (ed.), *Aristotle on Memory* (2nd edn., London, 2004). 现代翻译家往往将这两个术语中的第一个译为"记忆"（memory），第二个译为"回忆"（recollection或reminiscence）；不过，这两个术语指的都是日常语言中通常称为"记忆"（memory）或"记住/回想"（remembering）的东西。

15 Augustine, *Confessions*, in *Augustine: Confessions and Enchiridion*, A. Outler (ed.) (Library of Christian Classics Vol. VII)

(Philadelphia, 1955), p. 208.

16 M. Augé, *Oblivion* (Minneapolis, 2004), p. 20.

17 J.-P. Sartre, *The Psychology of Imagination* (London, 1972), p. 210.

18 关于这些辩论，见M. Warnock, *Memory* (London, 1987), ch. 3。

19 F. Bartlett, *Remembering: a Study in Experimental and Social Psychology*［Cambridge, 1995 (originally 1932)］, p. 213.

20 出处同上。

21 同上书，p. 13。

22 G. E. M. Anscombe, "Memory, 'experience' and causation", in H. D. Lewis (ed.), *Contemporary British Philosophy*, 4th series (London, 1976), p. 17.

23 神经科学的研究倾向于显示，相应于回忆感觉的神经活动会传遍各种各样的皮层点，从而支持这样一种观点。

24 关于近来对编码/读取模型的介绍，见S. Brown and F. Craik, "Encoding and retrieval of information", in E. Tulving and F. Craik (eds), *The Oxford Handbook of Memory*, pp. 93–108.

25 关于认知图式概念的经典阐释（尽管不是以编码的语言）是在Bartlett, *Remembering*, pp. 199–214。不同学科传统中的学者使用不同的术语，例如"参照框架"这一术语，有着类似的效果；见，例如M. Michielsens, "Memory frames: the role of concepts and cognition in telling life-stories", in T. Cosslett, C. Lury and P. Summerfield (eds), *Feminism and Autobiography: Texts, Theories, Methods* (London, 2000), 尤其pp. 183–184。

26 关于明显应用了这样一些模型的历史案例研究，好的例子见R. McGlone, "Deciphering memory: John Adams and the authorship of the

Declaration of Independence”, *Journal of American History* 85:2 (1998), pp. 411–438。

27 J. F. McClelland, “Constructive memory and memory distortions: a parallel-distributed processing approach”, in D. Schacter (ed.), *Memory*
113 *Distortion*, pp. 69–70.

28 关于一般性的失真，见D. Schacter, *The Seven Sins of Memory: How the Mind Forgets and Remembers* (Boston, Mass., 2001); Schacter (ed.), *Memory Distortion*; H. Roediger and K. McDermott, “Distortions of memory”, in Tulving and Craik (eds) *The Oxford Handbook of Memory*, pp. 149–162。关于目击证言，参见G. Wells and E. Loftus (eds), *Eyewitness Testimony: Psychological Perspectives* (Cambridge, 1984); 关于诱导记忆，见，例如E. Loftus, J. Feldman, R. Dashiell, “The reality of illusory memories”, in Schacter (ed.), *Memory Distortion*, pp. 47–67。

29 Schacter, *The Seven Sins of Memory*, p. 184.

30 U. Neisser, “John Dean’s memory: a case study”, in U. Neisser (ed.), *Memory Observed: Remembering in Natural Contexts* (San Francisco, 1982), pp. 139–159.

31 A. Portelli, “The death of Luigi Trastulli: memory and the event”, 收于他的*The Death of Luigi Trastulli and Other Stories: Form and Meaning in Oral History* (Albany, 1991), pp. 1–26。

32 同上书，p. 26。

33 Neisser, “What is ordinary memory the memory of?”, p. 362.

34 M. Conway, “The inventory of experience: memory and identity”, in Pennebaker, Paez, Rimé (eds), *Collective Memory of Political Events*, pp. 22–28. 类似的讨论还有：口述史叙述者是如何将他们对特定场合的引涉与各种整体概括性的描述编织在一起的，变化的焦点反复穿过

这些引涉层面。见S. Schrager, “What is social in oral history”, 复制于R. Perks and A. Thomson (eds), *The Oral History Reader* (London, 1998), p. 295。

35 J. S. Mill, 他那一版James Mill’s *Analysis of the Phenomena of the Human Mind*的注释, in *Collected Works of John Stuart Mill*, vol. XXXVI: “Miscellaneous Writings” (Toronto, 1989), pp. 212–213。

36 D. Albright, “Literary and psychological models of the self”, in Neisser and Fivush (eds), *The Remembering Self*, p. 22.

37 关于这些辩论的探讨,见Warnock, *Memory*, ch. 4。

38 M. Lambek, “The past imperfect: remembering as moral practice”, in Antze and Lambek (eds), *Tense Past*, pp. 243–244; J. Prager, *Presenting the Past: Psychoanalysis and the Sociology of Misremembering* (Cambridge, Mass., 1998), p. 123.

39 J. Bruner, “The ‘remembered’ self”, in Neisser and Fivush (eds), *The Remembering Self*, p. 43.

40 同上书,p. 53。

41 Antze and Lambek (eds), “Introduction”, p. xvi.

42 J. Glover, *I: the Philosophy and Psychology of Personal Identity* (Harmondsworth, 1988), pp. 139–153.

43 A. Thomson, *Anzac Memories: Living with the Legend* (Melbourne, 1994), p. 10. 114

44 E. Kris, “The personal myth: a problem in psychoanalytical technique” (1956), in *The Selected Papers of Ernst Kris* (New Haven, 1975), pp. 129–143.

45 一般性的讨论见J. Peneff, “Myths in life stories”, in R. Samuel and P. Thompson (eds), *The Myths We Live By* (London and New York,

1990), pp. 36–48; 关于资本主义模型的更多内容, 见 C. Clark, "'Martyrs to a nice sense of honor': exemplars of commercial morality in the mid-nineteenth-century United States", in G. Cubitt and A. Warren (eds), *Heroic Reputations and Exemplary Lives* (Manchester, 2000), pp. 204–210; O. Löfgren, "My life as consumer: narratives from the world of goods", in M. Chamberlain and P. Thompson (eds), *Narrative and Genre* (London, 1998), pp. 114–125。

46 Prager, *Presenting the Past*, pp. 4–5.

47 L. Passerini, *Fascism in Popular Memory: the Cultural Experience of the Turin Working Class* (Cambridge, 1987), pp. 17–63.

48 M. Bloch, "Internal and external memory: different ways of being in history", in Antze and Lambek (eds), *Tense Past*, pp. 215–231 (尤其 222–223, 230)。

49 C. Steedman, "Enforced narratives: stories of another self", in Cosslett, Lury and Summerfield (eds), *Feminism and Autobiography*, pp. 25–39. 斯蒂德曼让人们注意到，例如，特定种类的程式化的自我叙述被用于英格兰1660至1900年间贫困救济的申请；她的结论(p. 36)是，对于这些平民叙述者，"自传不是对某一自我的直白表达"，而是对他人需求的回应——"某种可以根据要求来形塑、讲述、贩卖、让渡和征用的东西"。

50 Passerini, *Fascism in Popular Memory*, p. 60.

51 Prager, *Presenting the Past*, p. 5.

52 D. Spence, *Narrative Truth and Historical Truth: Meaning and Interpretation in Psychoanalysis* (New York and London, 1982), p. 86，另见pp. 55–61。

53 同上书，pp. 56–57。

54 同上书,p. 92。

55 M. Bloch, "Autobiographical memory and the historical memory of the more distant past", in M. Bloch, *How We Think They Think: Anthropological Approaches to Cognition, Memory, and Literacy* (Oxford, 1998), pp. 117–119.

56 Schrager, "What is social in oral history?", pp. 284–285.

57 S. Leydesdorff, *We Lived With Dignity: the Jewish Proletariat of Amsterdam, 1900–1940* (Detroit, 1994), p. 32.

58 Thomson, *Anzac Memories*, p. 239. 这是汤姆森声称在他对澳大利亚的前士兵进行的口述采访中所采用的两种方法之一；在其他方向的其他作品则追踪了随着时间流逝的记忆建构，新的意义层面被叠加， 115
而旧有的身份认同被重新修订或被摆脱。

59 E. Grant, *Memoirs of a Highland Lady* (ed. A. Tod) (Edinburgh, 1988), pp. 9–10, 15. 关于这种情感性的自传性叙事"质地"的另一讨论，这次聚焦于口述材料，见R. Grele, "Listen to their voices: two case studies in the interpretation of oral history interviews", in R. Grele, in *Envelopes of Sound: the Art of Oral History* (2nd edn., New York, 1991), pp. 212–241。

60 见，例如Cosslett, Lury and Summerfield (eds), *Feminism and Autobiography*中的文章。

61 L. O. Mink, "History and fiction as modes of comprehension", in L. O. Mink, *Historical Understanding* (Ithaca, NY, 1987), p. 60.

62 D. Carr, *Time, Narrative, and History* (Bloomington, 1986), p. 16. 参见 P. J. Eakin, *How Our Lives Become Stories: Making Selves* (Ithaca, 1999), p. 100, 对其来说,"叙事不仅是一种文学形式，也是一种现象的以及认知的自我经验模式"。

63 这样说并不是否认口述的自传叙述能够具有那种叙事建构的微妙性，让其成为“文学”型的批评分析的合适主体：这样的例子见T. G. Ashplant, “Anecdote as narrative resource in working-class life stories: parody, dramatization and sequence”, in Chamberlain and Thompson (eds), *Narrative and Genre*, pp. 99–113。

64 A. Portelli, “‘The time of my life’: functions of time in oral history”, in A. Portelli, *The Death of Luigi Trastulli*, p. 61.

65 A. Portelli, “Oral history as genre”, in A. Portelli, *The Battle of Valle Giulia: Oral History and the Art of Dialogue* (Madison, 1997), pp.4–5.

66 Portelli, “‘The time of my life’”，尤其pp. 63–73。

67 J. Bruner, *Acts of Meaning* (Cambridge, Mass., 1990), p. 33.

68 I. Bertaux-Wiame, “Life stories in the baker’s trade”, in D. Bertaux (ed.), *Biography and Society: the Life History Approach in the Social Sciences* (Beverley Hills, 1981).

69 P. Summerfield, *Reconstructing Women's Lives: Discourse and Subjectivity in Oral Histories of the Second World War* (Manchester, 1998), pp. 18–20, 吸收了P. Coleman, “Ageing and life history: the meaning of reminiscence in late life”, in S. Dex (ed.), *Life and Work History Analyses: Qualitative and Quantitative Developments* (London, 1991), pp. 120–143中划定的范畴。

70 关于记忆与创伤更广泛的讨论，见，例如C. Caruth (ed.), *Trauma: Explorations in Memory* (Baltimore, 1995); K. Rogers, S. Leydesdorff, G. Dawson (eds), *Trauma: Life Stories of Survivors* (New York and London, 1999); Antze and Lambek, *Tense Past*; S. Felman and D. Laub, *Testimony: Crises of Witnessing in Literature, Psychoanalysis and*

History (New York, 1992). 116

71 Leydesdorff, *We Lived With Dignity*, p. 15.

72 M. Roseman, *The Past in Hiding* (Harmondsworth, 2000), pp. 474–479以及各处。

73 V. Skultans, *The Testimony of Lives: Narrative and Memory in Post-Soviet Latvia* (London and New York, 1998), pp. 25–26.

74 同上书，p. 47，以及46–66页整体。

75 L. Langer, *Holocaust Testimonies: the Ruins of Memory* (New Haven and London, 1991), pp. 5–9. 兰格著作的其余部分以更具体的细节分析了大屠杀回忆中的断裂和"伤残"形式。

76 L. Langer, "Memory's time: chronology and duration in Holocaust testimonies", in L. Langer, *Admitting the Holocaust: Collected Essays* (New York, 1995), pp. 13–23.

77 H. Greenspan, *On Listening to Holocaust Survivors: Recounting and Life History* (Westport, CT, 1998), pp. xviii, 13, 20.

78 关于这些主题，见M. Michielsens, "Memory frames: the role of concepts and cognition in telling life-stories", in Cosslett, Lury and Summerfield (eds), *Feminism and Autobiography*, pp. 183–200; E. Ten Dyke, "Memory and existence: implications of the *Wende*", in Confino and Fritzsche (eds), *The Work of Memory*, pp. 154–169。 117

第三章
社会中的记忆

如果说回忆在根本上是由个体头脑所从事的活动，那么它同样在根本上有着社会维度。这么说并非表示社会单元——群体或社会——本身应被视为记忆的单位，拥有在概念上与其个体成员所具有的不同的记忆能力，而仅仅是说，回忆的个体并不是孤立的个体；相反，他们是作为社会人而进行回忆的，而作为社会人，他们就总会与其他社会人进行互动，总会纠缠在社会关系的网络之中，总会与各种各样的社会或文化群体有所牵连。记忆的内容所反映的恰恰就是这一点：我们的记忆极少是关于孤立的瞬间或纯粹的内向反思的；更常见的情形是，与它们相关的瞬间和经历会涉及与他人的互动。即便是关于孤独的记忆，也同样是关于社会剥夺的记忆；因为它们是以社会交往作为常态的。塞缪尔·施拉格曾将我们的注意力引向这一现象：向口述史家讲述过往经历的人们倾向于将严格意义上的个人经历与一些其他人的事情编织在一起，他们觉得自己与这些人密切相连，同时潜在地也觉得自己有责任去展现这些人的观点与经历。[1]（保罗·约翰·埃金类似地也谈到了"在自传性写作中，'我'的叙事中包含了大量的'我们'的经历"[2]。）实际上，我们在前一章中所关注的，由记忆编织起的连续的自我意识，很大程度上正是来自与社会经验相关的印象。

此外，正如你们已经看到的，我们在回忆时会借鉴我们作为特定群体或社会的一员所能利用的文化资源，这让我们得以用享有类似文化资源的其他人可以理解的方式来表述我们的记忆。甚至，我们的很多 118 回忆都是具有社会动机的——由社会场合所激发，适应社会变化。我们在交谈的情境中，为了应对质询，在促进共同行动、形成相互理解或向他人证明我们自己的需求的推动下回忆：这些社会场合的性质塑造了我们回忆的方式。简单来说，记忆不仅是"体现式的"（在身体上以及在个人层面），同时也是"嵌入式的"（在文化和社会中）。[3]倘若我们认为它是我们的个体性的组成部分，那么它也是我们的社会机制中的一个重要部分——帮助我们将自身置于与他人的关系之中，并在社会环境中有效发挥作用。

这一观点或许也可以反过来说。倘若记忆对于社会中的个体是必需的，这至少部分地是由于它对于社会本身的运转也是必需的。只有当社会中的人们有一定能力记住过往发生的事件时，社会形构（formations）才能够维持。需要重申的是，我们在这里所说的，并不是关于社会对某种"集体记忆"的需求这种宏大的东西，而是——至少在最初——某种更平凡的东西：除非人们可以信任他们自身以及其他人记住此前的经历以及所订协约的能力，否则他们就无法确保，甚至不能预见社会交换与合作的益处，因此也不能以一种超越偶然和短暂的方式从事这些行为。社会运作依赖于延迟行动的能力：社会在任何既定时刻的运转依赖的都是，首先，人们允许他们现在的行为被自己或其他人此前的说法或做法引导；其次，他们现在愿意以一些方式行事，这些方式只有基于一个假设才有意义，即他们所做的将会被记住，并且将在制订日后的行动路线时被考虑。如果没有这一依赖于记忆的、延迟行动的能力，就不会有对合作事业的正式规划，不会有对此前经历之影响的集体讨论，不会有规则或规范性原则的概念，不会有许诺和守诺或达成盟约的观念，不会有奖励或惩罚的体系，不会有基于此前的财产或协
119 议的权利意识——不会有习俗、法律、产权、已确立的贸易，不会有对公共政策的制定。所有这一切，不仅依赖于人们对信息拥有一定的记忆，还依赖于他们拥有那种主要由记忆支撑的、连续的身份认同意识（无论是以个人主义的自我概念，还是以更宽泛的社会参与观念为重点）。总之，我们所有的社会活动和社会建构的可能性，都是建立在记忆之上的。

但是，我们还需要做出两点必要的说明。第一，社会不仅依赖于记忆，还依赖于交流记忆的能力。它需要人们有能力交换他们记住的信息，在适当的时候公开表达这些信息，并将他们自己的记忆与其他人的记忆相比较——这其实是在为社会可利用的共同记忆资源作贡献；社会中的成员，无论是以个体还是集体的身份，都可以从这一资源中获取信息，帮助他们建构身份认同，计划并实行具有社会意义的行动路线。对这一社会交流需求的反思强化了一种感觉，即将作为思维的内部活动的记忆概念从对它的外在表达方式的思考中分离出来，是一种误导性的做法。

第二，记忆的社会功能并不仅限于那些严格产生于下述需求的功能，即让同一时代的人们能够相互合作，有效行事。同时代的人们之间的社会交往，发生在社会和制度结构以及可能世代相传的习惯行为的框架之中，并且受到这些结构和框架的调节和促进。正是由于这些结构具有相对的稳定性，行动的方案或计划才能比个体的生命更长久，也因此才能将每一代人从白费力气做重复工作的需求中拯救出来。但是一个社会发展这种结构的能力本身，取决于它系统化地保存思想和信息的能力，如此，每一个连续的时刻才不会简单地抹去此前产生的印象。马克·布洛赫曾评论：“如果一个社会完全由刚好在它之前的那

一时期塑造，那么它的结构必然具有很强的可塑性，就像没有脊椎一样。”[4]和个体一样，社会在其成员（无论是个体的还是集体的）能够以 120
长时期形成和调整出的知识和行为结构应对新经验的挑战时，会运转得最好。因此，社会在组织思想和信息的流通时，需要对特定的经验性的资料进行有目的地保留，并且允许跨代际地巩固某些知识和行为惯例。这是社会机构的基本功能之一。实际上，在行使这一功能时，这些机构同样倾向于推动一类信息（至少是其中的一部分）的系统化，这类信息在代际之间传递，或多或少成为叙事性的集合，讲述这些机构本身的过往或者与之相关的群体的过往。简单来说，这些机构参与并且邀请那些与之有关联的人参与到知识的组建中来，这不仅包括从过去的经验中得来的知识，也包括对于作为集体经验的过去的意识。

个体的记忆对于产生出在代际之间传递的信息是至关重要的：除非有人在某一时间，基于其个人经历记住了某件事，并且将这一记忆传达给了其他人，否则没有什么事情是可以进入社会传递的食物链的。在文化基本上为口头形式的社会中，为了传递信息，个体记忆的数据保存功能也是一项持续的需求：任何一个不能为回忆的头脑所持续保存的细节都是已然无可挽回地丢失了的细节，因而传递包含着通过各个不同的回忆的头脑之间的直接口头交流来转发数据。然而在大多数社会中，数据的传递至少部分地（在许多现代社会中则主要地）是通过“外化”（externalization）的过程实现的——需要传播的数据以某种方法被压缩入可见的或有形的、经久耐用的，而且在很多情况下可以复制或携带运输的物件或人工制品（文本、图像、物理的纪念碑、建筑的特征、电子模式，等等）之中。外化引入了可恢复性：当获取数据的技术被掌握以后，数据就可以储存下来以供将来使用，并且可以在社会中、在地理上流传，不必再不断地被个体“记在心中”。个体记忆在信息传输的过程中仍然是重要的，但它的重要性被转移了：需要被持续地维持的，

121 更多的是向存储系统——关于书写语言、符号编码、档案系统等的已记住的知识——开放的操作性记忆（operational memory），而非对正在被传输的数据的详细个人记忆。

穿越代际传递的，尤其是通过外在输送传递的信息，会随着时间的推移从被视为个人记忆，转化成被视为心理学家称作“语义知识”（semantic knowledge）的东西。关于个人经历的记忆，从表面上看，并非天然禁得起传递：从一个人的头脑传到另一个人的头脑，会剥夺掉定义它们的自我认知（autonoetic）感觉。听一位老人回忆战时经历，能让我增长战争知识，并让我了解他在战争中的参与，但这并不是他本人留在记忆中的那种知识，也不是记忆给予我的关于我自己所经历的事情的知识。书面文本形式的记忆外化，使得一代人叙述的记忆可以传给几代以后的读者，而不必经过一连串完整的中间媒介，由此为记忆的跨代传递提供了捷径，但在另一意义上，它仅仅是让去人格化的过程变得更为明显了。前代人的个人经历所形成的或鲜明或创伤性的记忆，最终变成后代人的普通历史知识。

这一点明显意味着，任何关于社会记忆过程的成熟理解都必须超越对更为个人的和自传形式的回忆的简单关注，但我们不应该过快地以回忆不相干的过去的方式来削减个体的亲身投入。如果人们不能找到过去意识与他们自身的生活经历的相关之处，这样的过去意识就是无意义的，并且，尽管与更遥远的过去之间的联系有时可以由对原因与结果的认知提供（在战争的余波中出生和成长起来的人们，会知道那场战争是如何造成作为他们自身经历中一个关键部分的境况的），它们同样也可以通过更直接地依赖于自传性回忆的方式确立。例如，个体或许会将他们所获得的关于过去的特定观点与他们的存在中特定的构成时刻或阶段联系起来；或者，他们对一些故事或信息的知识，是与对于影响了他们，或在情感上感染了他们的人们的记忆相联系的；又或者，

他们对于自己强烈依赖的社会团体的加入，部分地是由于那一团体对 122
于它自身过去的理解，或是对于包含它的更大范围的社会的过去的理解，变得流行起来。其实，思考社会记忆能引领我们去重新审视语义知识与作为自我意识的承载物的知识之间，有时会形成的鲜明差别。我们认为自己是什么样的人，并不完全是由我们所意识到的个人回忆决定的。如果知识的获取涉及个人的努力，或者需要声望或社会地位，那么最严格的“语义”形式的知识——例如科学知识——也可以被拥有它们的人视为“个人的”。（只要想想学者们有时对于他们的领域所显露出来的占有欲，就能明白这一点。）我们也不必低估那些留在见证者身上的、见证了其他人的回忆与遗忘的标记，尤其是当这些回忆与遗忘的努力本身是痛苦的或满载感情的时候，或是当见证者与回忆者有着紧密联系的时候，比如是他的朋友或亲戚。说一份自传性记忆完整的主观内容是不能传达的，这并不是说它不会在其他人的个人记忆中留下影响。玛丽安·赫希曾用“后记忆”（postmemory）这一术语来描述这样的案例——比如大屠杀幸存者的子女的情况，这些孩子的记忆和身份认同感或许深刻地，同时也是问题性地标记上了他们对于一些记忆无可避免的——有时也是深刻矛盾的——意识，这些记忆是他们的父母要么尽力去讲述，要么尽可能去压制的。对于赫希来说，“后记忆以这样一些人的经历为特征，他们的成长由他们生前就存在的叙事所主宰，他们自己后来的故事被前代人的、由既不能理解又无法再创造的创伤性事件所塑造的故事排挤在外”[5]。社会学家伊维塔·泽鲁巴维尔的关注面更为广泛，他提出了“社会传记记忆”（socialbiographical memory）这一术语来描述“一个人自身的传记与他所属的群体或共同体的历史形成的存在性的融合”[6]。这一术语涵盖了许多情况：比如，在刚才提到的那些“后记忆”之间就有着天壤之别，一段刚刚过去的经历所带来的极大的创伤性影响，被传到下一代人还是下两代人那里，是有着很大不同的；又比如17世纪英格兰激进分子的例子，他们唤起了关于他们所认为的，被“诺曼之轭”（Norman yoke）破坏的盎格鲁-撒克逊自由的黄金时代的记忆。[7]但在这样的极端案例之间还有许多分段的
123 等级：比如，对于20世纪的美国黑人来说具有意义的奴隶制记忆的传递（其中口头传统与从包括电影、小说、历史叙述在内的其他资源中得来的知识或许紧密地交织在一起），我们应该将它置于何处？[8]或者，一直悬挂在贵族宅邸中长达两三个世纪的祖先肖像，通过视觉熟悉度和逸闻性的评说，浸染在世世代代的记忆中，关于这些祖先的“记忆”，我们又该置于何处？

简言之，个体回忆他们的个人经历的方式、记住和传递一般信息的方式、在社会中培养更为集体性的过去意识的方式，以及组织社会生活的方式之间存在着复杂的关系。我们需要在本书接下来的章节中进一步探讨的，正是这些联系。在何种意义上，个体记忆能被认为具有社会性，我们可以通过再一次论及这一问题来开始接下来的探讨。近来的文献中明显出现了两种非常不同的将记忆概念“社会化”的路径。第一种在大多数关于社会记忆的历史研究中占主导地位，它笼统地将社会性与集体性等同起来：其关注点如果不是在于“集体记忆”这一更宏大的概念，也至少是在于分析具有群体特性的记忆文化，以及分析对个体回忆具有显著影响的群体参与。第二种——在社会学、人类学或心理学的理论家以及口述史家之间更为常见——对于社会互动比对于群体更感兴趣。就对个人记忆的兴趣而言，第一种路径探究的是集体文化和身份概念影响或决定个人回忆形式的更大过程；第二种路径更注重对于引发回忆的特定社会关系和交往动态方式的确立——相比起更注重集体结构的影响的研究，实际进行回忆的个体在这里更接近思考的中心。在这一章中，我会努力将这两种路径结合起来，但我的策略
124 是，从最初沿着更多地由互动主义的关切画出的路线，向着最终与集体

主义路径的融合迈进。在这里，我的目标是保持在两个极端之间行走，一方面避开那种个人主义，即在个体记忆中看到的只是独立自我的神圣避难所，这一自我是由个体头脑与个体自身的更早期的时刻之间，独一无二的、私人性和内省性的联系塑成的；另一方面则避开那种关于共同回忆的轻率论调，它过于轻易地忽视了能够潜藏在表面上对于共同结构的接纳之下的，对记忆的隐藏的争论、愤懑的反抗以及沉默的压制（例如关于苏联政权之下的记忆史的著作所提醒我们的）。[9]

记忆与社会互动

我们可以最后再来关注一下更严格版本的记忆个人主义的缺陷，以此来开始我们的探讨。认为回忆是一种纯粹的个体思维活动的观点，武断地将复杂的回忆简化为其中那些最不能传达的元素。毫无疑问，个人回忆的经历中一些重要的东西——那些短暂却鲜活的私密感觉——在从一个人的头脑到另一个人的头脑的翻译过程中丢失了。但回忆中同等重要的东西——将这样的印象与对个人过去（这一过去足够持久到能激发出一种身份意识，并且给予一种方向意识）的感受理解联系起来的可能性——或许恰恰取决于我们是否有能力在与他人共享的语言和文化结构中表述我们的记忆，并且通过社会交往来协商它的意义。

这种严格的个人主义记忆观点可供探索的潜力，同样受限于它所视为理所当然的东西——回忆的个体具有不变的心理自足性。这一观点专注于个人记忆之内在深处感受的不可传达性，它不曾问过，记忆是如何被引发的，或者个体是如何成为一个能够形成记忆的主体的，因此它忽视了一种可能性，即这两个过程至少有一个在很重要的方面是一个社会过程。在概念上过于严苛地将（内部导向的）回忆活动与（外部

125 导向的）交流回忆内容的事务区别开来，阻碍了我们对这样一种观点的探讨，即个体在实际上或在预想中参与到交流活动中来，这本身或许就促成了记忆的生成，并且影响了记忆的形态。近来，由诸如肯尼斯·格根和约翰·肖特这样的心理学家发展出的关于回忆的“社会建构主义”（social constructionist）理论，正是想要将这一观点置于中心地位。从这些理论的立场来看，对世界的理解，包括那些我们体验为记忆的理解，并非根源于个体心理的内部机制，而是“处于关系中的人们积极的、合作性的事业的产物”；基本的东西“不是个体内在的主体性，而是在人与人‘之间’发生的实际的社会化过程”[10]。这条论证思路所产生的更激进的暗示之一正是，我们对于作为极为私人之物的记忆的看法本身，就是通过社会调节而变得根深蒂固的：“我们**当作**自己的现实经历来谈论的东西，很大程度上是由**已经确立的**、我们为了向周围的其他人**解释**我们自身——以及我们的现实经历——而**必须**用到的谈话方式所构成的。”肖特写道。[11]在更激烈的形式中，社会建构主义倾向于颠覆心理个体性这一观念本身，但在更柔和的版本中，这样的观念还是存在的，于是给个人主体性留出了更大的空间。例如，苏珊·恩格尔近来指出，“大多数我们在日常生活中遭遇的记忆，都远远超出了个人私密地重新体验过往事物这样的范围”，关系到“某种形式的公共交易”，并且在有些情况下，记忆必须被视为“不仅是个体内在的心理存在，而且是人与人之间的社会交易”[12]。

为了进一步审视记忆与社会互动的关系问题，我们简要地来看一下20世纪心理学家皮埃尔·雅内的思想。对于雅内来说，记忆不是一项与生俱来、不可改变的能力，并非从人类起源时起就存在，也并非从一个人的童年开始时就具有。相反，无论是对于人类个体还是人类物种，它都是这样一项能力——或者更准确地说，这样一套实践——随着行为根据其不同发展阶段的实际挑战而受到实用性地调整，记忆能力

也在经年累月中适应性地发展起来。记忆同样不应被视为(如当代柏 126
格森主义哲学所提出的那样)一项体现了原始的人类时间直觉——对时间流逝的意识——的能力,因为时间性本身并不是一个先于概念的基本现实;相反,它是一种由思维建构的东西,其建构方式与记忆自身的发展错综复杂地纠缠在一起。总之,记忆不应被理解为一种简单的过去"意识",这一过去独立于现在,却又与现在有着有意义的联系;它的地位是理所当然的,但是作为一系列不断进化的技术实践,它的发展对于时间概念的文化建构起到了重要作用。雅内认为,这些实践的发展起源于现实的需要——具体来说,在记忆发展的最早以及最基础的阶段,人们需要保留与特定状况(例如敌人的逼近)相关的信息,以便将那类信息传递给其他人,并由此让合作应对成为可能。在后来的发展阶段,保留记忆的策略和实践的改善总是与社会传播技术的改善密切相关。随着传播技术在精确性和灵活性方面的提升(例如通过新的叙事形式的发展),记忆能够适应越来越多样而复杂的社会用途,而在行使某些社会功能时,它获得了一种本质上内省的、自我肯定的心理活动类型的样貌。然而,专注于回忆的这一侧面,其实是将它的表面效用误当作了它的基本功能:从本质要素来考虑,记忆始终是"一种社会行为",通过交流互换来适应社会效应的生产。[13]

当下的记忆研究学者中不再有人从事雅内的这种物种-历史推理,但他理论中基本的重点——回忆在根本上的实用性和社会效用,以及记忆、文化和传播之间的紧密联系——仍然有着启发意义。我们可以从中汲取的思路之一是去探查,记忆的用途以及记忆活动的实际特征如何受到传播方式中的重大发展的影响,比如从口头传播到文字传播
的转变,或者计算机技术的发展。(关于这一问题,我们将在下一章中进 127
行更深入的讨论。)另一思路则可能引导我们去进一步探索这一观点,即记忆或许最好被视为一种社会实践的形式。近来关于童年早期的认

知发展——特别是自传性记忆的发展——的心理学研究与这一问题有着明显的关系。[14]这些研究强化了回忆是后天获取的技能这样一种观念，认为它的获取是由社会需求激发，并通过社会经验实现的。这些研究表明，年幼的儿童在自传性记忆方面要经历一个向年长的社会成员——最常见的是父母——学习的学徒期。回忆技能的获取，就像语言技能的获取一样，构成了社会化过程的一部分，通过这一过程，儿童得以接触由成人主导的社会中的规范和期待，并学习在这一社会中施加影响力或获取利益的方式。甚至，记忆发展与语言发展是紧密地联系在一起的，儿童在更有经验的叙述者的指导下，经由协助参与交谈、彼此合作生产叙事，正是主要地通过这一过程，自传性回忆实践在最初才能被发展起来。在最早的阶段，儿童对过去经历的重构是由成人提供支撑框架的：通过提问和建议，父母和其他人提供了大部分儿童应形成并视为他们自己的叙事的结构，实际上是提供最初的内容。随着时间的推移，儿童才逐渐地开始承担起责任，去组织他们自己的叙述，并扩展它们，以将新鲜的事件和经历囊括进来。即便在这个时候，早期叙事框架的影响也仍然能够继续被感受到：在后来的人生中，回忆的不同风格和模式会反映出早期阶段中不同风格的父母激励所带来的影响——例如，将所回忆事件中关于时间和地点的事实性信息的重要性，置于关于对这些事件的情绪反应的评价性信息之前，或者相反。回忆风格中的性别和文化差异，或许也可以——至少部分地——由早期阶段中不同的成人激励模式来加以解释。[15]

这些研究基于对20世纪欧洲和美国儿童的调查，其结果若要用来解释其他社会和其他历史时期的记忆习得，显然还需要经过更谨慎的
128 考量。父母–子女关系在不同的社会中或许会有完全不同的组织形式，或许并不总是一个孩子的成长过程中起决定作用的关系，而且自传性回忆或许并不总是像在我们自己的沉迷于“自我”的文化中那样，具有

作为记忆能力的主要指标这样的重要性。在其他文化环境中，学习去讲述社会共同体的故事，去重复大人告诉你的东西，或是去复制一些特定的死记硬背得来的材料，或许比学习讲述自己的个人经历故事更为重要。但是，这样的研究所具有的更为普遍的启示——回忆在许多方面是一种习得的能力，我们通过社会互动来学习它，而学习这一能力是学习在社会环境中如何自处这一更普遍的过程和经历的一部分——或许在大体上是合理的。学习如何记忆或许可以看作一种“情境学习”(situated learning)——不是对新的大块知识简单的认知性获取，而是在一个小平面上越来越熟练地参与到具体的社会实践中去。

记忆形成、社会互动以及文化启蒙之间的联系，或许在早期的童年发展情形中表现得最为明显。但是我们没有理由认为，在个体获得了“独立”回忆的能力以后，记忆行为对社会环境的适应就会停止。“当我们与他人一起回忆，或为了他人进行回忆时，”苏珊·恩格尔说，“回忆的过程对动机与社会环境的依赖程度，与它对任何神经网络的依赖程度是一样的。”甚至，她提出，当记忆“变成公共的”(意思是在社会环境中被表述出来)以后，“异议、劝说和共识的可能性成为回忆的心理过程中的一个动态部分”[16]。在成年人的日常生活中，就和在童年的学习时期一样，我们的大部分回忆都要么是在与其他人一起时进行的，要么是为了其他人而进行的：它与交流紧密地连接在一起，并且很有可能受到我们所感知到的他人期待的影响。一个人是在与朋友一起回忆往事，在向警方提供证据，在接受口述史家的采访，还是在撰写他/她自己的回忆录，在这些不同的情形中，他/她对过去经历的叙述或许都是不同的；在某一层面上这些不同是表象，但不同的互动场合其实很有可能激 129
发出不同的回忆模式。正如口述史家在反思自己的研究中的社会动态时很早就开始注意到的那样，情境是支持的还是对抗的，受控制的还是进展自由的，严格面向一个特定目的的还是随意导向的，涉及陌生人还是亲近的熟人，所涉及的人是同一阶级、性别的还是不同阶级、性别的，这些方面都能影响到在情境中展开的回忆所采取的方式。[17]同时，社会心理学家已经开始通过会话分析来关注在作为合作或群体活动的回忆行为中起作用的策略。例如，戴维·米德尔顿和德里克·爱德华兹向我们展示了一个合作群体如何集体地发展出一种组织他们的回忆性谈话的方法。他们表示，这样一种结构不仅可以用于帮助群体中的成员联合或比较各自的回忆，还可以帮助他们在群体中建立“一种理解性的相互关系”——在他们看来，这种关系涉及准确而有序的叙事描述的生产，但更加涉及分享和交流对回忆内容的情感性或评价性回应。[18]当我们开始认为回忆往往是由社会结构的，并且很可能是合作性的以后，有一点就变得很明显了，那就是它会受到各种各样的社会因素的影响：人们会发现，相比起建立一幅关于过去现实的详细而精准的图景，发展出一种连贯的、在群体中获得普遍赞同的、将摩擦最小化的、提升自我尊严的、让特定要求或权威结构合法化的叙述更为重要。我们不应像分析计算机数据处理形式一样分析社会环境中的回忆行为，而应把它视为一种至少部分地以社会效应的生产为目的的活动。

如同其他类型的互动活动一样，回忆也总是要服从于一种劳动分工。习惯了在集体环境中回忆的个体，或许会发展出各自专长的领域：例如，在一个家庭中，一个成员负责记住生日和纪念日；一个成员负责掌握财务交易的细节；另一个成员提供关于前代人的信息，或开启在家庭聚会上重述的故事。这样的劳动分工减轻了个体的负担，让他们不
130 再需要亲自记录所有想要有权享用的回忆信息：这类信息的生产变得不再那么依赖于笼统化的集体讨论，其中每个人都致力于回忆同样的事情；而是更加依赖于不同回忆领域的专家之间的有效交流。回忆变成了一项“具有社会分配性”的活动——一件需要合作和相互依赖的事情。但是我们需要提防一种想法，即认为一项活动被分派以后，它必

须自成一体地和谐：这一点对于计算机来说或多或少是事实，但在人类社会就不一定了。对于回忆活动，就像对于工业生产一样，劳动分工很少是没有矛盾的：如果说它们在某些方面推崇效率，那么它们也同样体现了权力和依赖关系，并且产生了能孕育出怨恨和争论的、经验或视角的差别。当然，我们也不能排除对记忆功能的社会分配方式的考虑，即从对于权力和依赖结构——它们更普遍地掌控着社会存在——的更广泛的认识来说，这些记忆功能在社会中是如何被分配的：不同的回忆专长的分配，与其说是依据相互的方便，或对于记忆效率需求的真正共识，不如说是依据人们社会地位的差异——可能还有不平等。不同地位的人们之间的合作或许是必要的，却并不是和谐的社会团体中的惯常举动。伊莎贝尔·贝尔托-威亚姆对曾在二战期间移民巴黎的老人的采访说明了这一点。贝尔托-威亚姆让我们注意到男性和女性受访者叙述过往经历的不同方式。这些不同不仅与所回忆之事物的类型有关——男人的记忆聚焦于工作，而女人的记忆聚焦于家庭——还尤其与讲故事的方式有关。例如，男性受访者大量使用人称代词“我”(I)，将他们的人生故事组织为一系列有意的行动的序列，这些行动体现了个体对“明确的目标的理性追求”，这样的个体可以说是他们自身故事中的重要演员；相比之下，女人更倾向于使用“我们”(we)或法语中的“大家”(on)，因此表达出的是一种更为集体性的认同模式，这种认同模式更多地是由关系，而非由个人行为所组织的。贝尔托-威亚姆指出，这些不同的视角在一起受访的夫妻的讲述中，形成了冲突与依赖的复杂混合： 131

> 在对一对夫妻进行的访谈中，丈夫与妻子对过去的叙述有时会产生碰撞，我们可以看到这些碰撞中体现出的深刻不同。丈夫在讲述自己的人生故事时很关心时间顺序的准确性，但他常常需

> 要向妻子求助。因为是他的妻子，而不是他自己，掌握着家庭记忆的日期——这一记忆由熟悉的物件、环境、面孔、照片等之中的无数刺激物提供养分。在这些知识的帮助下，她会不断打断，以纠正她丈夫的叙述。她的纠正总是朝着同一个方向——抑制那个“我”。丈夫叙述了一件以自己为主角的事件。她会从该事件的周遭背景环境中恢复出一张由相互矛盾的影响因素构成的网，而她的打断也很明显会阻碍她丈夫重构其人生故事——作为一个有主见的个体的传记——的尝试。

在这里，丈夫依靠妻子来回忆那些他需要用来给他以自我为中心的（以及父权主义的）人生经历叙述提供锚地的信息，但是这些信息的提供伴随着细微却持久的威胁之绳，将他卷入关于那段经历的一种完全不同的、不那么令人得意的概念化之中。回忆是互动性的，通过这种互动显现出的关系却并非易于互补的关系。[19]

记忆、群体与社会归属

在探索个体记忆的互动性方面时，我们已经不可避免地开始见识到集体组织的结构，以及作为群体成员这一经历可以对回忆活动施加的影响。任何社会互动的长期模式终究会倾向于同时生产和要求一定程度的组织机制，以及一定程度的群体归属概念——作为一个群体或共同体中的一员，在某一层面上，只是简单地意味着卷入了某种结构化的社会互动之中，并意识到这种牵连是个人身份的构成元素。与为了心理分析研究的目的而设置的实验组不同，“现实生活”中的群体和共同体——家庭、社团、宗教或教育团体、政治党派、企业、军事单位、工作
132 团队、朋友圈子、志愿组织等——很少纯粹是为了记忆功能而组织起来

的。诚然，在有些情况下，回忆或纪念的功能或许是一个群体的存在目的中很重要的一部分：例如，退伍军人协会的存在，部分地是为了纪念倒下的战友，部分地是为了给退伍军人自己提供用于共同追忆的设施。但是更常见的情形是，群体主要是为了履行其他功能而被组织起来的：生产、交换或共享物质产品；战争或安全；宗教朝拜或政治运动；文化、讨论或闲暇社交。然而，在实际上，即使是并非明显地以记忆为主要功能的群体，也为回忆性的交往提供了场合，并且产生出对于被记住的信息的需求。因此，几乎所有存在了任何时长的群体都会发展出一个至少是非正式的记忆组织。在有些情况下，这一组织几乎不能从该群体的活动的一般性结构中区别出来：通过关系，以及在该群体的其他事务所例行形成的场合中，被记住的知识得到交换和流传。在其他情况下，一些群体发展出一种更具有区别性的记忆组织方式，将记忆活动集中在一些特定的场合中（纪念日、家庭团聚或校友聚会等等），实行特殊的记忆实践（纪念仪式、肖像绘制、照片簿汇编等），并确立专门的实行人（牧师或部落口述历史保存者、忆往师或档案保管员）——他们对群体生活的贡献在于保存了被记住的知识，或者管理和组织了知识的生产。无论是在哪种情况下，这些群体都可以被认为既是生产和再生产关于集体过去的共有知识的论坛，又是调节个体回忆方式的环境。分析这两种功能之间的关系——识别个体记忆与集体发展的意识结构之间的连接点——是社会维度的记忆研究中的一个中心难题。

说到“群体”，显然是采用了一个极为笼统的社会范畴。群体之间有着很大的不同，且它们之间的差异存在于多个方面。有些群体是为
了即时而短期的目的而存在的，并在这些目的完成或被遗忘后就立即 133
解体；还有一些群体是作为长期的结构而存在的，它们的持续性和适应性保证了它们跨越代际的存在。有些群体是非正式的，并且有可能是不固定的（一群朋友、一个社交圈子）；还有一些群体有着正式的组织和

制度化的结构，有着规则和明确的成员条件。有些群体建立在一起生活和工作的人们之间面对面的关系之上；还有一些群体由更为远程的联系所结构，传播媒体以及知识或信仰的共享让这样的联系成为可能。有些群体是不可渗透的，并且具有排他性，一个人在这样的群体中出生，也在其中死去；还有一些群体的成员总是在不断变动，不断有个体加入或离去。有些群体要求它们的成员放弃或断绝其他的社会联系，还有一些群体允许甚至默认它们的成员同时具有其他的群体身份。有些群体在内部有所区分，有不同功能和地位的次级群体（军事单位中的军官与下属、教会中的神职人员和俗世信徒、企业中的不同部门）；还有一些群体有着更为平等的或公社类型的结构。有些群体有组织地嵌套在更大的共同体之中（正如班级属于学校、连属于团）；还有一些群体有着更大的组织自由。所有这些差异都可能影响一个群体所发展出的记忆文化、它所生产出的回顾性知识类型，以及它所激发出的回忆行为类型。

从最广泛的角度来说，群体对回顾性知识的需求可以从三种原因来解释。第一，即使是在它们的核心活动本身不是记忆性的时候，它们也需要这样的知识来确保这些活动能有让人满意的表现。企业需要保存它们过往的交易记录，提供好处以换取成员贡献的协会需要追踪、记录每一个成员的资料，政治党派需要解释它们曾经的成功和失败，现代家庭在筹备节日或生日宴会时则需要参考以往类似场合的经验。与个体一样，群体或共同体很少能够在不依据从过往经验中得来的知识的情况下做好任何事情。

第二，群体需要回顾性知识来保持和传播集体认同意识，群体长
134 久的凝聚性最终是依赖于这一意识的。在现实中，任何长期存在的群体都会随着时间的推移发展出一定量的回顾性信息——有时会发展为成熟的叙事，但大多数时候表现为传说、逸闻、民俗和地形指涉的松散合集——这些信息的重要性不在于它们能为群体核心活动的实际运

行贡献什么，而在于它们如何向群体成员解释他们所在的这个社会实体——关于这个群体的起源与抱负、塑造了它的那些经历，以及成为它的一员意味着什么。这些信息的累积或许部分地源于偶然，但在大多数群体中，人们还是付出了一定的努力来组织这些信息并确保它们在内部的传递。熟悉这些信息，是将群体成员凝聚在一起的必要条件；了解这些信息，是在最完整的意义上成为这个群体的一员的必然要求。当然，这类信息并不总是能明确地区别于那类能直接作用于群体的实际活动的信息：例如，关于传统生产技术的知识可以同时有利于当下的生产，以及生产者作为传统社群中的一分子的归属意识；关于一个军事团体过去的集体英勇事迹的故事，恰恰是通过培养军人对于光荣传统的认识，来同时提高军队作为一个战斗团体的效率的。

第三，群体或许需要回顾性知识来保持和推进它们在与其他群体的关系之中以及在更广泛的制度结构之中的位置。毕竟，各个群体都并非存在于真空之中：它们需要的并不仅仅是在其成员眼中的合法性和地位，而更是外界的认可。它们呈现和组织自己的回顾性知识的方式很好地反映了这一点，就如同反映出了对于整体性和一致性的内部需求一样。甚至，在有些情况下，一个群体与更广泛的社会或制度结构之间关系的变化，能极大地改变其成员的集体过去意识被架构的方式。罗莎琳德·托马斯曾展示古代雅典的家族传统是如何表明这一点的。在雅典民主制度于公元前5或前4世纪发展起来之前，雅典的贵族家庭知悉他们很遥远的传奇性家族起源，却对更近时代的家族先辈并不重视。直到开始面对民主制度（尤其是民主的陪审法庭）的运行，他 135
们才获得了演练更近时期的家族传统的动机与制度性机会。在法律程序中，一个人展示其家族为雅典城邦服务的记录的能力，在那时获得高度的重视。各个家族被推动着去培养一种家族记忆，专注于相对更近的几代人——对此，人们曾经并无实际的需求。但是，如果说民主体系

“鼓励了一种新型的家族传统”，在托马斯看来，它也同样生产出了越来越标准化的家族形式：家族们越是依照民主体系的要求来调整它们的自我形象，它们越少能够在其传统中找到口口相传的、可以破坏它们所建构的无瑕的服务记录的信息。至少在公共领域，家族历史变得越来越可以互换。[20]在另一项研究中，马库斯·丰克和斯蒂芬·马林诺夫斯基分析了德国贵族“对记忆的熟练创造、选择和利用”，他们展现了受到现代工业化和民主化倾向威胁的贵族秩序中的家族，是如何通过既加强它们对记忆技术的传统积累（集中于家族树、世袭席位、宫廷庆典等），又积极地调动自传性写作（依然以惊人一致的方式，用于建立作为天然的社会领导者以及民主暴民的有力反对者的贵族形象）来回应威胁的。[21]其他形式的论争唤起了其他关于与过去相关的知识的适应性培养，它们旨在发展新的对于权力、财产或地位的要求，或支持旧有的主张来对抗新的挑战。[22]对于群体，就像对于个体一样，回忆可以不仅关乎身份，同时也关乎诉求。

群体成员的个人回忆是如何与所有这一切关联起来的呢？当然，在多个方面，这仍然取决于群体的性质以及它在更广泛的社会环境中的位置。在某一层面上，显然，个体的回忆行为通过被传达给他人，总会为能构成集体过去意识的素材库贡献潜在的元素。社会协商的过程是一个持续不断的过程，通过这一过程，这些元素中的某些部分被赋
136 予了在更广泛的群体成员圈子中的长久的重要性。社会学家盖瑞·阿兰·法恩创造了“个人文化”（idioculture）一词，来指称群体通过其成员之间的互动而发展出来的，以及那些成员在组织他们的集体活动时所参照的“知识、信仰、行为和习俗系统”——尤其是，具有群体特殊性的“民间传说（故事、迷思、逸闻等）”语料库。这样一种“个人文化”的内在化，对于法恩来说是检验群体成员身份的一个重要标准，但他的关注点同样集中在这些“个人文化”本身是如何发展起来的。他认为，如

果一则民俗要列入某一群体的“个人文化”之中，就必须满足五个标准：它必须与某种特定的经历相关，这些经历至少是群体成员所共有的经历中的重要组成部分；必须可以用于群体成员之间的互动情境；必须与该群体所认为的集体需求以及其成员作为个体所认为的集体需求相关；必须是“恰当的”（意思是它致力于维护而不是破坏当下在群体中适用的权力和地位等级）；必须经由它与该群体发展过程中的“触发事件”的联系而获得显著性，而该群体作为一个社会单位，其成员对于自己所拥有的共同身份是有意识的。有人会说，个体既是这种“个人文化”的贡献者，又是其中的投资人；“个人文化”的形成是这样一个过程，通过它，人们将自己的群体身份经验与一种更宽泛的感受——在其群体变化的集体身份中，什么是本质的或有意义的——联系起来。[23]

各种类型的故事讲述似乎是这一过程的中心。在他的一项更不寻常的案例研究中（这些研究的范围从曼森家族延伸到少年棒球联合会），法恩探索了美国真菌学家（蘑菇爱好者）中的“个人文化”发展过程。成为真菌学会的一员，似乎要求自我的一种叙事投入：

> ……蘑菇的故事提供了对于一个共有的话语世界的公共认可。通过允许以谈话和叙事的机制来阐述一个社会化的世界，采蘑菇的人们向彼此宣称他们“属于”彼此。通过将他们自己置于这些故事的中心，这些个体宣称他们想要获得这一群体公开的成员资格并且象征性地充当故事的焦点——不仅作为讲故事的人，137
> 更作为话题。叙述者和听众一起创建共同体，当叙述者的位置切换到聆听者的位置时，通过他们作为演员与观众的生活经验，故事的公共功能对于所有人来说都变得明显了。[24]

法恩设计了他的“个人文化”研究，来分析相对小范围的群体的心理动态,其中,过去意识中所指的过去是一种或多或少都还存在于人们在世的记忆中的过去。毫无疑问,他所描述的过程仍然在获得了更持久的存在的群体中继续运行,而这些群体的回顾性知识储备开始包含没有人能亲身记住的那一过去的内容。然而,在这里,个体在建立他们与更大范围的社会实体之间的联系时所利用的象征性要素,不再那么清楚地源于与其他组内成员互动的持续日常经验,因为这些要素中至少有一部分,现在必然能让人想起作为“想象的共同体”(本尼迪克特·安德森创造的、用来指国族的术语)的群体这一更大范围的存在。[25]这些共同体更多地通过对共有的身份和想象的亲缘关系的设想,而不是人与人之间的直接联系而构成。这些设想更进一步适用于想象性地穿越不同时代的人们之间的经验性区隔:被想象的共同体不仅是活着的人的共同体,同时也是所有活着的、死去的以及(预想中)还没有出生的人的共同体。这样说并不意味着想象的共同体是纯粹的抽象概念,在意识形态的世界中聚集起来,与世俗的社会互动没有接触点;相反,对这些共同体的想象往往是以让社会互动获得新层面的意义——通过从一个一般认为更持久的视角来看待它——的方式来建构的。因此,比如我们认为自己所属的家族,可以既是我们在当下的实际经验中具有的家庭单位(伴随着其中的人际关系和互动,以及法恩所研究的那种“个人文化”),同时也是一个更持久的——但从当下的角度来看,不那么切实有形的——实体,它具有世代相传的连续性,让我们感到这一家庭单位在某种程度上是其连续性的投射。在我们的社会存在中,管理这种长期和短期视角之间的关联,是作为想象的共同体中的一员所必
138 经的事情。

这样的关联建立的方式之一,是将与群体存在的早期阶段相关的资料或故事嵌入个体可能具有的、对于有社会意义的经历的记忆——例如,与年长的或老一辈的群体成员(祖父母、师长、年长的同事等)的

有益交流的经历，或者，社会或文化启蒙过程的经历。学者们将人们的注意力吸引到某些方面，比如，关于群体身份认同或关于过往集体经历的遗留问题的讯息，如何能够通过“家族故事”或“家族迷思”（以更早的家族成员的行动或经历为重点）的重复而得到传递。对于安妮·卡普夫来说，这类故事是“一种DNA（脱氧核糖核酸），其中编入了关于‘事情是怎样的以及应该是怎样的’的讯息，并代代相传下去”[26]。心理医生约翰·宾–霍尔从他自己的家族历史中给出了一个例子。在18世纪，不幸的海军上将宾由于据说在敌军面前的怯懦，在他自己的后甲板上被处以死刑：这个故事作为一个家族传说在宾的亲戚中传开，并灌输给后代一种需要直面危险不能退缩的意识。同时，在这个故事的流传过程中，它还影响了这个家族更大的叙事文化，让更多描述后来的家族成员经历的类似主题的逸闻获得了突出地位。在这一案例中，宾–霍尔表示，重要的不是最初的故事中的细节（无论如何有些细节肯定是不准确的），而是“聆听和回忆的情境”——这个故事变为每一代人记忆中作为家族一分子的实际成长经历中的一部分。[27]

正式的纪念场合，同样可以帮助建立个体与他们可能感受到的更长远的过去之间的联系。当一个群体的成员聚集在一起庆祝某个纪念日或纪念某位创立者或捐助者，甚至欢送某位退休同事或缅怀某位新逝的成员时，这个群体当下的生活，至少在当时，是围绕着对过往事件或经历的回想而组织的。在有些情况下，这样的事件甚至明确地意图将活着的人亲身记住的过往与更遥远的过去联系起来。波利比乌斯描述了罗马的葬礼演讲传统如何在纪念逝者的同时，让参加葬礼的人不
忘与逝者相连的悠久传统： 139

> 为即将下葬者发表演讲的人，在他发表完悼词以后，继续从最年长者开始，讲述所有其他肖像陈列在那儿的人的胜利和成就。

> 通过时常更新关于英勇之人的报道，那些有过高尚之举的人将变得声名不朽，而那些曾为国效力的人，他们的事迹会变得家喻户晓，并成为留给后代的遗赠。[28]

纪念行为的效力很大程度上来自重复：通过变为人们的社会经验中的一种熟悉的元素，这些正式组织的对于过去的召唤，连同那些在其周围形成的、结构更为松散的回忆范式，成为被记住的个体生活质感中的一部分。

对于物件和地点的意识同样有助于形成和加强这样的联系。家族的传家宝会让人想起与它们有关联的祖先，或至少是它们传承过程的最近阶段（"我们从祖母那里得到了它""这个在你父亲家里传了好几代"）。

对地点的感情——无论是对那些现在占有的地点还是对那些回忆中的地点——可以起到类似的作用，它帮助人们保持住与一个更悠久的集体过去之间的情感联系。阿曼达·里利展示了15世纪被流放的佛罗伦萨贵族帕拉·斯特罗奇对他的祖先在佛罗伦萨范围内的财产，以及附着于财产的家族意识所抱有的热情。在遗嘱中为一处荒废的产业作安排时，斯特罗奇嘱咐道：

> 我这样做是因为它是由我们的祖先和前辈，梅塞尔·雅各布以及他的儿子帕拉，我的父亲努夫里的父亲（也就是我的祖父）建成的。在可能的情况下，我想要确保这个地方、住所和农场能始终属于我们家族以及我们的后代，以此来纪念那个建造它并从其创立时起就照管它的人，并且，我这样做也是由于它所在的位置：那就是卡尔米尼亚诺，在那里一直生活着和我们相同的，以及有着我们家族血统的人们。[29]

对于另一位更晚时代的、生活在另一片土地上的贵族约阿希姆·冯·温特菲尔德来说，是树木达成了这一效果："当我在桦树和橡树林中穿行，经过高大的接骨木并穿越狭路时，我的祖先陪伴着我们走过每一步路。我沉浸在过去之中，这并不仅仅是我自己的过去。我感到自己仿佛是一条长链中的一环。"[30] 140

记忆与文化技策

社会环境中的回忆活动如何在心理上将个体与更广泛的社会框架和群体身份联系起来？如果我们更深入地研究这一活动的文化维度，就能以更深层的视角来看待这一问题。说回忆在很重要的方面是一种社会活动，意思是说它不可避免地是一项由文化调节的活动——我们稳定地回忆事情、传达所记住的东西的能力取决于我们可以用到什么样的文化技策（cultural devices）。

为了这一讨论的目的，在这里我们认为文化是由符号系统以及涉及调用这些符号的实践所组成的，这些符号在人类社会中不断发展，并由这些社会中的个体所使用。人们使用符号，是为了将主观的心理数据转化为可以向外表达的意义，并且在社会中交流和传播这些意义。根据定义，文化是一种社会现象：它的形式和用途是通过社会关系和社会交换形成的，而这些形式和用途本身也在形塑社会关系和社会交换。

文化也有着多重层面。最基本地，它包含了这样的符号表达：无论何种形式，它们都达到了足够的系统稳定性，可以用于社会环境中的意义生产和传递——包括口头或书面形式的语言，也包括使用姿势或非语言的声音或图像的表现系统。然而，基于这些一般的系统资源，社会发展出了各种各样更为集中和专门化的常规做法，每一种用于适应不同的社会和文化用途，并且每一种都为特定类型的文化活动带来了不同的结构特征：书写、口头或音乐创作的一般形式、手势或修辞风格、特定的艺术表现模式、仪式的行使形式等。理解在某一特定时刻对某种特定的文化技策（文本、口头表达、表演、视觉图像或物质制品）的使用所能表达的意义，不仅需要联系其直接环境、该技策所利用的无论何种语言或象征系统总体的表达可能性，还需要联系常规用途的复杂背景。

141 文化通过将我们的内在主观印象付诸更稳定的——因此也更利于传达的——客观存在形式来发挥作用。一旦我们理解了这一点，它与记忆之间的相似性就变得明显了。和记忆一样，文化既是个体的，也是社会的资源。同样和记忆一样，它是保存的媒介，因此也是延迟作用的促进者：某一特殊时刻的思想和心理印象，通过保留在文化的正式结构和媒介设备中而获得了足够的稳定性和持久性，成为日后在不同场合中参照的对象，并在那些时刻和场合中产生影响。简单来说，和记忆一样，文化为人类提供了超越限制的方式，否则，人类意识会始终受困于他们直接所属的时刻的需求和印象。但是，如果只考虑文化与记忆的相似性，我们就将这一问题简单化了：文化是我们基本的记忆支持系统，没有它将无法想象我们所理解的那种记忆。至少，有一点是很成问题的：如果个体头脑被切断了所有文化的支持，那么考虑到新的印象的不断涌入每时每刻都在对它们进行攻击，它们是否还足以给其保存记忆的能力以任何形式的稳定组织？实际上，我们区分各种印象的能力——给其中一些以优先地位，在关于不同存在阶段的印象之间建立主题性的联系，回到记忆中探寻与我们的当下处境有关的过去信息——深刻取决于我们所能利用的文化工具。

在进一步探讨记忆与文化之间的关系时，突出文化的使用方式中的三重二元性——**内部**与**外部**使用、**私人**与**公共**使用，以及是用作**存储**还是用作**纪念**——是很有帮助的。

这第一种区分涉及不同形式（或意义）的“客观化”（objectification）。

客观化某种印象，是以一种足够稳定的形式让其定格，从而能被记住并在原则上能被交流。这么做并不一定意味着将这一印象投射到外在的物件之中或之上。在有些情形下，帮助我们记忆的文化工具包含了心理"软件"——个体心理可以内化的叙事模板、文化成见、记忆公式、分类系统、押韵范式等，对它们的使用因此并不总是需要向外表达。这类"软件"绝不是暂时的：一些押韵范式或记忆公式（"九月有 142
三十天……"）在文化中存在了好几个世纪。受到最广泛研究的记忆性文化软件的形式，是古代、中世纪和文艺复兴时期"记忆术"（art of memory）的技术和工具。[31]擅长"记忆术"的专家倡导了一系列训练大脑做保存和检索恢复工作的方法。其中最著名的方法——所谓的位点之法（method of *loci*）——是基于对空间的视觉化：代表所忆之事的心理图像会被安排在一个想象的空间中——比如，放在一栋想象的大楼里独立的房间中——而后在需要时通过在内心中依次走访那些房间而被取回。这样一种方法尤其适合那些不仅需要回想起各类事实，还需要恢复计划中的思想论证顺序的人——比如律师或政治家。

不过，文化最明显的记忆用途当然是那类用途，其中的客观化涉及物理上的外化——在文本、物件或标准化的仪式中。记忆与这种客观化之间的关键联系为俄罗斯社会心理学家L. S. 维戈茨基所肯定：

> 人类记忆的精髓在于人类是在符号的辅助下积极地回忆。人类行为的特殊之处就在于人类能主动地操纵他们与环境之间的关系，并能通过环境来改变自身的行为，将其归于他们的控制之下——这是一个普遍真理。正如一位心理学家（杜威）曾说过，我们有意竖立纪念碑以防止遗忘，文明的本质即在于此。在系起的手帕和纪念碑中，我们看到最深刻、最典型以及最重要的，将人类

> 行为与动物行为区分开来的特征。[32]

这短短一段话中包含了许多信息：对回忆的目的性（或主动性）的强调；对文化建构物根本上所具有的记忆特征的坚持；以及在人类集体成就的本质（“文明的本质”）与人类（而不是动物）记忆的独特性之间建立的明确联系。同样有趣的是，维戈茨基为了说明文化的记忆用途
143 中的第二重二元性——公共与私人的二元性——而选取的案例。至少在传统上，系起的手帕是个体在未来的某个时刻给他们自己传递记忆信息的工具。它的一般意义（表明要记住某件事这一目的）在文化中是共享的，但在具体的情境中它所承载的具体含义却是私人性的。与之相比，竖立纪念碑在传统意义上是一种公共化的方式：它采用从共同文化中得来的一种形式来生产信息，而这一信息本身是以向未来的世代分享、交流或传递为目的的。

当然，文化技策的公共和私人记忆用途之间的区别并不那么严格：一个文化物件或技策或许可以同时承载这两种用途，甚至（无论是不是有目的的）有助于将公共和私人的用途融合起来，或协调它们之间的关系。例如华盛顿的越南战争纪念碑——一堵长长的、低矮的花岗岩石碑上刻着在战争中死去的美国人的名字——就既是公共的（虽然不是官方政府的）纪念声明，又是一个可适用于私人回忆的设施，人们通过默默地沉思，抚摸其中一个特殊的名字，或存放与逝者相关的私人物件来表达追思。[33]（在史密森学会举行公共展览，展出这些明显的私人纪念物时，公共与私人的融合变得更为复杂。）

无论它们的用途是公共的还是私人的，文化技策可以具有两种截然不同的记忆功能：它们可以辅助存储性的或是纪念性的记忆操作。这两种操作的共同点在于，都旨在预先阻止遗忘，但它们体现出的策略是不同的，并且也常常由不同的动机所激发。在存储操作中，目的是务

实的：可以说，数据被保存下来（无论是保存在大脑中当下不会有意识使用的知识区域，还是保存在诸如书面文本这样的外在存储系统中），是为了服务于将来的实际用途。它的目的是在保留数据的同时，使其不会在将来被用到之前弄乱任何人意识的前景。因此，比如说，一个人在账簿中记录着他的财务交易记录，或一个政府机构以能辅助其日后运作的方式管理档案。相反，在“纪念”（memorialization）操作中，防止
遗忘更多地被视为一种道德使命或神圣任务，而不是一种实用性的预 144
防措施：因此，人们悬挂已逝祖先的肖像，国家和市政当局为荣誉公民建立雕像，战争纪念碑公开列举倒下的人们的名字，他们的“名字将永存世间”。存储是通过搁置来运作的，它的操作是档案性的，它的意图在于可用性。相反，“纪念”的意义在于提醒：它致力于确保那些需要记住的东西总是靠近意识的表层，并处在道德认知的核心。对于文化帮助记忆保留的数据，存储的目标是允许延迟与其有意识的联系，而纪念的目标却是确保这一联系的持续性。

正如公共与私人之间的区分一样，存储与纪念之间的区别当然也很容易依情况而发生变化：它的运作方式会因文化而有所不同。书籍很明显是存储信息的工具，但这并不意味着它们不能行使典范作品或纪念物的功能，尤其是在那些印刷文献属于稀缺商品、生产起来很费劲的社会，在那里，书本定期被庄严肃穆地展示和阅读，或许还会在公共场合被大声朗读。[34]我们也不能忽视纪念活动意图为自己设置的任务的难度。它所要求的那种回忆是苛刻的、让人倾尽全力的：它要求回忆者强烈信奉纪念活动所体现的道德责任，以及被认为源于行使这一责任的、更普遍的社会效益（稳定的身份、社会凝聚力、道德方面的提升）。一些纪念行为的结构反映了持续维持这一投入的难度：回忆被集中于特定的场合，诸如圣徒的节日或纪念日，它们定期的出现被认为可以充分保证对该记忆的投入。在其他情况下，纪念活动或许仅仅是暂时成

功的：这个世界充斥着已经凋零的仪式，以及为了永久纪念已然被遗忘的人们的纪念碑。

有时，在另一方面，纪念意图中所要求的全面性——记住所有事情的积极决心——能够模糊档案存储与纪念保留之间的界限。为了纪念纳粹统治时期被摧毁的犹太社区，流亡的幸存者在二战后汇编而成
145 的"记忆书"(*yisker biher*)就是一个很好的例子。这些记忆书结合了不同种类的书写材料(历史、自传性回忆、报纸文章)和图片(包括照片)，结合了新素材以及更早的资料中的素材，它们既是物理意义上的纪念物(意在代表它们所纪念的消失之物的物件)，又是文本的汇编(通过排版和语言，通过将不同的文本组合起来的方式，传递纪念和记忆意图)。从一本记忆书中摘出的下面这段话，即同时证明了其纪念目的，以及这些文本应该致力于推进的记忆恢复的全面性：

> "卡利什书"(Kalish Book)描述了犹太共同体的日常生活，自始至终，他们为经济、文化与社会的存在所作的努力。在书页中，共同体的幸存者尽最大的努力为同胞兄弟建立起一座纪念馆。希望它能成为子孙后代眼中有重大意义的标志物。[35]

内森·瓦赫特尔曾记述"无所不包的、近乎百科全书一般的对波兰犹太世界的复原"，体现了记忆书的精神："书中包含着大量关于人物和地点的列举、引用、表单条目，因此曾经存在的东西无一遗失。"[36]毫无疑问，这些书籍不是传统意义上的参考书，但它们的纪念意图所要求的完整性——不仅要在记忆中保存具体的情节或人物，还要保存一个消失的群体的全部生活——迫使它们向存储技术求援：作为纪念物的书本可以纪念一个整体，但是这一整体的所有细节不可能同时印在那些看重这一纪念物的人们的脑海之中。

文化对于个人记忆的帮助不仅体现在它提供的用于存储和传播记忆信息的设施上，也体现在它给予回忆活动的一系列具有社会意义的情绪或情感的屈折变化上，让人们——既作为个体，又作为集体——可以表达和交流。"回想""哀悼""回忆""怀旧""庆祝""纪念""委屈""遗憾"——这些仅仅是用于区分特定的回忆态度的部分词汇，在它们之中，记忆可以是多种多样的：深情的或愤恨的，悲伤的或愉悦的， 146
团结的或默想的，肃穆的或欢快的。文化通过提供合适的场合（葬礼、团聚、炉边聚会、纪念典礼）、提示物或能指符号（寡妇的丧服、神圣的遗物、烟灰缸纪念品、家庭相簿），以及给予我们专门用来表达这些态度的姿态和语言，来为这些态度赋予形式。因此，1917年，一位澳大利亚士兵在写给他阵亡伙伴的父亲的信中说：

> 我尝试着向您和您的家人表达我们作为他的战友对你们失去亲人的痛楚的同情。我们失去了一位活泼善良的伙伴和忠诚的同袍，我们理解您最深的情感。他被一枚炮弹击倒——乔治的牺牲正如他活着时一样——他是一个男子汉——一个为了荣誉和自由而战的士兵，我很荣幸自己能成为他的朋友。[37]

同情的理解、失落、同袍之情、军人之勇——这些套话被用在这里，赋予被回想起的记忆一种特定的情感结构，并以安慰为目的来传达这些记忆。

显然，个体并非只在私下里采取这些态度；他们也会参与以类似方式组织的公共活动。在这样一些情况下，矛盾会围绕以下问题产生，即什么才真正应该被视为在文化上合适的、传递某种特定记忆态度的方式。例如，我们可以建立一座餐厅来纪念在内战中死去的人们吗？1860年，有人提出修建哈佛纪念堂时，律师约翰·科德曼·罗普斯认为这是不合适的：

> 难道它只是一座纪念堂吗？它是一座被称作纪念堂的餐厅。但是，难道称它为纪念堂就可以让它变成纪念堂吗？……环绕在死亡周围的庄严肃穆，是用于生成道德印象的一个基本的元素，而这种道德印象正是我们的纪念堂所要塑造的。让我们不要削弱它。[38]

这样一座大厅仍然可以装饰以纪念图画和染色玻璃，但这一事实也未曾说服罗普斯，将"荣誉与宴请客人"的含义结合起来，融入一座注定要（正如亨利·詹姆斯后来所说的）分发"桂冠给逝者，晚餐给活人"的建筑是恰当得体的。[39]

个体用于表述记忆态度的文化技策本身也指示着更宽泛的文
147 化——因此有时也包括社会——身份。在选择帮助他们表达记忆的叙事套路时，路易莎·帕塞里尼的受访者隐含地将自己认同为各种各样不同群体（家庭、工作组、政治社团等）的成员，其中每个群体都有着各自熟悉的常用文化形式。[40]在日常生活中，毫无疑问，这些文化认同的姿态常常不被注意：我们过于习惯性地使用着许多文化技策，以至于不认为在这样做的时候我们是在声明自己的社会或文化认同。但是有时，姿态具有更为明显的意义。这有可能是因为其中所用到的文化技策以某种方式直接暗示了成为某一共同体的成员的条件，比如以信仰转变为框架来叙述人生记忆，即确立了一位宗教信徒作为被上帝选定的共同体成员的凭据。或者，也有可能是因为文化争论或迫害的情况为文化资源的选择赋予了政治意义。因此，斯库尔坦斯所研究的拉脱维亚人从早期的拉脱维亚民族或国家文化中汲取用于结构其自传性回忆的主题意象，标志着拒绝对于苏联政权准许和倡导的叙述方式的个人利用，或至少是无力利用。[41]

倘若使用特定文化形式去表达或辅助记忆能成为身份标志或群体标

志，那么那些用于联结的形式同样也可以以明显的或微妙的方式用于区分。天主教的忏悔习俗保持并标志着忏悔者在教会共同体中的参与，其中，神职人员接受并评判忏悔者对罪恶记忆的表述；然而这一习俗也保持着神职人员与信众之间的职能区分、权力关系以及其间的相互依赖。某些自传性写作的文类惯例也有着类似的双重效果。安·费边曾展示一系列令人印象深刻的自传性故事类型（乞丐的故事、士兵的故事、罪犯叙事、奴隶叙事、监禁故事、被印第安人俘虏的故事），每一种类型都有着各自的文类特征，并提供一种能封装不同种类的社会经历的叙事模板， 148
这是19世纪美国文学文化的特征。这些故事类型彼此之间相互汲取养分（比如逃亡奴隶的叙事，就是重新加工了早期监禁叙事或皈依叙事中熟悉的语言和比喻元素），将围绕着重复的"忏悔、皈依、俘虏"主题的多样变化编织在一起。每一种故事类型都为某一类"可怜的受难者"提供了组织记忆和经历的方式，以供公众消费——并且可能以此赚取钱财或推进某项事业。它们的功能同时也是社会性的：以正确的方式讲述正确的故事能给在社会中处于弱势地位的作者带来一定程度的社会认可。费边的重点放在文类惯例的归因功能上——被付诸熟悉的叙事模式的自传性材料，对于那些此前因接触了这类伤感文学形式而变得敏感的受众来说，能确保自身在他们眼中的真实性地位。不过，让不幸的作者赢得读者一定程度的同情性认可的相同模板，也可以通过将他们付与一种"可怜而谦卑"的叙事立场，而暗示他们对于谦恭的从属性社会地位的接受。[42]

就像谈话场合中的回忆一样，由文化技策促成的回忆或许也具有劳动分工的特征，并且由权力与依附关系塑造。利用这些技策的能力很少是平均分配的，无论是由于它们的运行需要不平等地持有的资源（时间、原材料、货币财富、人力、智识或教育），还是由于有人为之力在限制或控制它们的使用。对特定技策的掌控——读或写的能力、口述诗人或部落的口述历史保存者通过记忆术和故事讲述技巧传达口述传统的内容的能力、神职人员执行宗教的中心纪念仪式的权力、工匠大师关于传统工艺技术的专业知识——能带来社会权力，无论是直接通过将那些想要获得该文化技策带来的利益却被排除在对它的直接使用范围之外的人置于依附位置，还是通过将威望公开授予符合条件的专业从业者。这样的技能被戒备森严地守护着，并受到许多约束的限制，因此它可能同时成为某个社会群体身份的徽章，以及权威的载体——无
149 论是哪一种，实际上都是通过其成员对记忆能力的垄断而形成的，或者就是由另一个其他方面的现存群体（神职人员、贵族）建构，他们仅仅是将这一垄断叠加到他们的其他社会影响方式上。

对于有助于回忆的文化资源的不同使用权限，产生了记忆能力上的不平等，为身份认同设置了界限，并且滋长了——至少潜在地——排外的情绪。很明显，如果长时间不能使用那些最常用的信息存储技术，或者不能知晓由这些技术保存下来的获取信息的方式，就会造成在社会中的不利地位，在由读写能力所主宰的社会中，不识字之人的困境就表明了这一点。不过这一点同样也可适用于另一情况，即无法以被文化所认可的方式、采取在社会上或心理上具有重要意义的记忆举止态度的情况。露丝·克鲁格曾写下她保存父亲——他死于大屠杀之中——的记忆的困难：

> 我总是想要以某种方式赞美他，想要找到或是创造一种合适的哀悼他的仪式。然而赞美和仪式都不是我能做的事。我怀疑它们的虚伪，而往往它们也让我觉得荒谬可笑。我也不知道该从何处开始。在犹太传统中，只有男人才能念诵卡迪什（Kaddish）[*]，他们是为死者哀悼祈祷的人。（是谁阻止你念诵你喜欢的祈祷文？我

* 犹太教祈祷文。——译注

的朋友们问道。但它不作数，它不是符合规定的公共仪式。所以，即便我念诵了，又有什么意义呢？）[43]

克鲁格的难题，正如她所想，不在于她没有所能引用的父亲的记忆，而在于她被排除在回忆他的“恰当的”文化方式之外。她的情感需求是由宗教文化塑造的，这一文化规定了特定的记忆习俗，但她的需求又被宗教职能的性别区分所阻挠，身为一位孤立的犹太女性，她不能亲身使用那一恰当的文化技策。她对这一特定的文化排他性的敏感，塑造了她对于宗教传统的批判态度：

倘若情况有所不同，倘若我能够以被接受的公共方式哀悼亡灵，比如为我的父亲念诵卡迪什，我对这一宗教——它将它的女儿贬为男人的配偶，并将她们的精神生活限制在家庭领域——的态度就会更加友好。烹饪鱼丸的方法并不能帮助我们面对大屠杀。[44] 150

正如这些案例所提醒我们的，文化技策并不仅仅是具有表达能力的技术的碎片；它们也是社会习俗的形式。使用它们能激活或是生产社会关系。在有些情况下，就像对于卡迪什，这种对文化技策的使用是传统活动范式的一部分，以至于这一文化技策看起来似乎只在已确立的——并且很有可能是高度限制性的——社会关系组合中才是可行的，而它也仅仅是用来加强这些关系而已；在另一些情况下，关于技策的使用方式可能会有更大的修改空间，因此它的使用有助于建立或发展的社会关系也有更大的修改空间。然而，无论是哪种情况，文化技策都会帮助我们缔造关系，既包括真实的关系，也包括想象的关系，这些关系可以促进我们形成对于长期的、跨代际的群体或亲缘网络的归属意识。文化技策能如此,不仅是通过让我们成为关于这些群体或网络的过往信息的传播者和接受者,也是通过将对该信息的传递嵌入构成我们平凡的社会存在的生活方式之中。下面两个例子能帮助我们更完整地探讨这一问题。

食品历史学家以及烹饪作家克劳迪娅·罗登曾谈到烹饪在维持她自己与过去相连接的意识方面所发挥的作用,倘若不是由于烹饪食物,她可能早已远离了那段过去。“犹太食物,”她写道,“讲述了一个被迫流离失所的民族以及他们消失的世界的故事。它留存在人们的脑海中,并且由于所能唤起的和代表的东西,它始终保持着鲜活的状态。”她的亲身经历即阐明了这一点。出身于一个开罗的犹太家庭,在1956年的以色列–埃及战争之后,她被迫来到英格兰。提及童年,她写到了传统食物的气味和味道,与她父母频繁的怀旧混合在一起,如何在她漂泊在外时,依然鲜活地保存着开罗生活的记忆。不过,这一联系不仅是感觉上的,也是文本上的:

> 在他们[她的父母]刚离开埃及时,亲戚朋友们给了他们一些旧笔记和食谱,当我重温这些笔记和食谱时,我们往日的生活记忆以形象的方式被重新点亮。它们以法语写成,其中夹杂着一些评论——关于很久以前在埃及是谁赠予了食谱、这些菜肴如何受到某个人喜爱,以及它们供应于哪些场合。每一份食谱都有一个名字。有“kobeba Latifa”“fromage blanc Adèle”“hamud Sophie”“pasteles Iris”“blehat Rahel”等等。大多数人现在已经死了。他们是我父母那一代人。但是他们的食谱让有关他们的记忆
> 151 保持鲜活,至少对于我来说是如此。[45]

在这里,许多条记忆之绳被交织在一处:对长久的烹饪传统的记

忆，对特定人物的记忆，对更广泛的社会圈子的记忆，对父母、场所、气味和味道的记忆，对同时作为社会经验和感官经验的童年生活的记忆。罗登的过去意识同时受到三方面的调整：一是传统的烹饪实践，二是感官经验唤起记忆的效果，三是对从一代人传给另一代人的书写材料的接触。书写的食谱在这里同时充当了人物与习俗的文本提示物，它们的合集是在流亡期间汇编而成的，因而不仅能让人想起生产该合集的社会世界，也能让人想起那一世界瓦解的时刻，以及那有可能濒临灭绝的传统的持续性：该合集促进了一种心理联系，但它同时也标志着一种分离。

在罗登的叙述中，我们可以通过接受者的视角，看到一种传递——对于文本材料和与之相关的实践的传递——的效果。但是社会联结也可以在文化资源的生产时刻形成。若斯墨丘斯的伊丽莎白·格兰特的回忆录为前面的一章提供了一个案例，在日记里她描述了这些回忆录是如何写成的：

> 吃完早餐，散步片刻以后，我开始写自己的人生回忆。我是从过生日那天开始写的，为了让姑娘们开心——她们很想听听她们的母亲年轻时候的故事。现在看来，那是一个令人愉悦的故事，渐渐地，我将会出于这样一种愿望来讲述它，我想要让她们熟悉那些我无法拿到近前向她们介绍的人物和地点。这样的记忆努力着实逗乐了我。我重新经历了一次童年，在那些于我心间留下最初印象的人们之中。他们中的许多人所去的地方，我或许缓慢却坚定地追随着。我回想起了让我的想象觉得很亲切的地方，那些地方如果我现在回头去看，很有可能已经无法认出了。我很高兴我想到了这种打发安静时光的方法，至少它占去了我一部分的白日，那一两个小时很快就过去了。向我的孩子们讲述这些过往时光的欢

乐，让我们彼此之间更为亲密。当我们的交流变得越发私密时，我们也通过夹杂在其中的评论让这个故事变得有益，最大的好处在于，它让我对自己的当下更为满意。以所有理性的感受来看，在我的少女时光和婚后生活的对比中，我远远更喜欢后者。[46]

152 格兰特的回忆录建立了一种家庭意识，而这一意义并不仅仅体现在回忆录的内容上，也体现在生产它们的过程之中。在某种层面上，这一生产将回忆确立为，她作为一位中年已婚妇女，每日或每周例行事项的一部分。在另一层面上，部分地依靠着回忆的策略，她拥有了一种必要的——并且看起来是让人欣慰的——看待当下生活的视角。在第三个层面上，它是一种在家庭中建立纽带的方式，这既是她自己与她的女儿们之间的纽带，也是（至少在预期中）女儿们（或许还有未来的后代）与早期家庭历史中的人物和地点之间的纽带——这样的纽带，至少在前一种情况下，不仅是由实际传递的信息建立的，也同样是通过叙述、倾听与评论建立的。而回忆录的内容，或许也可以根据这些关系来重新审视。母亲的回忆对女儿们来说具有什么样的意义？这一回忆所聚焦的基本点不是在她们自己成长的爱尔兰，而是在环绕着母亲的青春时代的苏格兰高地。在接下来的这一段中，让我们想想格兰特如何运用对这一置换的必然性的认识，来强化若斯墨丘斯（她的童年家乡）的地位——作为她自己这代人的家庭归属意识的参照点：

曾经"在水的那一端"，我们住在若斯墨丘斯的家中，我们心爱的杜丘斯。经历过我们人生中的所有变化，但它在我们心中，依然是世上我们最爱的地方。我们分散在远方各处，现在再也不能聚齐所有人。我们这些孩子已经长大了，结婚了，旧时的感情又嫁接上了新的兴趣，我们的家以及我们的周遭世界都改变了，我们中的大多数人都在远离高地的地方度过了漫长而忙碌的岁月，却没有一个人停止思怀，仿佛有一块磁石一直吸引着我们所有的最纯粹、最温暖、最初以及最终的感情。没有任何一个地方曾取代过它，没有任何其他风景曾超越过它，没有任何其他的快乐能够在可理解的范围内稍稍接近我们在若斯墨丘斯度过的童年。[47]

这段话所做出的强烈声明，不仅关乎格兰特自己对于她度过快乐童年的地方的怀旧依恋，也关乎与地点相关的记忆跨越时间和距离维持家庭的情感纽带的能力。这一声明在由男性长子继承权主导的土地继承制社会，与女性尤为相关。女儿们注定要经由婚姻从一个家庭嫁 153
到另一个家庭，对于她们来说，对地点记忆的培养可能会带有一定程度的怀旧性的分离感，但也有可能，通过将归属感依附于情感共同体的概念——男性和女性或许可以更平等地参与其中——而不是依附于由男性主导的财产和依存体系的严酷而排外的裁决，来减轻这种社会断裂的效果。通过将对于回忆录的（例如格兰特的）文本强调与牵涉其中并伴随着它的生产而发展起来的社会关系放在一起考虑，我们不仅能够领悟到利用记忆生产集体认同意识的方式，还能洞察到这一过程中的性别分化。

社会记忆理论的建立：巴特莱特、阿尔布瓦克斯及其他

自从个体作为各种各样的社会群体中的成员开始生活起，他们的个人记忆，以及他们在其所属的群体中对该记忆的传播，都有助于群体发展出能随着时间延续的集体认同意识。在回忆他们自己的经历（形成性的时刻、重要的邂逅、地点和人际关系），以及与其他人讨论这

些记忆时，他们加深了自己以及他人对更大的社会实体的依属感，同时也参与了对于与更久远或更漫长的过去相关的故事和指涉（它们在集体环境中能引起共鸣）的传递和解释。简单来说，个体记忆既反映了与群体成员集体相关的集体过去意识，又参与形成了这一意识。为了帮助我们深化对于这样一些过程的理解，我们现在来探讨两位20世纪早期学者的思想，他们最常被引为社会记忆研究的开山鼻祖：英国心理学家弗雷德里克·巴特莱特和法国社会学家莫里斯·阿尔布瓦克斯。

在其著作《回忆：实验和社会心理学的一项研究》（*Remembering: a Study in Experimental and Social Psychology*, 1932）的第一部分，巴特
154 莱特运用控制实验的方法来发展他的基本论点，认为个体记忆具有模式依赖性以及重构性。在更为短小精悍的第二部分中，他并非从心理学实验中，而是从民俗研究以及人类学家和殖民行政官对于南非原住民的观察中取证，由此扩展了他的论证，即在这一重构活动中，“回忆的方式和内容都往往主要由社会影响决定”[48]。更具体地，他所指的是，个体回忆以至关重要的方式，由个体与具有群体特殊性的社会文化结构之间的关系塑造。由此，巴特莱特让自己离开了纯粹个人主义的回忆概念，然而与此同时，他也谨慎地与荣格的“集体无意识概念”，以及另外一些谈论群体记忆的方式——这些谈论方式仿佛认为群体本身就具有实际的回忆能力——保持距离。在他看来，这样一种“群体记忆”的假设，不过只是“一个有趣却靠不住的推断”而已；相反，基于群体的文化，在“决定和引导”个体的“精神生活”方面（尤其是他们的回忆）的作用，却可以被视作“具有确定性和事实性”[49]。

巴特莱特对于他所称的个体身上“回忆的社会机制”的论述，建立在关于社会群体是如何形成和维持的这一一般性概念之上。他对此总结如下：

> 每一个社会群体都是通过一些具体的心理倾向(或一组倾向)来组织和凝聚的,这些倾向给了群体在应对外在环境时的偏见。偏见建构了群体文化中特殊而持续的特征、它的技术规范和宗教习俗、它的材料工艺,以及传统和制度;而这些,在被建立以后,它们自身也会再一次成为群体之中对于个体反应的直接刺激因素。[50]

巴特莱特从不同的方面区分出了这一基本图景中的细微差别:比如,他发现群体组织的“心理基础”可能会随着群体本身变得更复杂、具有更多功能而改变,并且风俗、传统和制度可能并不仅仅会直接驱使人,也会通过在其周围发展的社会“情感”(可能包括认同、忠诚和共同目的)而约束人。基本的理论仍然是简单的:支持群体存在的积极心理冲动
(mental impulses,可以是任何东西,从获得食物和住所的欲望或共有的 155
好斗本能,到宣传某些宗教理念的欲望)塑造了该群体有组织的文化形式,而这些文化形式反过来也影响着群体中的个人回应外在刺激的方式——包括他们在心理上将新遇到的数据与此前的经验联系起来的方式。通过具有群体特殊性的文化的调节作用,在每个个体那里,群体的“社会偏见”被转化为“一种专门沿着特定的方向进行的,主动地注意、记住以及建构的倾向”——实际上就是,记住特定类型的事情,并以特定的方式组织关于它们的记忆。文化和社会组织以两种方式来调节个体回忆:“第一,通过提供那种有趣的、能让人兴奋和感动的环境,这种环境有利于特定形象的生产;第二,通过提供一个长期的制度和习俗框架,作为建构记忆的模式基础。”[51]简而言之,记忆同时受到个体对其所属群体的积极情感投入,以及群体自身的集体组织形式的双重引导和支持。

在巴特莱特看来,基于群体的文化倾向对于回忆行为的影响,不仅

在回忆的“内容”中是明显的，在其“形式”中也是如此：每个群体的“性情”（temperament，巴特莱特对于“群体偏好的集中表现在制度、习俗和信仰中的有组织的反应”的简称）[52]不仅反映在其中的个体成员通常所回忆的事情上，也反映在用于表述所记住的内容的叙事和语言表达（包括声调和活跃程度这样的方面）模式上。比如，他认为，由斯威士（Swazi）的审讯见证者所提供的详细的线性叙事——曾激怒了殖民地的地方官，让他们没有耐心去了解该案件的核心——反映了一个社会群体的文化优先次序。这一社会群体严重依赖于通过背诵来传递消息和信息，拥有相对来说充裕的时间来执行各项任务，并且相对来说社会利益更加分散且没有组织。[53]

巴特莱特的核心关注是在个体回忆的社会形塑方面，但他也同时引起了我们对于群体文化形成过程中所涉及的适应性过程的关注。尤其是，他关注群体将新输入的文化元素（故事、形象、仪式、制度）同化入它们已有的文化实践库存中的方式。根据巴特莱特的说法，这里涉及
156 的机制是“社会惯常化”（social conventionalization）：将一个新元素融入一个群体的现存文化，由此作为文化遗产的一部分在该群体中从一代人再传递给下一代人，这一过程依赖于一个前提，即通过减少该元素与被引入的文化环境之间的不和谐之处的方式，使得该元素逐渐得到调整。如果这种调整没有导致该元素失去其作为一个独立文化特征的存在，那么它最终会以一种更符合整体文化的常规，并且更符合该文化所表现的社会冲动（social impulses）的形式达到稳定状态。巴特莱特将这种“社会惯常化”的过程比作个体参与“重复回忆”实验的过程，实验中个体被要求回忆的素材（故事或形象）以规律的间隔时间逐渐变换，那些素材逐渐被调整得与人们现有的心理模式相一致。也就是说，对于巴特莱特来说，社会群体通过文化调节来应对新的经验以及社会境况中的变化的过程，与个体通过重构性的回忆来理解他们自身经

历的过程具有高度的相似性。[54]在巴特莱特的直接论证中，这一对照的意义在于，为个体与集体的心理运作之间推定的相似性准备好他慎重的回应：他想要提出一种观点，即尽管“群体记忆”与个体记忆具有功能上的相似性这一假设在本质上是一种推测，但群体文化作为某些指导性的集体“性情”的体现这一观念，在概念上是有帮助的。然而，从更宽泛的角度来看，这一对照的意义在于，将个体和集体的过程并置起来，加深了巴特莱特对于与过去之间的心理关系的呈现，这一关系植根于人类社会的文化发展：不仅个体所有的记忆要受到他们身处其中的、具有群体特殊性的文化的调节，而且那些文化本身，也由根据产生它们的群体的需求变化而逐渐调整的元素组成。

不过，这只是就巴特莱特朝着这个方向发展的思想而言。他的主要重点，是个体回忆如何受到群体文化的影响，而不是那一文化如何与更大范围的社会运作联系起来。他对更具有社会学倾向的探究模式缺 157
乏兴趣，这既体现在他倾向于认为，研究集体层面的回忆的唯一途径，就是通过研究在实际经验中无法回答的问题——群体自身是否具有回忆的能力；也体现在他明显不愿意去设想具有任何复杂性的社会情形。巴特莱特的社会世界是简单而稳定的：个体总是毫无疑问地被置于一个特定的群体之中，而各个群体本身也是边界明晰、自给自足的，每个群体都建立在可辨识的社会冲动之上，都拥有在功能上一致地反映那些冲动的文化，每个群体在本质上也都独立于其他群体。在这样一种模型中，我们不需要考虑回忆在从一个群体传到另一个群体时，或同时具有多个群体的身份时会如何受到影响；也不需要考虑群体文化如何被不同群体之间的交集、互动或冲突，被一个群体在另一个群体中的位置，被群体之间的融合，或被从大群体到小群体的分裂所形塑。

为了探讨所有这些内容，我们必须转向巴特莱特的同代人，法国社会学家莫里斯·阿尔布瓦克斯首先在《记忆的社会框架》（*Les cadres*

sociaux de la mémoire, 1925)，而后在一些草稿材料——在他去世后，于1950年作为《论集体记忆》(*La mémoire collective*)出版——中发展的思想。阿尔布瓦克斯的思想与巴特莱特的相似性在于，都强调回忆的重构性，以及具有群体特殊性的文化框架在塑造个体记忆时发挥的作用，但是阿尔布瓦克斯做出了一个更有野心的尝试：将他关于个体回忆的论述融入一个更大的关于社会运作的理论分析。对于他来说，"记忆的社会框架"的有趣之处不在于它们对个体的影响，而在于它们作为社会产物的地位。在巴特莱特不断回避"群体记忆"的概念时，阿尔布瓦克斯通过对"集体记忆"的系统阐述，给了我们一种他在热切拥抱这一概念的印象。这一差别的实际意义有些难以捉摸，因为阿尔布瓦克斯关于"集体记忆"，以及它与个体回忆的关系的陈述有时是不清晰的，而且有前后不一致之处，但它代表了一种更深层次的学科心态上的差别。对于心理学家巴特莱特来说，是个体的心理过程具有那种在经验
158 层面可观察到的完整性：社会结构，尽管也有它们的重要性，相比起来就有些朦胧模糊了。对于涂尔干派社会学家阿尔布瓦克斯来说，却是社会存在的稠密质地显得更为真实，而相比起来个体思维的运作似乎是脆弱而不稳定的。巴特莱特的基本概念具有稳定性：每个个体回忆的方式都有一些特定的有规律的特征，这些特征被视为一种稳定而统一的文化构成的表现。阿尔布瓦克斯的概念却是流动的：个体以不断波动的、不连续的方式回忆，这反映了一个事实，即他们所居住的社会环境是复杂而不断变化的。

倘若我们更细致地探究阿尔布瓦克斯的思想，上述这些观点就会变得更加清晰。他的很多论点，尤其在《记忆的社会框架》中，是以持续性地批判一种记忆观念的形式架构的，他尤其将这一观念与哲学家亨利·柏格森联系起来。在柏格森派的观点中，记忆是过往经验的实际遗存，作为一系列可以重新激活的印象，被置于个体的脑海中：个体

在回忆时仅仅是从这一内在的印象储备中提取内容，实际上也就是再现他们的过往经历。为了反对这一观点，阿尔布瓦克斯指出，过往的经历并非以任何完整的形式遗存下来；回忆不是再现，而是重构性地表现那些经历；而这种重构，不是基于个体内在的心理资源，而是基于对本质上是社会性的——甚至集体性的——参照框架的调度。他的观点最初是通过一个回忆与梦的对比来阐明的。阿尔布瓦克斯称，在梦境中，我们确实脱离了社会影响，但做梦与回忆的情形截然不同。那些在梦中进入我们脑海的印象来源于我们此前的经历，但它们不会以任何稳定的或可理解的方式将我们引回那些经历：梦里所有的一切都是过往感知的混乱碎片，因此我们感受到的不是回顾（甚至也不是再现），而是直接的当下经验的持续流动。与之相反，回忆依赖于我们的一个认识，即那些特定的印象是与过去而不是当下的经历相关的，并且以任何持续或连贯的方式回忆事情，都要涉及对这些印象更细节的"定位"——
在心理上将它们分派到我们过往生活中的特定时刻和时段（或许也包 159
括在特定阶段对我们有重要意义的地点）。为了能够以这种方式定位我们的印象，并开始将它们编入连贯一致的记忆结构，我们必须具有排布、映现我们已记住的实存的基本方法。阿尔布瓦克斯坚持认为，我们所拥有的这些映现技巧，不是来源于内在的思考，而是通过我们对社会的介入而获得的。我们不是作为孤立的个体而回忆，相反，我们的全部生活都融入了各种各样的社会互动，我们的个体身份不曾与那些互动相分离，而是有效地由它们构成。[55]

正是为了表达这种作为社会存在的一个方面的回忆观念，阿尔布瓦克斯创造了他的"记忆的社会框架"（cadres sociaux de la mémoire）概念——或者是他有时更偏爱的、程度更强的表达方式，"记忆的集体框架"（cadres de la mémoire collective）。他的观点的基本要旨可以概括如下：

> 只有在这样的前提下一个人才能去回忆：在集体记忆的框架内，重新找到令我们感兴趣的过去事件的位置。这些框架实际上会彼此相交，并且部分重合。当一段记忆[souvenir]重现在更多这样的框架的交汇点时，它便会变得更加丰富。遗忘可以通过这些框架的消失或部分消失而得到解释，无论是由于我们的注意力不再能集中在它们身上，还是由于我们的注意力转移到了其他地方（注意力的分散往往只是努力集中注意力的结果，而遗忘几乎总是由注意力的分散导致的）。但是遗忘，或者回忆的变形，同样也可以有另一种解释，即这些框架会随着从一个时期到另一个时期的转变而变化。社会——依赖于环境以及它所处的时间点——以不同的方式向自己表现过去：它修改它的传统惯例。鉴于它的每个成员都屈服于这些惯例，他们也会依照集体记忆转变的方向来修改自己的回忆。[56]

为了把握这段话的意义，我们必须进一步拆解阿尔布瓦克斯的中心概念。首先需要阐明的一点，关系到"记忆的社会框架"的真正本质。阿尔布瓦克斯自己对这一术语的解释是复杂的，有时很难理解，但他的思考中仍然浮现出一些基本的元素。第一点，这个术语本质上所
160 涉及的不是社会结构（尽管与之有明显的联系），而是社会心态："记忆的社会框架"是在社会中产生的思想或心理表现的结构，这些结构引导社会成员将他们对自己过往存在的印象与更广泛的社会存在范式联系起来。在其最基本的层面，这些"框架"通过凸显那些由特定的事件系列所共享的特征——它们拥有的共同地点、共同参与人员、与群体发展中的特定主题或问题之间的共同关系——来辅助个体回忆，这些特征使得我们可以将那些事件视为更普遍的社会经验的一部分。在

更成熟的形式中，它们表达出了关于社会群体——这些社会群体的经验造就了它们——的特性、历史和一般样态的更普遍的概念。“记忆的社会框架”具有一种稳定性和概念普遍性，能使它们区别于个体的“记忆图景”（images-souvenirs），但是根据阿尔布瓦克斯的说法，它们在原材料方面并非有什么根本上的不同：“框架[cadre]同样是由记忆[souvenirs]构成的。”[57]在论述这一点时，阿尔布瓦克斯开始拒斥通常人们在记忆（一种基于私人心理“图景”的、能唤起情感的经历）和概念性思考（一种基于对抽象“理念”的调度的理性行为）之间做出的区分。他认为，回忆和概念性思考紧密纠缠，并且能相互促进：关于过往人事的心理表现往往包含着一种概念安排的元素，虽然“几乎没有这样的普遍观念，认为那对于社会来说不是一个重新参照其历史中这样那样的阶段的场合”[58]。“记忆的社会框架”促进了个人和社会之中这一理念和图景的相互渗透，同时自身也是这一相互渗透的产物。

对于阿尔布瓦克斯来说，群体处于回忆的核心位置。他在《论集体记忆》中相当详细地论述了“在现实中我们从不是孤独的”[59]：我们的经验始终是被群体身份所改变的经验，而正是它的这一方面让我们得以记住它。我们所回忆的经历是与他人共享的那些经历，或是我们于其中能意识到自己与更大的集体性之间的关系的那些经历。但阿尔布瓦克斯的主张并不仅限于我们的记忆是与群体相关的经历，而更在于，我们重构那些经历的能力取决于我们当下从与它们相关的群体的心理立场出发去看待它们的能力。在这一点上，他的意思不是我们必 161
定会在心理上回到我们作为一个群体的成员在记忆所涉及的事件或经历发生时所采取的确切态度，而是我们看待那些事件或经历的视角，必定会持续受到对该群体（或这些群体）的参与或认同的形塑。如果该群体本身已停止存在，或者，如果我们自己与它的联系已经终止，我们回忆那些我们作为群体成员所经历的事情的能力就会大打折扣。[60]阿尔布瓦克斯允许一定程度的灵活性：在他们的群体解散以后，或他们自己失去了与其他成员的联系以后，个体可能会继续感到对于群体的精神和情感上的依赖，这种感觉可能在一段时间内让他们保持属于这个群体的记忆。但是如果没有与群体内其他成员的定期互动来巩固，记忆必然是不牢固的，当个体进入新的社会联系以后，这些记忆很容易被那时产生的新的记忆抹去。换句话说，“记忆的社会框架”是对我们的群体参与模式的反映：个体记忆受到那些模式的影响，并随着模式自身的转变而变化。

阿尔布瓦克斯认识到个体具有复杂的社会生活和社会历史：与巴特莱特的理论不同，他的理论并非基于个体与群体之间的单一关系。他对个体记忆的明显的区别性的处理即反映了这一点。阿尔布瓦克斯坚持认为个体不是处在社会真空之中：他们的经历和对那一经历的记忆都始终受到他们的群体联系的形塑。不过，他也承认，一个群体中的不同成员不会以相同的方式回忆事情，我们的记忆中至少有一部分在表面上看来纯粹是对个人经历的私自回想。但是，他对此的解释不是记忆中有一定性质的个体独立性处在“社会框架”的影响之外，而是人们相对于那些“社会框架”所处的位置是不同的。每个人都处在多种不同社会圈子的交汇点上，因此也处在不同的具有群体特殊性的思想潮流的交汇点上，这些思想潮流相互之间的关系也会随着时间而变化。一个群体中的不同成员共享一些特定的经历，但他们对于那些经历的
162 记忆（以及他们能回忆起它们的程度）不仅会受到共同的群体身份的影响，也会受到同时具有的其他群体身份关系对他们的群体参与带来的改变的影响，这两种影响都会同时出现在原初经历发生的时刻以及回忆的时刻。（一群曾一起在敌火中畏缩于战壕里的人有着共同的经历元素可以去回顾，也可能感到一种强烈的共同身份意识，但是其中身为军官团成员的那些人——或许也属于更宽泛的“军官阶级”的一员——

所建构的这段经历或许会与普通士兵们建构的有所不同。同一个群体的学生所具有的共同经历，带给来自不同家庭背景的学生的意义是不同的；对于走上了各种各样职业道路，但作为一群好友依旧彼此保持联系的学生，与对于和同学们失去联系，但继续学术道路、成为同一个系里的讲师的学生来说，关于那一共同经历的记忆也将是不同的。）个体记忆会受到特定集体身份的稳定性的影响，也会受到不同的集体势力的交汇与融合的影响。对于阿尔布瓦克斯来说，那些看起来最为私密的记忆，只不过是由多种社会联系构成的最复杂的模式所支撑的记忆罢了：

> 在这里，再一次，鉴于记忆是通过多个重叠的集体思想系列产生的合并效果而重现的，也因为我们不能将其单独归于其中的任何一种思想，我们想象它是独立的，并且用它的单一性去对比那些思想的多重性。这就好比认为，一个被一堆拉长的、相互连接的丝线托在空中的沉重物体，是悬置在真空里，并且仅仅依靠其自身。

在阿尔布瓦克斯看来，回忆主体的个体独立性是由社会存在的复杂性产生的一种幻觉：

> 记忆[souvenirs]的连续，即便是那些最私人的记忆的连续，也总是可以由我们与各种集体环境之间的关系产生的变化来解释，当然，也就是说，可以由那些单独的或总体的环境的变化来解释。[61]

在《论集体记忆》中展开这些观点时，阿尔布瓦克斯偶然中表达出一个意思，即每个个体的记忆都可能被视为“一种关于集体记忆的视角 163

[point de vue]”[62]。实际上，《论集体记忆》以关于个体与集体记忆之间关系的讨论，取代了关于“记忆的社会框架”的讨论。然而即便在他的早期著作中，阿尔布瓦克斯也已然表明，他不仅将“社会框架”视为由社会为个体回忆活动生产的模板，也将它视为一种实际上是集体性的记忆能力的展现。甚至，在他看来，说“个体通过采取群体的视角来回忆”，就等于说“群体记忆在个体记忆中实现并显现了自身”。“框架”不是通过结合个体的记忆而形成的框架；相反，它们是“集体记忆为了重构过去的图景而利用的工具，这一过去图景在每个时代都与主导的社会思想相吻合”[63]。

阿尔布瓦克斯指出，群体——例如家庭——本身就是记忆的持有者，这一想法不仅仅是比喻性的。因为尽管关于家庭生活的记忆在不同的家庭成员的意识中会呈现为不同的形式，但这些不同不应该阻碍对更深层次的关联性的认识：

> 一个家庭的成员在共同的家庭生活[mêler]中彼此相融，不断的印象和意见交换让他们之间的纽带更加紧密，他们越是想要去打破这些纽带，有时越是能更尖锐地感受到纽带的强度。由此，家庭成员们很好地感受到，他们每个人心中都有他人的思想发展出的分支，只有通过将所有这些思想放回到一起并将它们以某种方式重新聚合，这些分支才能被追踪，它们的整体架构才能得到理解。[64]

在这段极为晦涩的话中，阿尔布瓦克斯的意思似乎是这样的：作为一个家庭成员，不断与其他家庭成员互动的实际经历，让个体在耳濡目染中获得了一种关于家庭的一般概念，即家庭是一个社会构成，它不依赖于个体自己在特定环境中对其他家庭成员的有限的反应。这一一般概念（体现在亲属关系、遗传继承、家庭角色、家庭传统、家庭历史等观念中）组织了个体对于他/她自己在家庭中的位置的感受，并构成了一种供不同的家庭成员进行回忆的共有模型。同时作为概念框架，以及对 164
群体过往的集体表现，这一家庭观念是通过家庭生活中的经历和互动，在群体中产生并得到维持的。它被个体内化为成为家庭成员的过程的一部分，通过他们彼此之间反复的交流互换在个体心中得到加强。从一个视角来看，这一长期持续的集体自我形象是家庭“集体记忆”的内容；而从另一个视角来看，它为家庭成员个体化的记忆形成了“社会框架”。

与个体印象的起起伏伏相比，群体的“集体记忆”的内容有着一定程度的稳定性，但阿尔布瓦克斯认为，它们同样也一直处在变化之中。在任何一个群体内，“社会思想”中有两种元素是明显的——“一种是记忆，也就是由具有标志意义的概念[points de repère]构成的并且唯独涉及过往之事的框架，另一种是起始于当下的社会境况——也就是处于现在——的理性活动”[65]。这一理性活动（阿尔布瓦克斯认为，它本身在根本上是基于一种有着更广泛的基础的社会记忆）调节着群体的社会记忆运作，并且随着情况的变化而修改它。

阿尔布瓦克斯努力赋予他的“集体记忆”以实质性的内容，但这仍然是一个晦涩难懂的概念。他断言，个体进行回忆的方式会受到他们已经内化进自身的集体记忆的形塑；但是，尽管他讨论了这些记忆的一般特征——最明显的，它们对于群体经验的事件和空间维度的心理组织[66]——关于它们的内容是如何产生和复制的，他却出乎意料地未曾给出什么洞见。实际上，他更加强调个体对于具有群体特性的意识结构的心理依赖，而不是保持这类结构的过程动态，也就是群体自身组织回忆集体往事的过程动态。

正是在这一点上，后来的法国社会学家罗杰·巴斯蒂德的著作似乎有助于弥补阿尔布瓦克斯的概念的缺陷。在他自己详细的研究中，

165 巴斯蒂德的关注点在于理解在被运往美洲为奴的非裔后代之中，促进或破坏对于非洲宗教传统知识的保存的境况。他认为，理解回忆和遗忘的关键，不在于以下一般观念，即认为记忆总是依附于群体，而在于对群体组织方式的一种更为明确具体的关注。巴斯蒂德认为，群体不是一个能将连贯一致的记忆简单地归于其中的聚合体，而是“一个人际关系系统”。回忆的个体是群体之间的交汇点，如果理解这一点（阿尔布瓦克斯的观点）是重要的，那么同样重要的还有去理解任何群体都是“一个交换场所”，同时也是在社会回忆过程中有着不同功能的个体之间互动的场所。就像神经系统中的不同元素那样，巴斯蒂德指出，一个群体中的每个个体都“被赋予了这样的活动，从他人处接受刺激，并回报回去，于是这些活动便形成了一个互补网络”。使得集体过去中的元素在一个哪怕是全新的社会环境中保持和再现的，不是（就像在阿尔布瓦克斯的模型中）这个群体——作为一个实体，它的“立场”是个体可以在心理上采取的——的一些基本连续性，而是对特定的社会互动结构模式的保持或者再现：

> ［关于非洲宗教传统］的记忆在纬向的［trame］非洲村庄中的人口聚集地十分盛行，以至于只有当这一村庄在另一片土地上重建，而聚集的人口能将自身建立在它的古老基础上时，这些传统才能复兴。

例如，在宗教仪式中，不同群体的个体有着不同的角色，只有当所有这些角色都一起被启动时，仪式的记忆价值才能显现。那么，对于巴斯蒂德来说，集体记忆的内容——群体所调用和再生的关于其过去的知识——并不是保存在某种中心的群体智慧中；它们也不是作为一个连贯的整体在每个个体心中遗传下来。相反，通过群体内部互动性的交换，随着集体过去而持存的是人们之间的联系，这些人在群体结构中的不同位置给了他们不同的视角。个体是作为参与集体记忆生产过程的一员而接触集体记忆的，他们对自己的行为所贡献的更大的模式有所 166
体认。甚至，在一个基本的层面上，巴斯蒂德定义的集体记忆不应被概念化为一种关于特定历史信息的共享记忆，而应是一种能让群体组织其集体记忆运作的操作性记忆（operational memory）："集体记忆是一个群体的记忆，但它是对情境的记忆——也就是说，是对角色之间的联系的记忆——甚或是对于一个组织、一种表述、一个个体之间的关系系统的记忆。"[67]

群体唤起其集体过去的某些方面的场合并不总是组织为仪式性的场合；也并非所有群体都会发展出对记忆劳作的正式划分——往往作为这些场合的一个特征。尽管如此，巴斯蒂德的洞见仍然能帮助我们深入而精准地分析社会记忆的过程。巴斯蒂德强调，有必要注意回忆过去之场合的具体社会动态，以及这些场合的动态与更普遍的社会生活结构相关联的方式；由此，他帮助我们克服了阿尔布瓦克斯的路径中有时会有的、十分模糊的集体主义特征。此外，他也帮助我们将对知识的分析与对社会过程的分析联系起来。比如，他提醒我们，我们与过去相连接的这种意识，在很大程度上不是由对具体信息的认知依赖构成的，而是由参与唤起、庆祝或重制过去的社会场合的经历构成的。

最后，通过几个例子来将我们的思考集中在这一部分所触及的几个问题上，或许是很有帮助的。第一个是关于一个相对静态的情境——中世纪修道院群体，尤其是那些受本笃会管辖的修道院的记忆生活。珍妮特·科尔曼曾展示这些群体的生活如何受到共同宗教规定的严格纪律的管控，这些规定的目的恰恰是切断僧侣可能有的与修道院之外的世俗世界的任何记忆联系。僧侣的精神要不间断地集中在救赎事务上：他们要记住的不是"过去或者修道院之外的世界中的事件”，而是神的诫命、地狱的危险，以及永生的图景。在这一方面，僧侣纪律的关键特征，是一丝不苟而千篇一律的日常宗教职责，这一群体
167 的全部存在都是围绕着它而组织的。以阿尔布瓦克斯为表率，科尔曼将时间的结构组织视为记忆的社会组织的关键维度。她认为，在修道院大门之外的社会，个体会获得不同的时间规划（time schemes）的经验，适用于不同的社会活动区域，并因此发展出不同种类的记忆。修道院中完全由一种时间规划所主导，从而让这一群体的心理结构从外在世界中脱离出来，并将记忆控制在它严格的周期节律之内——实际上使得修道院记忆成为“一个储存圣言文本”，而不是个人回忆的“仓库”[68]。在科尔曼对阿尔布瓦克斯的解读中，修道院生活的结构剥夺了一个僧侣所有的、与他此前生活的社会框架维持精神联系的可能性：对早期经历的记忆缺失恰恰成为社会身份认同，因此也是个人身份认同的基础。（在巴特莱特的语言中，我们可以说群体的心理基础——趋向救赎的冲动——给予了其文化一种偏见，尤其表现在它的礼拜仪式安排中，这一点也反过来将一套模式加诸个体回忆之上，从而有效地阻挡了对于除了神圣信息之外的一切的心理记录。）

总而言之，这就是本笃会的理想状态。在一篇集中探讨盎格鲁-撒克逊人的修道院经历的文章中，凯瑟琳·丘比特描绘了一幅在整体上更加五彩斑斓的修道院记忆图景。尽管被设计为受到严格控制的神圣培育箱，修道院实际上仍然是无法完全与它们的周遭世界分离开来的生活社区。个体在人生的不同阶段进入修道院（有些是献身于修道院的孩子，有些在外界度过一段活跃的人生后才进入），在其中行使不同功能（例如供应食物）的同时也获得了不同的地位。这些功能的行使给了他们不同的工作节奏，或许也会产生出一些非正式的群体，它们至少具备一些独立的记忆文化的雏形。礼拜仪式的生活节奏主宰并调节着社区的生活，但并不完全排斥其他时间性的经历。在修道院的训练

过程中发展起来的关系——师长和学生之间，以及学生内部之间——或许对于塑造社区内生活被回忆的方式仍然是重要的。神圣典范不仅来源于圣言文本，也来源于老师个人树立的榜样，以及早期修道院领 168
袖的记忆，因而被记住的修道院群体的过往本身或许也是用于启迪教诲的原始资料。简而言之，并非所有修道院记忆都是通过群体中定期的礼拜仪式训练来引导的，也并非所有的修道院记忆都以圣言文本作为其直接的对象，甚至圣言文本本身也可以在不同的社会环境中被经历——既通过礼拜仪式表演，也通过在修道院的餐厅内阅读。丘比特指出：文本不曾取代个人经验，相反，关于这两者的记忆是相互融合在一起的。[69]

这个例子凸显了正式结构与非正式关系在相对封闭的社群内塑造社会记忆运作时能够相互作用的复杂方式，第二个例子——来自社会学家理查德·森尼特在现代计算机产业领域关于记忆和冗余的著作——则探讨了记忆的社会组织可能在某个社会层面上受到经济和社会活动结构中动态变化的影响的方式。据森尼特所言，在20世纪晚期新的传播技术的冲击下，产生了一种公司结构，面对变化的市场势力，它们在组织上更多地以适应性，而不是整体的持久性为目的。人员与项目的快速流通、旨在促进快速的扩张和缩减的组织结构、灵活的并且在地理上扩大了的合同网络，以及基于互联网的潜能的人员雇用，变成了普遍的现实。其影响之一是削弱了对于稳定“职业”的传统观念，即在同一个企业或至少是同一个行业或专业活动中，为了逐渐获得更高的职位而工作的一生。频繁的更换工作、定期的重新学习技术或适应新的工作结构、对短期项目而非长期发展的关注，以及常有的裁员或失业风险，这些都变得越来越常见。森尼特指出，公司结构和工作经验中的这些变化对于记忆如何在社会中起作用有着重要的（在他看来是破坏性的）影响。一方面，记忆越来越不属于实业公司本身的组织结构或

价值系统中的元素：新型的企业简单地不再以培养传统、推崇忠诚度和
169 从业时长，或维持企业的历史意识为目的来组织自身。另一方面，记忆越来越成为个体在工作环境中努力获得稳定的自我意识的工具，因为他们工作环境中的制度框架已不再能可靠地支持这样一种意识。记忆被私人化和个体化了：它变得“像一种形式的私人财产，被保护着，以免受到挑战和争议”——变成竞争激烈的现代资本主义世界中的一个避难所，而不是面对这一世界现实的方式。[70]

森尼特认为记忆向个体主观生活的内转是有害的；无论我们是否认同他的这一信念，他对于现代资本主义形式组织记忆与遗忘的方式的论述都为我们提供了深刻的见解，这些见解的相关性超出了对于晚期资本主义社会的分析，让我们尤其注意到以下三件事情。其一，人类机构（或有组织的社群）有着各种各样不同的记忆经济。在一个特定的群体或机构中记忆的能力——以及那个群体或机构积极培养一种关于其自身过去的意识的程度——绝不是一种直接的关于它能存在多长时间，或对其成员的生活有多强的掌控的功能。有些机构将权力引入促进或聚焦回忆行为的活动之中；还有一些机构相对来说对回忆行为漠不关心，甚至积极阻止它们，或有选择性地促进它们。

其二，森尼特的分析提醒我们，机构和它们的记忆文化并非作为孤立的实体而存在以及演化发展，而是作为更广泛的社会结构的一部分，响应着更大的经济、社会、政治或文化的演化发展。在最罕见的情况下保存下来的记忆，在特定机构或群体框架内被组织和管理的方式的重要性，只有在这些方式与更大的图景可能相关时才能完全显现。一个群体或机构内回顾意识的强势和凝聚性，或许与它在另一个群体或机构内的弱势或缺乏注意是相关联的。一个社会中的经济或政治安排，或其主导思想的变化，或许会侵蚀此前在其社会和制度结构的某些部分中起作用的记忆文化，但也会在其他部分中建立新的记忆活动重点。

最后，森尼特的分析还让我们认识到存在于两种记忆之间的复杂关系，一种是作为个体自我概念的运载工具的记忆，另一种是记忆活动的社会和制度框架。即便是极度集中于自我的记忆也必然处于社会环 170
境之中，因为自我并不是既定的、不变的：它在不同的情况下会具有不同的意义和不同层面的重要性。记忆与某个个体，而非某种集团类的身份的联合，本身就是一个受到普遍社会环境影响的文化变量；在有些情况下（比如在森尼特的例子中），自我似乎为发展于主导的社会制度结构之外的记忆活动提供了一个焦点；而在另一些情况下，当这些结构为记忆活动提供了更清晰和更稳定的通路时，属于个人性质的记忆便会要么看起来没那么重要，要么则更紧密地与集体身份认同意识交织起来。

注 释

1 Schrager, "What is social in oral history?", p. 287.

2 Eakin, *How Our Lives Become Stories*, p. 75.

3 这个表述引自 Prager, *Presenting the Past*, pp.70–89。

4 M. Bloch, *The Historian's Craft* (Manchester, 1992), p. 33.

5 M. Hirsch, *Family Frames: Photography, Narrative and Postmemory* (Cambridge, Mass., 1997), p. 22. 关于"第二代"大屠杀记忆的更进一步的讨论，见 A. Hass, *In the Shadow of the Holocaust: the Second Generation* (Cambridge, 1990); A. Karpf, *The War After: Living With the Holocaust* (London, 1996); T. Fox, *Inherited Memories: Israeli Children of Holocaust Survivors* (London and New York, 1999)。

6 E. Zerubavel, *Social Mindscapes: an Invitation to Cognitive*

Psychology (Cambridge, Mass., 1997), pp. 91–92.

7 C. Hill, "The Norman Yoke", in C. Hill, *Puritanism and Revolution: Studies in the Interpretation of the English Revolution of the Seventeenth Century* (new edn., London, 1997), pp. 46–111.

8 关于非裔美国人记忆的讨论，见，例如G. Fabre and R. O'Meally (eds), *History and Memory in African-American Culture* (Oxford, 1994)。

9 见，例如Watson (ed.), *Memory, History and Opposition Under State Socialism*; S. Nuttall and C. Coetzee (eds), *Negotiating the Past: the Making of Memory in South Africa* (Cape Town, 1998)。

10 K. Gergen, "The social constructionist movement in modern psychology", 收于他的*Refiguring Self and Psychology* (Dartmouth, 1993), p. 136; J. Shotter, "Social accountability and the social construction of 'you' ", in J. Shotter and K. Gergen (eds), *Texts of Identity* (London, 1989), p. 137。参见J. Shotter, "The social construction of remembering
171 and forgetting", in D. Middleton and D. Edwards (eds), *Collective Remembering* (London, 1990), pp. 120–138。

11 Shotter, "Social accountability", p. 141.

12 S. Engel, *Context is Everything: the Nature of Memory* (New York, 1999, pp. 9, 19. 参见，例如J. Wertsch, *Voices of Collective Remembering* (Cambridge, 2002)。关于不同程度的建构派激进主义的讨论，见K. Gergen, "The place of the psyche in a constructed world", 收于他的*Social Construction in Context* (London, 2001), 关于近来研究回忆的更笼统的社会和文化方面的心理学方法的有效概览和批判分析，见S. M. Weldon, "Remembering as a social process", in D. Medin (ed.), *The Psychology of Learning and Motivation*, vol. 40 (San Diego, 2001), pp. 68–116。

13　P. Janet, *L'évolution de la mémoire et de la notion du temps* (Paris, 1928), pp. 181–390.

14　这里给出的描述受惠于这一研究（由这一领域中的两位杰出学者完成）中的有用总结：K. Nelson and R. Fivush, "Socialization of memory", in Tulving and Craik (eds), *The Oxford Handbook of Memory*, pp. 283–296。

15　见，例如R. Ely and A. McCabe, "Gender differences in memories for speech", in S. Leydesdorff, L. Passerini and P. Thompson (eds), *Gender and Memory* (Oxford, 1996), pp. 17–29，这部著作中的文章对于从多种不同角度探索回忆的性别方面具有重要价值。

16　Engel, *Context is Everything*, pp. 9, 18.

17　关于这些问题，尤其见A. Portelli, "Research as an experiment in equality", in Portelli, *The Death of Luigi Trastulli*, pp. 29–44, 以及Portelli, *The Battle of Valle Giulia*第一部分中的文章。

18　D. Edwards and D. Middleton (eds), "Joint remembering: constructing an experience through conversational discourse", *Discourse Processes* 9 (1986), pp. 423–459.

19　I. Bertaux-Wiame, "The life history approach to the study of internal migration: how women and men came to Paris between the wars", in P. Thompson (ed.), *Our Common History: the Transformation of Europe* (London, 1982), pp. 192–193. 这些访谈的互动场景设置，当然也包括了作为采访者的贝尔托-威亚姆自己：倘若丈夫和妻子在一起回忆时没有第三方在场，倘若这个采访者是男性而非女性，观点的冲突毋庸置疑还会在那儿，但可能会表现得有所不同。

20　R. Thomas, "Ancient Greek family tradition and democracy: from oral history to myth", in Samuel and Thompson (eds), *The Myths We Live*

172 *By*, pp. 203–216.

21 M. Funck and S. Malinowski, "Masters of memory: the strategic use of autobiographical memory by the German nobility", in Confino and Fritzshe (eds), *The Work of Memory*, pp. 86–103.

22. 见，例如P. Geary, *Phantoms of remembrance; Memory and Oblivion at the End of the First Millennium* (Princeton, 1994), pp. 115–133, 对中世纪修道院记忆的探讨。

23 G. A. Fine, "The Manson Family: the folklore traditions of a small group", *Journal of the Folklore Institute* 19:1 (1982), pp. 47–60.

24 G. A. Fine, "Community and boundary: personal experience stories of mushroom collectors", *Journal of Folklore Research* 24:3 (1987), pp. 231–232.

25 B. Anderson, *Imagined Nations: Reflections on the Origins and Spread of Nationalism* (revised edn. London, 1991).

26 Karpf, *The War After*, p. 17.

27 J. Byng-Hall (interviewed by P. Thompson), "The power of family myths", in Samuel and Thompson (eds), *The Myths We Live By*, pp. 216–224.

28 Polybius, *The Rise of the Roman Empire* (Harmondsworth, 1979), p. 347.

29 转引自A. Lillie, "Memory of place: *luogo* and lineage in the fifteenth-century Florentine countryside", in G. Ciapelli and P. Rubin (eds), *Art, Memory, and Family in Renaissance Florence* (Cambridge, 2000), pp. 209–210。

30 转引自Funck and Malinowski, "Masters of memory", p. 87。

31 见F. Yates, *The Art of Memory* (Chicago, 1966) 的经典研究。

32 转引自D. Bakhurst, “Social memory in Soviet thought”, in Middleton and Edwards (eds), *Collective Remembering*, p. 210。

33 见K. A. Hass, *Carried to the Wall: American Memory and the Vietnam Veterans Memorial* (Berkeley and Los Angeles, 1998)。

34 见，例如Le Goff, *History and Memory*, pp. 72–73。

35 转引自N. Wachtel, “Remember and never forget”, *History and Anthropology* 2 (1986), p. 312。

36 同上书，pp. 308–318 (引文，p. 310)。关于这些作品的更多讨论，见J. Kugelmass and J. Boyarin (eds), *From a Ruined Garden* (New York, 1983)。

37 转引自J. Damousi, *The Labour of Loss: Mourning, Memory and Wartime Bereavement in Australia* (Cambridge, 1999), p. 12。

38 T. Brown, *The Public Art of Civil War Commemoration: A Brief History With Documents* (Boston, Mass., 2004), p. 27.

39 H. James, *The American Scene* (London, 1907), p. 61.

40 Passerini, *Fascism in Popular Memory*, pp. 17–63.

41 Skultans, *The Testimony of Lives*，尤其ch. 10。

42 A. Fabian, *The Unvarnished Truth: Personal Narratives in Nineteenth-Century America* (Berkeley and Los Angeles, 2000).

43 R. Kluger, *Landscapes of Memory: a Holocaust Girlhood Remembered* (London, 2003), p. 23. 173

44 同上书，p. 24。

45 C. Roden, *The Book of Jewish Food; an Odyssey from Samarkand and Vilna to the Present Day* (Harmondsworth, 1997), pp. 3–4.

46 格兰特的日志（1845年6月8日）中的篇章，被引作Grant, *Memoirs of a Highland Lady*的前言。

47 Grant, *Memoirs of a Highland Lady*, pp. 24–25.

48 Bartlett, *Remembering*, p. 244.

49 同上书,pp. 299–300,以及 280–300 总体。

50 同上书,p. 255。

51 同上书,pp. 253–255。

52 同上书,p. 257。

53 同上书,pp. 264–266。

54 同上书,pp. 268–280。

55 M. Halbwachs, *Les cadres sociaux de la mémoire*（Paris, 1994）第一章（on dream）和第四章（on localization）。这里阿尔布瓦克斯的文字都是我自己翻译的，但是仍然要提到M. Halbwachs, *On Collective Memory*, L. Coser (ed.) (Chicago, 1992)（以下将写作Coser）的缩略版翻译为我提供了参考。

56 同上书,pp. 278–279 (Coser, p. 172–173)。

57 同上书,p. 98（没有复制进Coser的段落）。

58 同上书,p. 282 (Coser, p. 176)。

59 M. Halbwachs, *La mémoire collective* (Paris, 1997). 译文仍然是我自己的，但也要提到英语译文M. Halbwachs, *The Collective Memory*, 由M. Douglas撰写引言（New York, 1980)（以下将写作Douglas）作为我的参考，其中这篇文章在第23页。

60 特别见上注第50—61页(Douglas, pp. 22–30)。

61 同上书,pp. 95–96 (Douglas, p. 49)。

62 出处同上。

63 Halbwachs, *Les cadres sociaux*, p. viii (Coser, p. 40).

64 同上书,p. 146 (Coser, p. 54)。

65 同上书,p. 290 (Coser, p. 183)。

66 参见chs. 4–5 of Halbwachs, *La mémoire collective*。

67 R. Bastide, "Mémoire collective et sociologie du bricolage", *Année sociologique* (1970), pp. 65–108，尤其 pp. 84–97 (引文，pp. 84–85, 91–92)。

68 J. Coleman, *Ancient and Medieval Memories: Studies in the Reconstruction of the Past* (Cambridge, 1992), pp. 129–136.

69 C. Cubitt, "Monastic memory and identity in early Anglo-Saxon England", in W. Frazer and A. Tyrell (eds), *Social Identity in Early Modern Britain* (London, 2000), pp. 253–276.

70 R. Sennett, "Disturbing memories", in P. Fara and K. Patterson (eds), *Memory* (Cambridge, 1998), pp. 15–19, 23–25. 174

第四章

记忆与传递

在前一章中，我们在一个相对小范围的层面上探讨了记忆的社会和文化动态。其重点在于个体的记忆生活如何被它直接的社会环境塑造，以及这种塑造如何在相对小规模的社会群体内——家庭或修道院社群，而不是国家或普世教会——与记忆文化的发展和维持发生关联。在接下来的两章中，我们将扩展视角。与更大范围的社会过往相关的知识是如何在社会中形成的？这样的知识如何被分享和传播，又如何成为与特定的社群身份——例如国族身份——相关的知识？对一个大规模集团的过去的意识如何被公开表述、聚焦以及组织，它的发展与社会中的个体或更小的群体回忆和理解其自身存在的方式有何交集？这些问题或许可以与任何下述社会有关，这些社会的政治和文化组织形式并不受限于那类界限，它们允许其成员彼此之间时常处于直接的社会互动之中——但在我们考虑现代社会时，这些问题有着特殊的重要性。这些社会的成员被要求以主动而持续的方式，将他们自己视为更大的国族共同体的参与者，而这些更大的共同体对他们同时有着道德上和制度上的要求，而且含蓄地要求他们服从其他的集体利益。作为这样一个国族共同体的一员意味着什么，以及一个人在何种程度上为此感到快乐，至少部分地取决于这个国家的过去作为一个连续的实体如何被想象性地建构，因为正是在对国家过去的表现中，人们看到了它 175
的当下身份和未来前景的标志——它所传扬的传统、所代表的利益，以及展现在它眼前的命运。出于包括这一点在内的一些原因，作为一个"想象的共同体"的国族（在本尼迪克特·安德森的意义上）已成为近来大多数关注人类社会中"过去生产"的文献的主要重点——我在第五章的讨论也将主要集中在现代民族主义形式的过去意识上。不过，本章提出的问题将不仅与国家层面的讨论相关，也与其他形式的集体认同相关。这些问题与那个更广泛的文化过程——无论何种形式的过去意识，在人类社会中如何成为可能——而不是与任何特定的过往政治，有着更强的相关性。

我们或许可以粗略地说，事件和经历在这样的程度上可以在社会记忆中找到一个持久的位置：(1)人类社会已发展出这样的传播技术，能允许信息传递跨越很长的时段；(2)集体认同的概念已经成形，它们的维持需要有组织的集体过往经历叙述的支持——尤其是，在现代时期，需要作为一个国族的共同体经验的支持。相应地，对于社会记忆研究的学术贡献也倾向于集中于两个不同的焦点。有些聚焦于**传递**(transmission)的问题，探讨不同的传播媒介对于保留和阐述与过去相关的知识的影响。另一些则关注公共**表现**(representation)的问题——分析这样的文化生产（文本、影像、纪念活动等），通过它们，关于集体过去的特定理解在特定的历史时刻被表达出来；并且探讨这种表现活动的政治。我分出的这两个章节基本上就是反映了这样的划分。

不过，强调这一划分的人为性也是很重要的。任何这样的意见，即"对过去的生产"可分为两个界限分明的阶段——一个在政治上中立的传递阶段，由此，数据进入流通；随后是一个具有政治立场的表现阶段，由此，数据被安排进入在意识形态上能产生共振的关于集体过去的表述——只能是误导性的。权力和利益的竞争其实交织在社会记忆过程的每个阶段和层面中。对媒体的使用权——借由这些媒体，信息的
176 传递才能生效——以及使用这些媒体去影响人们看待过去的方式的动机，在社会中都不是平均分配的。农民家庭未受过教育，并且每天忙于生计，因此相比于贵族家庭，或者能调动书吏并关注确保财产或社会地位的永恒占有的修道院，他们向子孙后代传递信息的机会更少，想要这样做的理由也更不充分。倘若缺少教育以及财政或物质资源，档案便不可能得到整理。柯克·萨维奇准确地注意到，“公共纪念碑被竖立起来，并不是因为依据自然法我们应该纪念那些值得纪念的人：它们是由有着足够的权力去引导（或强迫）公众赞同竖立纪念碑的人竖立的”[1]。在任何既定的情境中，跨越代际传递的消息将不成比例地反映和推进社会中特定群体的利益。

对有关过去的信息的引导和架构也常常与制度的发展过程有着紧密的联系。J. G. A. 波考克曾指出，人类对过去的认识的发展植根于一个过程，即人们通过一些社会活动的组织方式逐渐意识到结构连续性的过程。根据波考克的看法，一个人参与了这样的活动，会发展出“一种特定的关于过去的形象，它的形式是一种投射，具有与他相关联的连续性；以及关于一种方式的概念，其中它在过去的连续性认可了或保证了它在当下和未来的连续性”。因此，比如，一位律师意识到一种关于法律判定的结构化的历史；一个强大家族的成员意识到血统是当下和未来地位的保障。[2]也就是说，波考克认为，一种源于社会的对过去的兴趣，至少在最初是围绕着一种需求而形成的，即维持特定的制度性结构的方案的可行性和合法性。制度的发展往往是以权力在社会活动的某些区域，或者可能是在整个社会中被组织和施行的方式进行的。官僚政治兴起，其功能之一是发展、传递和表述同时能够推进和合法化其自身活动的历史知识。这些制度和官僚结构的发展——无论它们是世

俗的还是教会的，政治的还是法律的——确实有助于产生出在更广泛 177
的社会中传递信息的方式的变化，以及对于不同来源的信息的信任度
的变化。例如，迈克尔·克兰奇曾展示从[口口相传的]“记忆到书写
记录”的转变，在中世纪的英格兰如何由皇家司法和行政系统变化的需
求所驱动。这一转变的影响之一就是放松了法律程序和普通人的群体
意识之间的联系。“被记住的过去是不客观的，”克兰奇写道，“但它对
于更多的人来说是有意义且有效的，因为他们参与了它的传递。”通过
将信任从普通人脑海中保留的过去，转移到由书写文献固定下来的过
去，皇家权力机构提升了自己的官僚运作的权力和威望，并开始将公认
的、公众对集体过去的认识从个体和地方共同体的记忆过程中分离出
来。[3]权力的运作不仅在社会中产生的对过去的表现中留下了痕迹，也
在支配着信息传递的社会关系中留下了痕迹。

即便是在纯粹的概念层面上，也几乎不可能保持“传递”和“表
现”概念的绝对分离。文本、影像或表演中的关于过去的表现，是传递
过程不可缺少的一部分，因为任何这样的表现同时也是对于当下对过
去的理解（必须放在与当下的政治和文化需求的关系中来理解）的表
达；也是传播链条中的一环，通过这一传播链条，可用于融入未来的表
现的信息被传递给更远端的接受者。但这一关系反过来就不一定对
了，因为尽管毫无疑问有一种认识，认为每一次对数据的传播都涉及一
种表现行为，但这种表现行为很大程度上由于发生在日常生活的过程
中，所朝向的目的并不特别要求表达这种对过去的理解。在这些情况
下被传递的信息并不是作为“关于过去”的信息而呈现的，而是作为关
乎当下的关切和事务的信息。对这种信息的保存和传递，大概率是由
它在将来会有用这样一种设想激发的，但并不要求是如下设想，即认为
它可以用来帮助人们形成关于过去的观念。只有在回顾过去时，并且
只有通过一种至关重要的视角的转移，人们才能将这一信息想成“属 178

于过去的”，并由此认为它有助于建构那些将一个既定共同体或社会构造的过去作为本质对象的表现。然而，伴随着对这一信息的传递，还完全可能会有对于已经被结构为“关于过去”的知识的信息（或者是，尽管在表面上仍然被结构为关于当下所发生的事情的信息，实际上却明显是以这样一种视角呈现的，即想要影响当下事件被纳入将来形成的过去陈述的方式）的传递。在大多数情况下，恰恰是以这种方式包装的信息提供了最初的应用模板，其中，更大的信息合集被组织进入关于集体过去的更广泛的理解，这些理解在任何既定时刻都是属于当下的。

在传递的大主题下，从**传播**（communication）中区分出**传统**（tradition）是很有帮助的，后者涉及通过重复操练（repetitive practice）对习惯进行传递，前者则涉及通过使用口头或书面的语言、视觉形象或其他传播符号（音乐、手势、摩斯密码等）系统来对思想或信息进行传递。就像这本书中做出的许多概念区分一样，这个区分也不是绝对的：任何传统都要求其中有一些思想信息的传播，而任何传播系统为了更加有效，也要求有一定程度的传统操练。尽管这两个术语不应被视作相互排斥的行为方式，对它们的区分却有助于将我们的注意力引到在个体之间以及代际之间，让传递生效的方式的变化上来。

传　统

在传统中，在代际之间或一个社会存在的早期和晚期之间所建立的联系，是由实践的连续性提供的——无论是有意还是无意，人们将此前处理事情的方法当作自身活动的有效模仿样本。让传统持续的，与其说是变化的完全缺失——社会从不是完全静止的，即便是最为传统的行为方式也会随着时间缓慢变化——不如说是知识与重复操练之

间的紧密关系。出现在传统中的知识，不是关于一个被视为在概念和 179
认知上独立于当下的过去的知识，而是关于已确立并传承下来的行事方法的知识——基于实际的经验，而不是基于智识表现的技艺的应用知识。

操练往往既是心理上的，也是身体上的。因此在字面意义上，传统知识往往是一种具身的（embodied）知识，即来源于身体对特定姿势或动作模式的习惯的知识。阿尔斯特一个村庄中的一名前砌砖工人在向一位来访的民族志学家描述其行业的工作实践时，诉诸（虽然他卧床不起）一种身体重演（physical re-enactment）：

> "而且曾有一种转动它的方式。像那样推挤它，看到了吗，然后就好好地将它翻过来。"
>
> 波义尔先生将短铲插入黏土块中，优雅、缓慢地转动手腕，将一股气流带到床铺之上。他的记忆沉积在特殊的姿势和词语中。在重复工作动作时，他的身体将记忆释放进头脑，而在他重复工业技术的术语时，联想在内里形成，完整的、有触感的记忆从一些细节点向外散播开来。[4]

在这里，身体的运动不仅说明了正在向民族志学家回忆和描述的是什么；同时，它们也正是回忆过程本身不可或缺的一部分。

无论是身体的还是心理的，习惯都处在传统的核心。保罗·康纳顿帮助我们概括了习惯和简单的性情倾向（disposition）之间的区别：

> 性情倾向这一术语暗示了潜在性与可能性，某个东西需要外在于我们自身的积极刺激来让它变得活跃。而习惯这一术语传达了一种正在运作的感觉，一种持续进行的活动的感觉。它传达出

了操练的真相——重复行为的加强性效果。[5]

当一种行事方法变成习惯时，完成必要的动作便不再依赖于对第一次完成这些动作的场景的记忆：知识和记忆变成程序性的而不是情景性的。然而在严格意义上，习惯是受限于个体的生活的。习惯从一代人
180 到另一代人的明显转接构成了传统，这种转接发生在社会环境和机制存在时，它们使得不断相继的世代以某种方式将成为其习惯的做法建立在前代人已习惯的实践模式上。传统总是涉及某种学习的元素：传统的技能和技术不会简单地以其充分发展的形式被继承下来，而必须由每个新的实践者重新获取。然而，在传统的学习中，对知识的交流传播与既存实践的环境之间保持着紧密的联系：一个人是通过观察其他木匠，并在他们的初步指导下进行练习，而不是通过阅读指导手册或参加理论课程，来学习成为木匠所必需的技能的。

传统通过常规，通过惯例，通过让个体行为符合社会规范来起作用。它所产生的过去意识与其说是对历史变迁的认知，不如说是对源于实际经验之连续性的时间深度的感受。但是传统不应被理解为盲目的坚持。一般来说，它至少涉及一定程度的社会崇敬(social reverence)——一种珍视，而不仅仅是重复祖先之法或共同体中已确立的惯例的倾向。考古学家理查德·布拉德利曾表示，即使在史前的社群中，人们也“不是因为他们想不出其他的办法才根据传统程式来制造器物或建造建筑的”；相反，他们这样做是有目的的，“这种方式能让他们坚守传统，并保持与他们所知的过去之间的联系”[6]。说传统的社会机制最小化了过去与现在之间的断裂，意思并不是说它们没有给任何一般认为属于回顾性的知识留下空间：起源迷思、谱系以及大量的祖先传说，被从一代人传到另一代人，对于合法化——由此维持——传统的安排和行为发挥着重要作用。然而，这些知识的传播本身，往往是

由仪式化的社会习俗促成的，这些习俗本身具有显著的传统特性：包括宗教仪式、祭祀舞蹈、史诗朗诵。在这些情况下，传统和传播是融合在一起的：一次仪式表演，既有助于表述和传递关于群体的集体过去中的象征性人物和时刻的重要知识，又有助于维持该群体的成员作为共同体一员的意识，而这一共同体，正是由传统的行为方式建构和凝聚起来的。 181

传播媒介

如果说传统是沿着社会习俗的连续环境中的连接线来传递知识的，那么传播媒介便使得心理数据从一个这样的环境传到另一个这样的环境成为可能。通过外化的过程，数据获得了比生产它们的实践和经验环境更经久的潜力；它们的散播，对于传播媒介本身实际上的有力程度的依赖，至少与对于社会习惯和社会关系的普遍连续性的依赖是一样的。在某种意义上，它们变成了可拆开的商品，可以用于与不同来源的材料相组合，全新封装成知识包，以适应不同的情况。

在这里，我们必须在此前的章节中已提到的三对二元关系（内部/外部、公共/私人、存储/纪念）之外，再加入一对文化记忆运作中的二元关系：通过对所记住的数据的外化，文化让那一数据同时可用于**分散**和**集中**。也就是说，一方面，它们可以让特定的数据流传，或单独传播给潜在的多个不同的接受者，并留存于不同的位置；另一方面，它们也可以让源于不同地点、不同时刻或不同的回忆头脑的数据集中于一个单一的位置。当然，这两种不同的运动之间往往有着紧密的、系统性的联系：例如，现代印刷文化将数据从不同的来源汇聚到书籍中，而后书籍又以批量生产的形式将数据散播到不同的位置，其中至少又有一部分随着书籍聚集到图书馆或收藏集里。甚至，如果我们把个体的头脑（与图书馆、档案馆、博物馆、收藏集、书籍、报刊一样）也视为汇聚不同来源的数据的地点，那么就可以说任何没有完全失败的数据（或封装了数据的物件）分散，都涉及将数据分配到不同的集中点的操作。

不过，思考分散和集中对于数据（或封装了数据的物件）的留存和传输的不同影响，对于开启这一思考——不同的传播媒介为关于过去
182 的知识与意识在人类社会中发展的过程可能做出的贡献——仍然不失为一种有用的方法。分散是通过增加社会地点来提高数据留存的概率的，如果这些地点消失殆尽，那么这些数据也会被清除（无论是受到强制还是由于自然损耗）。这种方法在实际上保护数据的效果如何，取决于一些其他的因素：毕竟，具有更成熟的分散能力的社会或许终究会发展出一种具有废弃能力的文化，即垃圾信件、被删除的电邮、一次性尿布以及纸质咖啡杯的文化。实际上，数据的留存至少同等地依赖于集中。而且，长期的数据留存往往依赖于分散与集中的某种结合，并且在某些情况下能确定在一段时间内仅依赖于集中——比如当某条信息仅保存在一个特定档案馆内的特定文件里时。通过将数据或材料聚集到一个既定的地点，在许多情况下，集中能更有效地保护它们，使其免于衰朽或被随意破坏（尽管像亚历山大图书馆所遭受的那种灾难提醒我们，在有些情况下，这种方式也可能会让许多材料暴露于单独的毁灭性打击之下）。然而，同样重要的是，集中使得那些被集中起来的数据（或物件）获得了长期的结构性的相互联系，这种相互联系有助于它们作为凝聚的复合体（档案、有序的收藏集、有组织的知识体系），而不是作为随机元素而留存——这或许是以解决特定的社会或制度需求为目的的。

当然，大多数人际交流都并非以长期效果的生产作为目的。日常的社会和经济交往的现实性，要求传播模式是可变的、即兴的：当我们并不总是试图让自己的言辞像格言警句那样难忘时，谈话的效果最佳。

大多数对谈交往(以及大多数匆匆写就的便条和邮件)很快就被遗忘了,没有人会认为这么多遗忘是什么社会悲剧。当然,有时对谈的材料确实会实现某种更广泛的传播:关于某一戏剧性的、危险的或涉及丑闻的事件的流言,能迅速沿着多条社会交往线索传扬开去,在短时间内动员或恐吓一大批人,例如在1789年的大恐慌中关于劫掠和贵族密谋的 183
流言曾席卷了部分法国乡村。[7]不过,对谈交往的机制在确保数据的代际积累方面极少是有效的:为此,一种更为确定的结构模式——无论是给传播提供方向的社会关系模式,还是数据自身的组织模式——就显得有必要了。

比如,在有些情况下,一个社会被社会性地组织起来的方式的各个方面,或许能提供特定的场合或结构环境,来定期推动或促进代际的思想、信息和态度交流。举例来说,马克·布洛赫指出了在农民社会中工作的标准模式给儿童的心理训练带来的保守变化:

> 工作情况使得母亲和父亲几乎终日不在,年幼的孩子主要由他们的祖父母抚养长大。因此,伴随着对每个新的心灵的塑造,也有一步后退,将最易改变的加入了最不可改变的心态,同时又越过了为这一变化提供经济支持的那一代人。这是那一传统主义在许多农民社会所承袭的源头,对此很少有质疑之声。[8]

布洛赫此处所强调的是对传统主义态度,而不是具体的信息的传递,但他所指的代际之间关系的结构或许也会形成和促进后一种形式的传递。类似的长辈成员对晚辈成员的言谈教导的机会,也能在许多其他的社会存在形式中找到。

不过,虽然有这样的机会,在很大程度上依赖于口头交流来实现信息的代际传递的社会和共同体,却易于经历一种相当持续的对所传递信息的流转(turnover)。那些研究这类社会的学者普遍在以下两者之间做出了重要区分:其一是相对细节性的知识,其中部分属于"在世的记忆"(通常被定义为在一个既定的时期生活的一代人自身接触到的记忆跨度的结合),其二是一般包含着更早期的人事的更为稀疏的意
184 识。"在世的记忆"的实际内容,明显取决于各种各样的人口和社会因素,包括寿命、父母生育年龄以及地域流动性。在这些因素设定的限制之内,关于过去的信息可以伴随着个人经验的权威一起传递;对它的接受可以因为与传出它的人相熟这样的情感介入而得到增强;信息的给予者和接受者都可以将信息与他们真正共同感兴趣的问题联系起来;而那些传出信息的人可以被质询、被鼓励,被那些信息的传播对象诘问更多的细节:由此,信息更可能被保留,也更可能在与当下的活动和关切相关的语境中被唤起,而不是遭遇与更早的时期相关的信息所遭遇到的情况。因此,在许多社会情境中(也不仅仅是在大多数人不识字的那些社会),为了最为实用的目的,"在世的记忆"的边缘处在任何细节性的对集体过去之意识的地平线上。埃马纽埃尔·勒华·拉杜里发现,1320年前后,蒙塔尤村(Montaillou)的居民——他们的言谈被记录在宗教法庭的问讯笔录中——对他们此前的封建主生前的事情毫不知情,[9]而弗朗索瓦丝·索纳本德则发现,没有任何迹象能说明1950至1975年之间勃艮第的米诺村(Minot)的居民,对从所谓古代高卢人建立村庄之时到他们自己祖父辈的时代之间的事件有任何了解。他们对这中间的时代的认识,显然可化约为对一段似乎无差别的传统连续体的认识:

> "古时候的人们依据传统行事……我们的祖父辈知道这样的习俗"……传统、习俗,这两个术语作为参照有着同等的价值,它们描述的言行方式可以简单地属于一个遥远的过去,就好像属于一

个在世的人的生命时段一样。这样，所有对过去的重新唤起都会给人一种过去曾实实在在地被见证过的印象。它深陷于同样的时间之流中，并且所指涉的是共同体的同一个时段。[10]

米诺村的居民把这一过去的无缝连续体，与他们自己生命中席卷乡村社会的急剧变化作了对比。甚至，他们对于哪怕是较近时期的集体历史也没有明确的认识，这一特点部分地可以归因于战后乡村社会的转变破坏了一些更常见的代际传播渠道：例如，正是在1950年前后，马 185
克·布洛赫指出的以祖父母为中心的子女抚养方式让位于以父母为中心的抚养方式，也是在这一时期，举行夜话（*veillées*，晚间聚会，即年长的居民在年轻人面前滔滔不绝谈论旧事的场合）的习俗在米诺村被废止。没有了这样的促进性结构，普通的语言交流作为在代际之间传递信息的方式的局限，便更加毫无掩饰地显现了出来。

不过，强调这些局限并不是要否定口头交流在代际间传达心理数据的有效性：主要通过口口相传而保存了多个世纪的迷思、传说、童话、民间故事以及其他材料的例子比比皆是。然而，要实现这一点，这一被传递的数据必须在结构上以可记忆性（memorability）为目的组织起来，其方式必须能够让它们免受日常谈话交流之兴衰起伏的影响。或许使得心理数据被长久记住的最为普遍的方法，便是通过叙事结构。正如芬特雷斯和威克姆所说，“故事是一种天然的记忆容器；一种通过逻辑和语义联系，将一系列形象按次序排列为一种本身容易留存于记忆的形态的方式”——实际上就是，“一个大型的备忘录（*aide-mémoire*）”[11]。以叙事形式对思想或信息的呈现，部分地通过故事本身中建立起的戏剧性的事件顺序和关系，部分地通过故事与在文化中为人熟知的体裁惯例之间的关系，来取得可记忆性。但是叙事化同样天然就是一个选择性的过程：不易被纳入所采取的叙事结构的数据，就会“在传递过程中被过滤出去”[12]。

将心理材料转化为故事，提升了它们得到代代相传的概率。然而，当仅仅依赖于口头传递时，对故事的保存和复述本身就成了一种复杂的记忆训练，要求故事传递中经过的每个人都积极参与。韵律、套话、谐音和头韵、诗节的安排、节奏和声调，都是讲故事的专家们（无论他们是吟游诗人、史诗创作者还是民谣歌手）用于创作和复述复杂而悠长的
186 口述叙事的记忆技巧中的重要元素。[13]修辞学者的记忆术训练其从业者在内心中标记他们想要记住的材料，而在口述史诗的技巧中，这种标记本身却被外化了：使得一段叙事被口头复述和传播的记忆工具，作为创作特色，成为这段叙事本身的组成部分。正如芬特雷斯和威克姆所说，“从最小的到最大的诗歌单位，从基本的听力结构到句法和意义结构，口语社会中的诗歌形式如此安排着，持续地为吟游诗人提供着前进之路的指路牌”[14]。通过掌握和利用固定的模式和特定创作体裁的操作限制，口述工作者，例如那些传递荷马史诗或中世纪的《罗兰之歌》的人，得以用相对稳定的形式令人印象深刻地复述和传播大量的叙事内容。帕里和洛德很久以前在关于南斯拉夫史诗的著作中表示，复述并不是基于死记硬背的一字不差的回忆；相反，每一次接连的口述表演都会涉及一种复杂的回忆和创作的结合，被忆起的细节通过一种结构性的即兴创作，找到了适合它们的叙事位置。[15]每一次对史诗的背诵，毫无疑问都在语言细节方面与此前的版本不同，但是对基本的创作特色的再现，会让故事历经多次背诵而仍然保留一定程度的形态和意义的持续性。

并非所有口头传递的故事都必须有如此精细的记忆组织技术。家族传说以及其他一些具有群体特色的民俗内容有时可以具有一种逸事风格的简洁性，使得它们可以只用相对较少的技巧就能得到保留和传递。然而在这里，口头传递随着时间的流逝，仍然具有一种会修改其传

播内容的倾向。代代相传的故事总是会被精炼和简化：在故事传递的
早期阶段被视为重要的细节——例如特定事件发生的精确地点和时
间——会被省略，而那些似乎有着更持久意义的元素则会变得更为突
出。特殊性让位于迷思性的共鸣，并且往往也让位于一种文类的可辨 187
识性。例如，尽管家族故事中仍然会有那些只属于特定家族的特殊细
节，但它们往往处理的是那些大多数家族所共同关注的问题——起源
与继承、冲突与社群、福与祸、耻辱与荣耀——这一倾向使得它们不出
意料地，有时看起来像是从同一个叙事主题库中汲取的资源。例如，研
究美国文化的民俗学者们注意到一些“家族不幸故事”类型（关于失去
遗产或机遇）或求爱叙事很常见，而一项针对巴西奴隶后代家庭的记忆
的研究，则提到了年轻的女性奴隶与年老的男性奴隶主之间的强制婚
姻故事，相似地出现在了不同的家庭传统之中。[16]

口头传递的重要性绝不仅限于文学技法不成熟的社会，也绝不仅限于一小部分人。即便在严重依赖于读写能力的社会，大部分的日常交流也是口头的，而口头表达对于评论、解释、辩论和改编由书面文本提供的信息也有着重要的作用。学者们变得越来越不愿在“口头”和“文学”的文化领域之间做出严格的区分，反而倾向于探索口头与书面表达之间的相互联系。[17]我们必须避免从口头文化到书面文化的转变这一过于粗略的模型，但毫无疑问，书面文本作为传播媒介的可用性，对于在人类社会中表达和传递与过去相关的知识的方式有着变革性的影响，而随着读写的技术和习惯越出了专业的精英群体，也随着社会发展出越来越复杂的用于文本生产和传播的网络和技术，这一变革的影响也越发深远。当前的讨论并不是一个适合的场所，供我们回顾诸如历史学和人类学等学科中探讨读写能力和印刷文化的社会文化影响的大量文献：只有少数几点是我将要强调的。

通过在文本形式中将消息或信息固定下来，书写给了这些心理数

据一个外在于产生它们的头脑的客观存在形式。这具有四种作用。其一，只是简单地让更加复杂、更具变化性的多样化的思想和信息的表达
188 和传递成为可能。在表达需要传递的思想的每时每刻，书写能力将人们从一种实用性的需求——让精力集中在以易于记住的形式塑造那些思想这一首要的实用性上——中解放出来。鉴于并不是所有事情都必须总是保留在记忆中，个体可以更容易地从一系列原始材料中组装出思想和信息，可以将它们排列成新的、实验性的组合，也可以用纯粹的口头文化中不可能有的、一定程度的抽象或结构的不确定性来表达它们。对世界或对共同体的过去的理解，并非一定要长久地封存在令人难忘的形式中，相反，它可以被广泛地表达，伴随着并不总是被记忆结构紧紧固定住的丰富的细节。由于保存更多的信息是有可能的，这种保存也就不像在口头表达的情况中，将需要记住的内容从明显与当下关心之事有着功能上的相关性的内容中分离出来那么必要。翁（Ong）谈道，口语社会“往往生活在当下，这一当下……通过抛弃不再具有当下相关性的记忆来保持自身的平衡”：因此，在一个很著名的案例中，尼日利亚的提夫部族（Tiv）内传递的家族谱系始终在为适应它们所支持的当下社会关系而不断调整。[18]在读写普及度更高的社会中，从直接的需求来看属于赘余的信息，或许有着更大的留存下来的概率。

其二，读写能力确立了新的参照可能。最明显地，它引入了区别于记忆的记录（record）概念。在口头表达的情况中，我们只有通过质询活着的人——他们要么记得过去发生的事件，要么记得从他人那里听说过这些事件——的记忆，才能了解过往的情节。在记忆中留存的信息是唯一的证据形式，而唯一的检测或质疑证据的方法就是对比一个人的记忆与其他人的记忆。由于不存在可以与当下的记忆作对比的外在记录这种概念，便不可能检查随着记忆的发展和从一代人到另一代人的传递而发生的对过去的修订。“在这种背景下，”迈克尔·克兰奇

写道，“历史事实是很难掌握的，而更难的是以原本的形式将其传递给下一代人。记忆，无论是个体的还是集体的，都常常会改变它所接收到的信息。”此外，克兰奇指出，一旦事件从记忆中消逝，在一个不通读写的社会中，就不可能重新寻回它们，并将它们重新并入社会的历史视野 189
中去。[19]最后，缺乏书面记录的社会，也没有发展线性的、按时间顺序累进的理解过去的明显方法：一旦事件超出了在世的记忆的边界，它们之间所建立的联系则很有可能不再基于一种准确的时间意识，而是基于从当下的立场出发所感受到的意义关系。对书写文本的引入，从多个方面改变了这种局面。通过给予在某个特定时期表达的关于某一事件的观点以稳定的定义和物质上的长久寿命，书写文本构成了能够“回看参照”的关于该事件的记录，因此使得包含在记忆中的对过去的表现能够根据明显稳定的外在标准而得到检验。同样地，已从记忆中消逝的事件通过重新发现的书面记录而得到恢复，至少在原则上也成为可能。简而言之，书面文本的持久性倾向于鼓励一种概念上的分离，即将历史知识从记忆的持续运作中分离出来。其影响之一就是以另一种过去来取代口头传统中不断更新的过去，这种新的过去（用翁的话说）“仿佛是一片被详细列记的领域，布满了能够验证的和有争议的‘事实’或零零碎碎的信息”[20]。文本的持久性，以及日益增长的便捷性——借此，新的印刷技术使得文本可以复制，并因此能够同时被不同的人查询——在心理数据的代际传递中引入了新的准确性概念：口头诗人有组织的即兴发挥让位于抄写员一丝不苟的临摹精神（没过多久又让位于印刷机的机械复制的准确性）。纯粹的记忆似乎变得模糊而不稳定了：关于证据、权威、真实、可信的观念，被重新聚焦于书面文本表面看来有形的稳定性和客观性。

其三，通过让信息的储存和集中不再受限于它们对个体头脑的记忆和组织能力的严重依赖，书写显著地提升了社会和个体可以利用到的存储潜能。将材料系统地归档以供未来之用成为可能。归档所体现190 的并不仅仅是在纯粹的口语文化中不存在的、基本的积累可能性，也是新的组织的可能性——材料可以编目，依照顺序和主题模式来排列，这些主题模式适应于多种惯例化的项目，而不仅仅是保留记忆的直接需求。存储的信息也可以在之后的阶段被聚合成最初没有预想到的组合：它们成了一种灵活的资源，借此，过去可以不断被重新研究和重新解释。

其四，通过允许数据以面对面交流之外的其他方式传播，书面消息的传递能够跨越遥远的距离和漫长的时间，而不必经过无数的中间人，其中每个人都可能修改所传递的消息。进而，由于文本是可以复制的，同一个数据就可以同时传播给不同的受众，并置于不同物理地点的集中存储中。当然，在这里，朝向读写能力的转变所带来的影响，通过印刷的发展和传播而得到了极大的增强。读写能力和印刷业一起，不仅促进了更为广泛的信息传播，而且带来了社会传递和接受经验的剧烈变革。特定社会情境中的直接人际传播曾主导着口头传递，如今让位于这样一种情势，在其中，信息脱离了语境，面向抽象的受众传播，受众中的个体成员或许与作者、与彼此之间都没有直接的联系。[21] 文本成为“文本共同体”[22]的关注点，这些文本共同体是由它们对特定文本材料的吸收和解释来定义的，它们的形成从长期来看，或许也有助于新的文化甚至政治认同的发展，而这些发展反过来则为特定的与过去相关的知识的形成提供了焦点。[23]

在过去的几个世纪中，更多新技术的浪潮——摄影、电报、电话、录音、电影、电视、计算机和互联网——进一步变革了信息流传的方式，及其代际传递的潜能。这些技术所带来的影响是多种多样的。有些技术主要用于提升存储的潜能，或让组织、处理和分析存储数据的方式变得更加快捷或灵活。另一些技术主要用于提升传播速度和增加传播方

向，让消息可以在越来越大的社会联系网络中进行流传和交换——在 191
有些情况下具有几乎同步的效果。正如读写能力的普及和印刷业的兴起，这些技术在变革传播形式方面同样有着将人们聚集到新的虚拟共同体中的作用，无论是作为消费者（观看者、聆听者）还是积极的参与者，这些共同体是由它们与特定的信息渠道和信息流之间的关系定义的。通过技术的持续发展，以及在使用技术的过程中发展起来的社会关系的不断发展，对于长期的社会记忆形成方式的潜在要素的生产也在不断地发展进化。

物质和环境方面

社会记忆进程的物质和环境方面同样值得关注。口头和书面的传播是在物理环境中发生的，而与那些环境以及其中的物件的互动，常常是关于过去的讯息被接收的方式中的一部分。书写文本本身一般确实也呈现为实物——书籍、信件、铭文等——它们的物质性与文本内容一样，在传递过程中都是十分重要的。例如，一部家庭圣经承载了作为文字题写在其中的宗教和神圣历史的讯息，但同时作为一个实体物件，它也充当了过往家庭成员或场合情境的提示物。

各种各样不同的物件能辅助记忆，因此也能直接或间接地促进数据和思想的代际传递过程。有些物件是专门设计用来完成这样的记忆或信息承载功能的；还有一些为其他目的而设计的物件通过更为不经意的方式获得了这样的功能，进入了这样的物件范畴，其中，“记忆通过语境联系，围绕着这些物件积累起来”[24]。有些物件起到提示记忆的作用，辅助个体回忆并再现特定种类的信息：毛利人（Maori）用有刻痕的长木板来辅助他们的宗谱背诵，[25]阿桑特（Asante）的法庭发言人则用
前代统治者的礼仪座椅，连同与之相关的物件，作为王朝历史的叙述焦 192

点。[26]然而，这样一些物件或许并非仅仅因为在背诵中提供的机械化的辅助而变得重要，而更是因为，它们建立了与被回忆的过去之间的象征性联系。

在另一些情况下，物件为这样一些个体回忆过程提供了辅助，这些回忆的结构方式不是那么正式，而是源于在特定的物件与个体过往经历中的特定时刻、人物或地点之间形成的心理联合。一件童年假期的纪念品，或许既会唤起关于地点和场景的记忆，也会唤起关于更为整体性的童年的记忆；一部照片集或许能帮助人们排列整理关于所回忆的生活中的人物或阶段的记忆。在这些情况下，记忆的效果至少部分地是提前预设的，但记忆也可以被一些并不具备正式的纪念功能的物件触发，比如衣物、用具、装饰品、珠宝首饰，当在特定情形中遇到这些物件时，它们完全可以激活特定的回忆。在“涉及物件的记忆”中，艾伦·拉德利谈道，有意的与偶然的联系，往往有着一定程度的混合。[27]

物件的记忆作用或许会受限于个体的生活和意识，但或许也会——比如在公共纪念碑的例子中——以更广泛的用途为目的，并且具有——比如在纪念碑，以及其他不那么正式的人造纪念物的例子中——跨代际的影响。肖像画、祖传遗物以及神圣遗迹是能在群体或共同体内进行代际传递的物件的典型例子，它们定期提供群体中过往的人物或时刻以及群体自身的持存的“提示”。物件跨越代际“携带记忆”的能力，自然依赖于对它们的评论和注解，因为物件值得记忆的意义并不是本身固有的，而是由社会建构的。在有些情况下，诸如纪念碑或传家宝这样的物件，以书写铭文的形式携带着它们自身的评注，这些铭文注明了物件所涉及的事情，或评点了它的生产和传递。因此，一块
193 墓碑上或许铭刻着逝者的名字以及对他值得尊敬的品性的评价，或许还包括促使他的遗孀、同僚或后代建立此碑的记忆情绪。在另一些情况下，一个物件在记忆上的重要性只有通过代代相传时发生的口头交

流才能建立。尽管它们作为记忆标志物的地位必须定期得到重申，它们却有助于维持过去意识——或者说，关于位于过去的某些特定参照点的意识——的鲜活，而不必有不断的大张旗鼓的宣告：作为人们日常物质环境中熟悉的元素，它们的存在本身就有助于防止与其有关的过去元素"从脑海中消失"。

物件本身就是环境的特征：它们的重要性不仅与物质性捆绑在一起，也与它们的空间安排，以及这种安排与生活在特定物理和社会环境中的结构化经历相联系的方式捆绑在一起。例如，一幅肖像的记忆功能，不仅仅取决于它让观者想起那个呈现在画中的过去之人的能力，也取决于它悬挂的方式——它与其他类似图像的关系（例如在一个表明了家族中父系继嗣顺序的序列中，或在纪念某个职位接连的在位者的肖像集中），以及当人们穿过或占据空间时邂逅这些图像的方式（它们在屋子中特定房间内的集中、它们有序的排列等）。

甚至，与文本讯息一样，实体物件也服从集中和分散的节奏——它们可以提升和改善物件的记忆潜能。将特定的物件收集和排列到一起——例如在博物馆中——这种行为本身就可以决定性地使得那些物件成为历史讯息的媒介。在关于19世纪德国收藏行为的研究中，苏珊·克兰引用了1829年上劳齐茨科学院（Oberlausitz Academy of Science）中关于这样一个收藏计划的一场演讲：

> 只要这些纪念物（Denkmäler）仍然仅仅作为古董保持着多元和分散，它们就会受到忽视甚至破坏的威胁。聚集成为收藏，它们就会受到更多的重视，变得有启发意义，因为它们将我们国家的古老时代和境况置于我们眼前，以供我们专注地观察；它们积极地向我们报告那些时代和境况，并为那些早期的文化境况、道德和习惯带来新的光亮。[28]

194 在这样一些情况下，或许具有重要记忆意义的不仅是被聚集到一起的物件，还有它们被聚集和排列的物理和建筑空间——博物馆、档案馆、图书馆、陈列雕塑的公共广场。

然而对物件的分散同样可以产生出新的记忆意义。当从巴士底狱拆下的石块，在革命派企业家帕洛伊的煽动下，作为礼物被送到每个法国省份时（更小的石块被制成片状，刻上《人权与公民权宣言》送往每个行政区），其目的是要给法国地方的每个角落送去一份物理提示，不仅让人们想起巴士底狱所代表的皇家专制政治，也让人们想起它的损毁所代表的具有象征性的解放时刻。[29]在柏林墙倒塌以后，在世界范围内对组成墙体的小块部件的分发，尽管更加随意且具有商业性，却也达到了堪称类似的记忆效果。[30]对与宗教朝圣地有关联的物件的分发，或对于大批量生产的纪念物，诸如勋章或纪念杯的分发，同样有助于特定的过去记忆获得广泛的流传，并在它们周围发展出社会网络。

通过集中和分散而对物件进行的移动，部分地——也只是部分地——创建了我们或许可以称之为记忆环境的东西。[31]记忆环境并不一定是——也并不经常是——一个纯粹、故意为了回忆的目的而建构的环境；相反，它指的是人们在某个特定的时间和地点所生活的一般环境，而我们是从它的记忆功能方面来想象它的。正如在物件的例子中，过去生活的环境的记忆功能，往往是有意的人为功能与不经过正式计划而产生的功能的混合体。记忆的意义或许能被集中在正式的象征性特征中——例如纪念性的建筑群——这些特征是为了某个特定的纪念目的而被人为地镌刻在自然风景上的。但它同样也可以被分散地、非正式地加诸风景之上。任何风景，无论是“自然的”还是“人造的”，只要其中的社会活动进行了一段时间，都会为那些生活于其中的人们发展出一些联想型的记忆隐含意义：对于特定地点的静观沉思，会让人

记起曾发生在那儿的事情或曾生活在那儿的人们。其中最为非正式的 195
联想，仅仅存在于个体的头脑中。然而有时，它们却会被分享、被外化，被保存在口头的故事讲述中或是那些授予特定地点的地名中（戴伊的草场、砖窑树林、哈珀的渡口），并因此而获得一定程度的跨越代际的持久性。

在环境或地形的特征中赋予或感知记忆的意义，是一件复杂而易变的事情——不仅关乎最初意图，而且至少同等地关乎使用。在“自然的”和人为建构的东西之间做出的区分，在这里并不一定是决定性的。例如，理查德·布拉德利不仅引起了我们对于史前社会能建造的人工纪念建筑的注意，也提醒我们重视自然风景特征（岩石、洞穴、泉水、河流等）如何通过社会活动被建构为记忆意义的中心所在。[32]此外，历史发生在平凡的地方，而通过在那些地方发生，有时可以将平凡的地形特征转化为充满记忆意义的圣地。1871年，巴黎公社最后的抵抗战士于拉雪兹公墓的一角被处决，这一事件使得一堵不起眼的墙变成了公社社员墙——法国左翼表达虔敬纪念的焦点之处。在其他情况下，考古地点或许会被赋予某种类似的“纪念碑式的”意义。[33]

然而，具有记忆意义的地点同样可以具有一系列非记忆性的用途：塞满纪念雕塑的教堂或公民纪念馆，可以充当商业活动的聚会场所和中心。甚至有时，记忆功能与非记忆功能的结合正是原初纪念意图的一部分，比如，当一个战争纪念地以公共花园的形式出现时，或当有着连栋房屋的街道被冠以军事胜利的名字时。对环境的记忆性雕饰常常与它的其他方面相互交织。

记忆的环境是人们居住的地方，也是伴随着人们进入习惯性关系的东西。人们穿越或围绕着它们，有时是仪式性的，有时有着平凡的目的，有时随意，有时猜测或质疑。有时记忆经验是行动的意义，有时则
仅仅是副作用；有时它被精心组织，有时只是随意安排；有时它在一个 196

刻意的公共场合中聚焦于集体活动，有时则具有独特的个人性。但生活在这样的环境中并与它们产生的刺激一起相处，这样的经验，连同口头与文本的传播和接受的经验一道，仍然是社会记忆持续的发展过程中十分重要的一部分。

注 释

1 K. Savage, "The politics of memory: black emancipation and the Civil War monument", in J. Gillis (ed.), *Commemorations: the Politics of National Identity* (Princeton, 1994), p. 135.

2 J. G. A. Pocock, "The origins of study of the past: a comparative approach", *Comparative Studies in Society and History* 4:2 (1962), pp.211–213.

3 M. Clanchy, "Remembering the past and the good old law", *History* 55 (1970), pp. 165–176 (引文, p. 176); M. Clanchy, *From Memory to Written Record, England 1066–1307* (Oxford, 1979)涉及得更广泛。

4 H. Glassie, *Passing the Time in Ballymenone: Culture and History of an Ulster Community* (Bloomington, 1982), p. 555.

5 P. Connerton, *How Societies Remember* (Cambridge, 1989), p. 94.

6 R. Bradley, *The Past in Prehistoric Societies* (London, 2002), p. 11.

7 G. Lefebvre, *The Great Fear of 1789: Rural Panic in Revolutionary France* (New York, 1973).

8 Bloch, *The Historian's Craft*, pp. 33–34.

9 E. Le Roy Ladurie, *Montaillou: Cathars and Catholics in a French Village, 1294–1324* (London, 1978), pp. 281–282.

10 F. Zonabend, *The Enduring Memory: Time and History in a French Village* (Manchester, 1984), pp. 2–4 (引文，p. 2)。

11 Fentress and Wickham, *Social Memory*, p. 50.

12 同上书，p. 74。

13 见，例如Fentress and Wickham, *Social Memory*, pp. 41–86; W. Ong, *Orality and Literacy: the Technologizing of the Word* (London, 1982), pp. 33–45; D. Rubin, *Memory in Oral Traditions: the Cognitive Psychology of Epic, Ballads, and Counting-Out Rhymes* (Oxford, 1995)，尤其pp. 194–226。

14 Fentress and Wickham, *Social Memory*, p. 43.

15 A. Lord, *The Singer of Tales* (new. edn, Cambridge, Mass., 2000). 进一步讨论见Ong, *Orality and Literacy*, pp. 57–67。

16 S. Brandes, "Family misfortune stories in American folklore", *Journal of the Folklore Institute* 12:1 (1975); S. Zeitlin, "'An alchemy of mind': the family courtship story", *Western Folklore* 39:1 (1980); M. de L. M. Janotti and Z. de P. Rosa, "Memory of slavery in black families of São Paulo, Brazil", in D. Bertaux and P. Thompson (eds), *Between Generations: Family Models, Myths and Memories* (Oxford, 1992), pp. 164–165. 197

17 见，例如B. Stock, *The Implications of Literacy: Written Language and Models of Interpretation in the Eleventh and Twelfth Centuries* (Princeton, 1983); A. Fox, *Oral and Literate Culture in England 1500–1700* (Oxford, 2000)。

18 Ong, *Orality and Literacy*, pp. 46–48.

19 Clanchy, "Remembering the past", pp. 165–168.

20 Ong, *Orality and Literacy*, p. 97.

21 同上书，pp. 100–101。

22 关于文本共同体的概念，见Stock, *The Implications of Literacy*, passim, esp. pp. 90–92; B. Stock, "Textual communities: Judaism, Christianity, and the definitional problem"，收于他的*Listening For the Text: On the Uses of the Past* (Baltimore, 1990), pp. 140–159。

23 见，例如Anderson, *Imagined Communities*, pp. 46–49; Wertsch, *Voices of Collective Remembering*, pp. 62–65。

24 E. Edwards, "Photographs as objects of memory", in M. Kwint, C. Breward, J. Aynsley (eds), *Material Memories: Design and Evocation* (Oxford, 1999), p. 222. 更多关于记忆的物质方面的讨论见这一著作，以及，例如E. van Houts, *Memory and Gender in Medieval Europe, 900–1200* (Basingstoke, 1999), ch. 5; N. Saunders (ed.), *Matters of Conflict: Material Culture, Memory and the First World War* (London, 2004)。

25 J. Mack, *The Museum of the Mind: Art and Memory in World Cultures* (London, 2003), pp. 41–42. 麦克的著作提供了大量关于记忆物件以及它们在不同文化中的使用的进一步案例。

26 J. Goody, "Memory in oral tradition", in Fara and Patterson (eds), *Memory*, pp. 77–78.

27 A. Radley, "Artefacts, memory and a sense of the past", in Middleton and Edwards (eds), *Collective Remembering*, p. 55.

28 转引自S. Crane, *Collecting and Historical Consciousness in Early Nineteenth-Century Germany* (Ithaca, NY, 2000), p. 81。更多关于记忆与博物馆的讨论见，例如S. Crane (ed.), *Museums and Memory* (Stanford, 2000)。

29 H.-J. Lüsebrink and R. Reichardt, *The Bastille: a History of a Symbol of Despotism* (Durham, NC, 1997), pp. 131–134.

30 见B. Ladd, *Ghosts of Berlin: Confronting German History in the*

Urban Landscape (Chicago, 1997), pp. 7–12。

31 关于"记忆风景"的一份重要研究，见 R. Koshar, *From Monuments to Traces: Artifacts of German Memory, 1870–1990* (Berkeley, 2000)。

32 R. Bradley, *An Archaeology of Natural Places* (London, 2000).

33 见，例如M. Dietler, "A tale of three sites: the monumentalization of Celtic oppida and the politics of collective memory and identity", *World Archaeology* 30:1 (1998), pp. 72–89。 198

第五章

社会记忆与集体过去

在社会内部传递的材料和讯息之中，关于集体过去的具体表达和更笼统的理解，不断地被编织出来。对人们的思想造成重大影响的事件、经历和著名人物，被融入叙事，或被组织成关于社会或国族过去的陈述。这样的陈述有些是转瞬即逝的，有些则是持久的；有些获得了广泛的流传，甚至是某种官方的地位，另一些则保持着质疑性的替代品位置，或为社会中某个特殊的部分所持有；有些被公开宣告，有些则仍然是私密的或地下的。通过不同版本之间实际的或潜在的相遇，过去的政治——由更大范围的社会中的社会记忆过程产生的政治——作为人类社会的文化生活中一个虽然总是很有争议，却十分关键的方面产生了。在进一步探索这一文化方面之前，我们必须先停下来，更全面地思考我们所说的拥有一种过去意识（a sense of the past）是什么意思，以及这样一种意识与具体的表现行为或唤起行为之间可能会有的关系。

在社会和历史话语中（即使不是在严格的哲学需要中），过去总是什么东西——一个群体、共同体、国家、民族、种族、社会、文明——的过去。正是通过与这样一个实体的关系，事件的重要性被决定，叙事的连贯性被确立，可能的过往教训或遗留问题得到认知。鉴于我们应该有一个值得为之担忧的过去，就必须总是有一种关于社会存在连续性的想象性假设，而这样一种连续性一般是从认同（identification）的立场上来设想的：这里所说的过去是**我们的**过去，给我们作为一个集体的持续 199
存在赋予意义和价值的过去，作为我们共同身份的构成元素而属于我们的过去。换句话说，对集体过去的表现取决于当下身份认知的向后投射：通过被视为今日之社会集体的培育场和测试场，过去获得了心理形态，而今日之社会集体本身也同样被解释为有机持续性的拥有者，这种持续性源于更早的历史的深刻连续性。能够将这种尊严授予与之相连的共同体的那种集体过去，很少仅仅是等"在那儿"以被发现和记住。它们的建构至少涉及在可以利用的材料中进行挑选，并且在实际上常常伴随着更大胆的挪用行为——例如，通过将更早期的王朝历史认同为"国族的"历史，或者，将远古的部落民族，例如哥特人、高卢人或萨尔玛提亚人，甚至特洛伊人认同为现代民族的祖先。组成一段集体过去——例如，一个国族的集体过去——意味着将特定的元素和材料（故事、经历、文本、物件、地点、人物、信仰、成就、制度）诠释为"属于"这一过去，而不是任何其他东西，或者至少在这一特定的过去中占有足够特殊的一席之地，可以构成某种特别的联系（例如，如前面所暗示的那样，当法国人在不否认其他民族也可能是基督徒的情况下，坚持认为他们自己的民族是"教会最年长的女儿"）。即便——这并不总是现代国族身份的情况——在过去的制度连续性提供了已经组织为国族历史材料的核心素材时，国族过往图景被组建的方式也仍然总是容易备受争议，并且容易随着时间流逝和政治社会环境的变化而演化发展：因此，曾经聚焦于君主制度的发展或某个贵族精英的所作所为的国族历史，或许会转而聚焦于将普通人作为国族认同和命运的推动者的故事，而曾经用于反映某个在种族上具有单一性的国族的英雄天赋的历史，或许会被修改，以适应对国族作为多种族共同体的新认识。一个既定国族共同体的社会政治和国际位置的发展能够产生出一些情况，其中多个不同的、或许用于表述不同代人的经验的历史概念，共同存在于
200 那一共同体之中。因此，例如，澳大利亚老年人的记忆或许仍然将他们与一个时代连接在一起，其中他们最典型的情感联系是朝向英国母国的历史和利益的；稍微年轻一些的那一代人则认同联邦共和国的概念，它将白种（尤其是说英语的）殖民民族的历史置于优先地位；而更年轻的一代人或许会望向作为一个充满活力的、朝前看的多种族实体的国族概念，他们与英国殖民过往之间的联系只剩下微弱的残余，或者已经成为无聊而过时的了。[1]政治变化的过程，常常向那些寻求为国族共同体制造源于历史的集体身份的人们呈现出一个问题，即怎样处理更早期概念的象征化残留碎片：一个民主共和政体该如何与曾经的君主统治传统共处；一个后殖民地社会该如何看待以纪念殖民国家的逝者为功能的公墓？[2]不论国族共同体为人所认知的本质是什么，也不论对它据说不变的性质的强调如何强烈，关于其过去的表现总是在与其他可能的概念的紧张关系中铸造的，并且极少是从前唤起过去的方式的简单复制。

根据定义，过去同样是一个相对的概念。只有与现在，当然还有未来联结在一起时，它才是有意义的。拥有一种过去意识，为现在的经历和期待赋予了意义，而同时它也从现在的经历和期待中获得了意义。过去与现在之间被认为存在的关系的本质，在不同的社会中会有所不同，并且会随着社会的发展而演化。埃里克·霍布斯鲍姆曾将对于过去的集体态度的演化与一个社会中社会创新经验的增长联系在一起。在主要是静态的社会中，他指出，过去提供了一种当下的生活在很大程度上复现的实践“模式”：在过去与现在之间不存在断裂，因此也不需要对它们进行正式的心理区分。在经历着更高级别的创新的社会中，过去的实践仍然是重要的参照点，但不再对当下的可能性施加如此

具有限制性的影响。在这一发展阶段中，过去至多提供一种可选择的适用性“模型”，它的用途或许在意识形态上很复杂：“回到”过去实践的思想（无论是回到古老的体制、早期的价值体系，还是回到生产的传 201
统模式）或许在其实用意义上要么是保守的，要么是激进的，却不可能真正完整地复活出早期的存在模式。当创新越来越成为已接受的、系统化的社会经验特征时，霍布斯鲍姆提出，对过去的态度会经历进一步的变化：现在，定义过去的目的与其说是“回到”过去（即便是选择性地或象征性地），不如说是拒绝它或超越它。过去成为衡量社会的必要进步的反面标志。[3]霍布斯鲍姆的模型必然是概要性的，但它十分有用地提醒了我们，社会中的人与群体对集体历史中的元素，以及对那一历史在心理上被组织起来的方式可能会有的不同且复杂的取向。断裂与连续一样，也会在一个集体的（例如，国族的）过去的组成方式上留下印记，并且在不同的地区或时段引发不同的回应。对于一些人来说，回到维多利亚时代的价值或许是国族复兴的方式；而对于另一些人来说，这些价值或许是那个必须留在身后的过去的象征标志。对于一些人来说，在19世纪的法国，法国大革命是建立现代独立国族地位的过程中起决定性作用的一刻；而对于另一些人来说，它是国族历史中的一次不幸断裂，是必须修复的。不仅是对于过去，也是对于过去与现在之间联系形态的不同认知之间的这类冲突，包含于社会记忆过程在现代社会的展开方式中。

当然，每一波相继的社会行动者与什么有关、是正面的还是负面的，这些与其说是过去经历的现实，不如说是过去被前代社会行动者们想象、唤起和表现的方式。近来的学术研究中强调的一个很重要的点，正在于领会人类社会中发生的关于过去的讨论所具有的连续性本质的需要：对过去的理解或表现不是在每个特定时刻，为了迎合该时刻无上的政治需求而从头开始形成的，而是往往很有可能受到之前的讨论和表现的历史的影响。杰弗里·奥利克很有力地表明了这一点：在追踪关于特定过去事件的表现的历史时，“我们不应该将这些历史视为一个个独立的时刻的连续，或是一个接一个的现在–过去关系；过去的形象
202 不仅取决于过去与现在的关系，也取决于此前这样的关系的积累，以及它们正在进行的建构和重构”[4]。过去是灵活多变的，但它在任何特定时刻的灵活性都受到它此前的使用历史的显著调整。

使用的历史既是思想史，也是社会史：为了理解此前对过去的理解和表现如何能够影响后来的理解和表现，我们不仅需要考虑那些理解和表现的叙事内容，也需要考虑调配它们的社会环境。在有些情况下，正如约翰·戴维斯曾指出的那样，生产关于过去的看法的社会境况，或许会建立在本质上是反应性的模式之上：例如，在一个村庄共同体中，相继的每一代人都可能通过推翻前一代人所依赖的过去观念来确立他们自己的支配地位。在另一些情况下，例如当社会认同更依赖于血统的概念而不是世代的概念时，社会压力或许就会转而变成在此前的和当下的理解之间保持连续性的印象。[5]这种结构性的不同或许不仅会影响诸如村庄或部落这样的共同体中的人们理解这些小范围地区共同体的集体过去的方式，也会影响他们将自身和他们的共同体，与更大的国族历史之不断协调的解释范畴联系起来的方式。

集体的过去是流动的、想象性的建构。有些文本、图像或行为，我们可能说它们表现了例如一个国族的过去，在它们当中，只有一小部分假装将那一过去映现为一个连贯而详尽的整体。对于大多数人以及大多数目的来说，对这样一个过去有所意识，是一个更为模糊且更为印象性的体验。它既是难以捉摸的，又是暗示性的：与其说是对过往情节的精确策划，不如说是保有一小部分相对中心性的象征参照——重要的事件或人物、故事线、地点、概念、视觉形象等——在此周围，与意义的更广泛的联系可以被灵活地组织起来。

说到表述这种过去意识的文化产品，那么说被唤起的过去往往比说被表现的过去要更为准确。被表现的东西往往是一个细节（一段经历、一次行为、一处地点、一个人、一件物品），但是这一细节的功能却是用于唤起回忆：在描述它时，文本或图像的创作者暗示了某个更大的但 203
不一定是精确定义的东西，这一细节被视为它的一个部分。（一幅中世纪城堡的图像能唤起关于中世纪或封建主义或某个具体国族的过去的更大概念；关于斯坦利与利文斯顿的相遇的描述能唤起白种人在非洲的英雄成就与牺牲。）在这些象征性的关注点之间被感知到的联系，并不一定总是被视为主要是"叙事性的"：比如，它们可以产生于对明确同意并发展了的历史故事线的任一共同指涉，也同样可以产生于历史地点之间的空间关系、纪念日历中事件的顺序排列，或表达某一特定主题信息的逸闻集合。我们也并不一定要认为——正如某种对叙事性的强调可能将我们引向这种认识——过去意识的关注点总是特定的历史事件。尽管事件——独立的重要行为时刻，诸如滑铁卢战役、《大宪章》的颁布或哥伦布登陆美洲——毋庸置疑是许多历史陈述中的突出特写，也是许多纪念行为的主要涉及点，但过去意识同样可以将突出地位与重要意义赋予更为长期的经历——或许是康威在他的个体回忆模型中提到的"一般性事件"和"终生时段"的大致对等物。[6]因此，关于第一次世界大战的历史认识或许会包含关于特定事件的具体认识——索姆河的第一天、休战日等——但同样会给予关于堑壕战，或者关于残肢和丧亲的更笼统的形象以平等的甚至更多的重视。中世纪过往的特定情节——例如，阿金库尔战役——或许在对一个国族的过去的叙事建构中占有突出的地位；然而许多人的过去意识或许会同样多地聚焦于关于中世纪的更宽泛的概念，是作为一个无知而残暴的时代（浓缩在农奴制和封建暴政，以及瘟疫和贫困的景象中），还是作为一个信仰的时代（体现在教堂建筑的荣光中）。

但是，只有在有听众对表现中所可能暗示的东西有所了解时，对过去的唤起才是有效的。换句话说，唤起行为有个先决条件，即至少存在
204 一定程度的关于某一特定过去被——或可能被——建构的方式的共同理解。这里的“理解”，我指的是一种组织想法的结构，它能够限定表现的可能性。关于过去的理解不仅是通过特定文本和图像，以及它们所包含的数据的传递，也是通过对特定的排列数据的方式的重复和再现，来从一代人传递到另一代人。特定的叙事情节化模式——将过去作为一个进步或倒退、解放或奴役、天意控制或顽强生存、堕落而救赎或革命性前进的故事来讲述的习惯——在这里显然是重要的，[7]然而其他种类的结构工具或许同样值得注意。例如，社会学家伊维塔·泽鲁巴维尔曾通过一个音乐比喻，引起我们对于两种不同的历史“乐句划分”类型之间的区别的注意，其中一种强调逐步发展的**连奏**旋律，另一种则强调定期断裂以及从一个历史阶段到另一个历史阶段的突然转变的**断奏**。他也探讨了——尤其是——想象的过去领域可能通过血统和家系的概念、周期或线性进步的概念、结构类比（不同的情节之间或不同的历史之间）的概念，或者通过他称之为“过去的社会标点”的东西［本质上，通过时期划分，以及它的两大孪生冲动，即“时期内部的一体化”（强调一段时期的整体性而不是其非连续性）和“时期之间的分化”（强调时期之间的分割而不是可能的连续性）］来给予结构的方式。[8]综合起来，这种技术有助于让过去成为一个可以在想象中巡览的领域，并且赋予它一个可参照的结构，让特定的具体事件可以与之联系起来。

近年来，在历史学以及其他学科（尤其是社会学和文学研究）中，有大量的文献探讨了社会或公共记忆领域，以求洞悉社会中所具有的过去意识是如何被建构和发展的，以及对过去的提及如何在文化和政治上被利用，尤其是在现代的国族共同体之中。这一工作利用了许多不同的方法论，并有着许多不同种类的关注焦点。有些学者曾寻求追

踪并分析社会记忆在诸如现代美国或以色列、19世纪德国或近代早期英格兰这样的社会中的一般特征，[9]另一些学者则追踪和分析了特定 205 事件或经历的后世遭遇，展示了17世纪早期的塞文内斯叛乱、阿拉莫战役、美国内战或者爱尔兰大饥荒如何被刻写到后来的记忆和公共话语中去，以及对这些事件的使用和理解又如何随着时间流逝而逐渐演变。[10]在另一些案例中，重点则落在仍然属于或靠近“在世的记忆”的事件——尤其是两次世界大战和大屠杀，[11]但也包括，例如1956年的匈牙利革命、越南战争、艾滋病的流行或者南非所经历的种族隔离制度[12]——它们所留下的时常是创伤性的记忆以及棘手的遗留问题。沿着这样的（大致说来）以事件为焦点的研究路径，另一些学者显著地扩大了“声誉研究”（Reputation Studies）的领域，追踪了各种各样人物的死后声誉以及对他们不断变化的象征性使用，包括乔治·华盛顿和罗伯特·埃米特、圣女贞德和恰卡·祖鲁、艾萨克·牛顿和罗伯特·E.李——更不用说还有诸如圣乔治或亚瑟王这样的传奇性的或疑点重重的历史人物。[13]综观这些不同领域的研究，不同的方法已发展起来。有些专注于对公共纪念物和纪念活动的研究；另一些则探讨了在历史编纂、博物馆以及其他“遗产”机构中，在学校课本和儿童读物中，在小说、电影和电视中，或者在其他形式的大众文化中对过去的使用和描述。有些关注叙事性，也有些关注纪念性、物质文化或地点意识。在本章里，我不打算全面地概括或综述这些蓬勃增长的学术研究，而仅仅想尝试利用其中的一些元素来集中探讨现代国族背景下社会记忆的动态与政治的特定方面。

事件及其后世遭遇

关于某一事件或历史经历的记忆是从这一事件或经历本身开始

的。即便是这样一个常识性陈述也需要一些限定。第一，当然，并非所有在公共或大众记忆中占有一席之地的事件都必须是真正发生过的。诸如亚瑟王这样的传奇英雄的事迹，或历史存在被认可的人物人生中
206 的可疑经历——比如关于阿尔弗雷德大帝和蛋糕或华盛顿和樱桃树的逸事——能在社会记忆的运作中获得有影响力的意义，并在后世人的眼中获得某种真实性的地位，而并不一定需要有一个曾经被人亲身记住的阶段。第二，即便我们很清楚某一事件不是编造的或民间谣传的，事件也并不总是不言自明的东西，它作为潜在的记忆对象的地位并不是从一开始就很明晰。在有些情况下，确实，这一地位的确立或多或少是在瞬间完成的：如果一群人向另一群人扔了一颗原子弹，那么马上人们就很清楚，有大事发生了；这一事件在未来的记忆将是人们需要考虑的，哪怕其更广泛的历史影响或许只能逐步渐次地显现出来。而在另一些情况下，“某件值得记忆的事情发生了”这一事实本身恰恰需要在一段延迟后才能显现：一个下落的苹果砸中了艾萨克·牛顿的脑袋，只有在它激发了牛顿的科学思考这一传说中的影响实现以后，它才能成为一个著名的事件。即便某一事件的直接环境能够表明，引人注目且具有潜在意义的某事正在发生，这一“某事”的性质仍然可能需要过一段时间才能被人们关注到。戴维·克雷西曾指出，1588年，英吉利海峡中的一系列海军冲突，成为一场规模更大的戏剧性事件的一部分，其结果是强大的西班牙无敌舰队的瓦解，将英格兰从侵略威胁中拯救出来。这一事件正是逐渐地变得明晰起来的：过渡时期内产生的悬念和焦虑使得对于那一年的记忆不会是仅仅关于简单的胜利的记忆，而更是关于幸运得救的记忆。[14]1863年7月3日，联邦步兵一团和三团的军队在葛底斯堡附近的墓园山脊对邦联军据点进行密集突击，当他们被击退时，作战双方的军队都显然知晓他们已卷入了一场猛烈的交火，并且这是一场更大的战役和战争的一部分。然而只有逐渐地，日复一日，甚

至周复一周，月复一月，年复一年，这次交火——被称为“皮克特冲锋”（Pickett's Charge），并变得值得纪念——才作为一场战役中决定性的一刻而成为记忆的焦点；这场战役被视为一场战争中的关键转折点，而这场战争又被视为现代美国历史中关键的情节构成。关于皮克特冲锋的 207
这一认知，对它在后来的美国记忆中的定位起着关键作用，在任何明显的意义上，这一认知都不是由行动的参与者从战场带回的直接记忆生发出来的。相反，参与者以及其他同时代的人们（尤其是记者）在行动中找到的意义，会随着战役的结果变得更明晰，随着对于什么在它所属的更大冲突中是紧要的以及对于那一冲突有什么长远后果的解释的变化，而进行调整。[15]

事件同样可能从预期模式中获得重要性，这些预期模式源于对之前经历的记忆。关于早期希伯来预言的知识，形成了对于拿撒勒的耶稣的生平（包括生前和身后）的认知；对于17世纪斯图亚特复辟以后英格兰所发生的事情的认识，有助于形成对于波旁王朝于1814年复辟时法兰西正在上演的事情的认知。[16]甚至，在更一般的意义上，对于大多数事件，来自预先存在的对于所发生之事的理解的意义中，至少有一部分是由关于早期事件的记忆形成的。随着事件的展开，这些理解本身会被修改，其方式会反过来影响早期事件被回忆的方式。

有时，或许因为它们很容易被吸收进广泛流传的现存预期模式，之后将会在社会记忆中占据一席之地的事件能相对不费力地“进入关注视野”，在公众意识中取得一个看起来无可争议的位置，而这一位置随着时间的前进只会逐渐地有所变化。然而，在其他情况下，关于架构特定事件的记忆的合适方式的争议，或许会持续更长的一段时间，甚至仅仅是随着后来的事件对关于早期经历之认知的修改而逐渐显现。在美国，关于1945年于广岛投放原子弹事件的合适回忆方式的争议，为此提供了一个很好的例子。这一争议在1994年的“艾诺拉·盖伊”（Enola

Gay）事件中达到顶峰，当时来自老兵联盟以及他们的政治和新闻业同盟的激烈反对，迫使在史密森学会的国家航空航天博物馆中，一项关于
208 曾装载那颗原子弹的飞机的展览计划被放弃。[17]1945年，对于大多数美国人来说，广岛原子弹的坠落在人生经历中是一个解救的终极时刻，其意义来自它与抗击日本侵略之间的联系，在此前对日作战的三年中，无数美国人丧失了性命。这一事件在心理和情感上，与日本无故偷袭珍珠港、与美国军人的英雄主义气概，以及与日军对平民和战俘施加的暴行是联系在一起的。在这一立场上，由爆炸所引发的伤亡本身被理解为，为了避免双方远远更多的死亡——当时的人们认为，如果向日本本土进攻就会导致这种结果——而必须付出的代价。然而，战后时代的经历却给另一种理解增添了越来越多的分量，这种理解认为，对广岛的轰炸并非一个令人解脱的结束，而是一个不祥的开始，是威胁到战后世界安全的核军备竞赛不断升级中的一个关键时刻。从这一角度来看，“艾诺拉·盖伊”任务的意义不在于它终结了什么或避免了什么，而在于它所引发的事情以及对未来造成的威胁：降临在广岛人身上的惨剧成为人类所受到的毁灭威胁的中心象征。在“艾诺拉·盖伊”争端的表层之下，是两种似乎不可相容的构想回忆中的1945年经历的方式。然而，为了理解引发这一争端的暴行，在四十年过后，我们需要理解我们对于1945年的认知是如何通过这四十年来的历史经历而被折射的。在这里，我想表达的不仅是，生活在1990年代的美国人对核武器的发展所带来的地缘政治影响有所意识，而这一意识使得他们中的部分人不愿接受他人所顽固坚持的对于1945年所发生之事的基本评价：这不仅是一个简单地关于评判的距离的观点。在这里，我的观点部分地关乎不同代的人之间的对抗——被1940年代的战争经历塑造的一代人，对他们所感到的行为，即主要是年轻一代历史“专家”贬低他们的贡献并边缘化他们的立场的愤恨——却不止于此。很大程度上，它与美国社

会中的裂隙有关，这些裂隙首先被冷战造成的内部分歧（一方是麦卡锡 209
主义，另一方是反核运动），接着又被越南战争的经历所打开。倘若没有由这些经历所产生的对抗情绪——越战以后，美国保守爱国主义的偏激风格的抬头就是最直白的证明——“艾诺拉·盖伊”争议的严峻性就很难被理解。

关于合适的叙事框架的争议，只是让对近期事件或经历的回忆变成社会问题的诸多缘由之一。人们对于个体和社会处理分裂性或创伤性集体经历的影响的方式，包括内战、战败、异国占领（以及与之相伴随的抵抗与合作经历）、种族屠杀暴行、国家主导的恐怖事件，给予了很多关注。这类经历在整个社会以及无数个体的生命中造成裂痕、冲突和不安。它们在记忆中的出现，一方面是由公共团体（政府、政党、教会等）在灾难性事件后所采取的策略形成的：这些团体正式实行的追忆仪式，允许的特赦，为和解或复仇而做的口头表面文章，一面给予谴责行为、一面也给予原谅或悔悟行为的鼓励，对它们想要社会回到的旧秩序，或对它们想要建立的新秩序所给予的描述；另一方面，这类经历在记忆中的出现同样受到个体处理生离死别、怀疑与耻辱、羞愧和愤恨的遗留后果的方式（他们保守和供认的秘密、他们反责或原谅的态度、他们对正义或此前所隐瞒的知识的渴望）的影响。有时，在这类经历的余波中，公共与私人的回忆和纪念冲动被带入一种相对和谐的互动，产生出作为政治声明和作为私人情感焦点都有效的记忆形式，使得不同的团体对于创伤性经历该如何被置入盛行的集体过去概念达成某种共识。然而有时，创伤性经历带来了更为持久的国族分裂问题，或公共和
私人回忆之间的分歧问题，这些遗留问题阻止了前面那种容易实现的 210
解决方式。这样的情况中可能产生的冲突，以及它们对于个体如何与其社会中可用的集体过去表现或理解形成关联所产生的影响，我们将在本章后面的部分进一步探讨。眼下，关注国家的创伤或分裂经历如

何能够给哪怕是某些人的官方政策带来不确定性，便已经足够了——这样一些人在事情发生后，使得引导公众如何承认和回应这些事件成了他们在政治上的事务。例如，谢乐尔·克伦曾展示1814年在法国复辟的波旁君主政权的公共政策，如何因无法掌控官方的遗忘政策——该政策寻求通过有效地假装1790年代的大革命从未发生过，来调解那些被大革命分化的人——与迫切强调有必要公开承认、回忆以及赎偿革命期间的罪行这两者之间的冲突而被削弱。[18]

变化的政治联盟可能与随后事件的流动和世代的变迁相结合，对集体经历的艰难阶段在公共话语中被唤起的方式，以及这样的唤起被置入的那些政治用途，产生周期性的改变。在一份有影响力的研究中，亨利·鲁索描述了战后法国社会中一种他称之为“维希综合征”（Vichy syndrome）的现象，这种神经机能症在他看来证实了法国战时被占领的经历的创伤性后果，尤其是在维希政权的支持者与抵抗派反对者之间的内战所带来的创伤性后果。鲁索认为，维希综合征在发展上绝不是线性的，而是要经历四个完全不同的阶段。第一个阶段，从战争结束到1954年前后，关于战时的对抗和敌意的记忆仍然无法抑制地处于靠近政治表面的位置：“频繁地呼吁去原谅、和解，甚至去遗忘过去，与处理被压抑之记忆材料的自发回归这一紧迫需求相冲突。”第二个阶段，从1954年前后到1971年，并且在很大程度上与戴高乐将军的政治统治联系在一起，关于内战与通敌的记忆由于对“抵抗主义”迷思的宣扬而
211 被“压抑”，这一迷思有效地将战时抵抗运动的成就与作为整体的国族相认同。第三个阶段，戴高乐的辞职和新的、与战时过去不再有密切亲身联系的政治世代的兴起，造成了1970年代初期一段短暂却引人注目的“回到被压抑的往事”时期——受到电影和历史书写的影响，对战时冲突突然的兴趣高涨，决定性地打碎了前一个时期迷思性的一面。这带来了第四个阶段，鲁索认为这是对此前受压抑的维希时代记忆的公

共“迷恋”阶段之一，比如体现在频繁地指责杰出政治人物的战时过往，以及通过对诸如克劳斯·巴尔比耶和保罗·图维耶等战犯的审判来重新开启伤痛话题上。[19]鲁索在一幅“综合征的体温曲线图”中总结了整个变化过程，展示了1950年代后期和1960年代的缓解阶段（被时不时的“高烧发作”打断），以及之前与之后的“急性危象”阶段。[20]通过比喻性地把他所描述的现象（以神经机能症、压抑、危象、高烧、缓解等语言）病理化，鲁索强有力地将维希记忆的印象传达为某种长期“未确定”的东西——既是指易于在表面平静的阶段后发生突然的强度激增，也是指仍然处于有待解决的状态。在根本上，他的最终兴趣更多地在于维希记忆作为一种半神经症固着（fixation）的对象与媒介这样一种地位，它还没有找到处于对痛苦记忆的约束式“压抑”与对它们的迷恋式再现之间的那种稳定空间（对维希过往的意义的一种更为冷静的理解或许可以就此实现）；而不是在于维希记忆在任何一个时刻的政治功能。鲁索的研究将传统的个人性的心理障碍语言，比喻性地延伸到对集体文化和政治行为态度的描述中，却未曾探讨这一延伸的影响，因而还有待批评。同时，这一研究的视野也受限于这些行为态度最明显的公开表现（政治演讲、纪念仪式、历史书写、电影等）；但是，这一研究给创伤性或破坏性事件作为对象被吸收进公共话语的时而痛苦又困难的形式，提供了一种具有启发性的路径。

某一事件或集体经历在发生时以及在仍处于“在世的记忆”时期内时，如何在公共或私人意识中留下印象，这一点会强烈地（尽管并不 212
一定是决定性地）影响到它后来可能被赋予的意义。在有些情况下，传递给后世的记忆，或许更多的是当代人在处理毁灭性或创伤性经历的影响时所面临的困难，而不是一份稳定的记忆。这种效果体现在，例如，吕赛特·瓦朗西对葡萄牙君主国于1578年在阿尔卡塞尔的惨败所带来的心理冲击的分析。这一战役推翻了葡萄牙的国王（唐·塞巴斯蒂安），除去了其军队，大大削弱了其贵族，并且有力地结束了葡萄牙作为一个强大帝国的历史（甚至为两年以后其独立主权的丧失铺就了道路）；许多葡萄牙人对于战败的最初反应，正如瓦朗西所展示，是否认和心理抵抗中的一种。尽管关于这些在非洲发生的事件的一份戏剧化的叙事在随后的几十年间被葡萄牙作家们拼合了出来，最初的怀疑反应仍然在长期的迷思编造中留下了它的印记，这些迷思质疑了关于这些事件的令人震惊的现实，最明显的就是散播一个看法，即唐·塞巴斯蒂安活了下来，并且可能在后来返回了祖国。在瓦朗西看来，后来的葡萄牙历史对1578年的讲述以两种观点之间的冲突和摇摆为特征，一种认为帝国辉煌的消逝可以被哀悼（并因此多多少少被留在过去），另一种则认为回归光荣过往的“塞巴斯蒂安主义”幻想仍然保持着鲜活。[21]

随着时间的流逝，尤其是当事件和人物从“在世的记忆”中消逝时，他们在社会记忆中留存的基础就逐渐改变了。加诸它们的意义变得越来越具有象征性，与其说是关乎它们在展开的事件序列中的具体位置，不如说是关乎它们在一个社会或一个国族的历史的图式叙事中所能被给予的位置，或是它们体现道德的或有关存在的启示——这些启示在日后将具有重要意义——的能力。这一点在关于名人的案例中反映得最为明显。（甚至，名人有时正是用来在记忆模式中固定事件的钉子：美国革命的意义是通过对华盛顿的记忆而唤起的，美国内战的意义是通过像罗伯特·李和林肯这样的人物而唤起的，福克兰群岛战争的意义是通过玛格丽特·撒切尔唤起的。）例如，巴里·施瓦茨曾表明，
213 亚伯拉罕·林肯作为一个重要的标志性人物在美国记忆中的持久位置不是在他刚去世时，而是在20世纪刚开始的几十年中建立的。在这个时期对林肯形象的塑造，反映了人们对美国象征的需求，这样的象征可以给进步时代公众的民主抱负一片历史锚地。在林肯这一人物形象

中，作为具有卓越的历史重要性的人物的威严（例如反映在林肯纪念堂中），与作为普通人的林肯形象（小木屋中的林肯）得到了很好的平衡。“通过抬高林肯的地位，”施瓦茨写道，“美国人确认了他们对于平凡性与伟大性的信奉。”他们在林肯身上找到了一个象征性的形象，“其相互矛盾的品质再现了美国社会的矛盾性”[22]。

曾经被建构为具有象征性意义的元素的事件与著名人物，当然也可能用于多种多样且变化的用途，既包括政治的，也包括文化的。智利海军军官阿图罗·普拉特，在1879年对抗秘鲁的英勇战斗中丧生，在反对公共腐败和私人不道德的运动中，他被塑造为公民美德的化身，在后来的几十年中，则有时被当作国族团结的保守概念的象征，有时被当作攻击保守落后意识的激进或改革分子的名誉领袖。[23]当然，有时，公众态度的变化会造成象征意义的戏剧性反转：一代人的帝国贵族象征，会成为另一代人帝国主义和种族主义侵略的象征。过去是可塑的，这种可塑性却并非不受限制：象征性意义的调整（英雄与被纪念的事件都有流行的时候和过气的时候）总是受到更早的建构的影响，并且受到可能的质疑对任何全新解释的限制作用的影响。[24]

关联与纪念

事件与人物并非作为孤立的象征意义容器在社会记忆中建立自身：它们的意义很大程度上来自与其他事件以及与更大的叙事结构相联系的方式。因此，施瓦茨表明，林肯的重要性部分地与华盛顿有关：将这两个美国民族的英雄并置和对比，使得人们可以做出只关注其中一人时无法做出的、关于民族的发展或民族性格的多种组成部分的陈 214
述，而关于这些问题的公共情感的平衡变化曲线，则可以通过探查公众对两位英雄的相对重视程度（反映在出版物、民意调查等形式中）来描绘。[25]有些事件会遭遇相似的对待方式，有时甚至在它们刚发生时就是如此。林肯自己的葛底斯堡演讲就直白地将当前的内战呈现为美国革命理想的试验场，[26]而关于福克兰群岛战争的撒切尔式修辞，则有意呼应了对于二战的丘吉尔式视角。在这样一些联系所提供的框架之中，相对重点的转移仍然可能发生：1688年的光荣革命，在辉格迷思中被呈现为1640年代人们所为之奋战的理想的成功实现，而当内战本身作为真正的英国革命的地位被提升以后，它便黯然失色了。

类似这样的联结发生在更大的叙事结构之中，也有助于我们关注更大的叙事结构。特定的事件或事件群在这样的结构中如何被架构和定位，对于建立附着于它们的象征意义来说至关重要。例如，雅艾尔·泽鲁巴维尔曾阐述，对犹太和以色列历史中的象征性事件的理解，如何能够随着它们被纳入的“纪念性叙事”之边界的调整而调整——要么是通过删减（让故事停止在胜利或英雄化的结局时刻），要么是通过扩充（允许短暂的挫折成为通往最终的胜利之路上的小插曲）。[27]在为特定事件赋予意义的同时，这些工具同样有助于给集体过去赋予某种戏剧性的结构，其中对更长期的主题（长期的奋斗、最终的成功、衰落与重建、堕落与救赎）的认知会被具有特殊的象征性强度的时刻打断。然而在这里，在一个社会的历史参照库存中，严格的叙事安排仍然不是唯一能决定其中不同的元素之间所形成的联系的东西。在博物馆中收集和排列物件，在民族先贤祠（无论是比喻性的还是一幢实际存放他们的遗体或肖像的建筑）中聚集英雄，在公共空间内陈列雕塑、出版过
215 往辉煌成就的汇编（《一百个伟人》《高尚行为之书》）或儿童故事系列（有望实现，就好像一本旅行手册中的《和克莱夫一起去印度》《和基琪纳一起去喀土穆》）、建立英国名人殿（其中莎士比亚、洛克、黑太子和德雷克爵士像辉格党的政要一样并肩而立），在纪念日历中安排圣人节或纪念日，这些都是不那么明显或不那么纯粹的叙事联系安排的例子。

多种多样的活动——文学、文化、仪式、艺术、丰碑——结合在一起，而后，将一个特定国族或共同体的过去结构为一个灵活的、多种质地的——但是不完全是无形的——联合构造。社会中不同的群体或个体会从不同的层面上参与到这一构造的不同部分中去，从中获得他们自己的更为具体的心理模式。例如，不同的年龄群体或许会在记忆中保留不同的系列事件，这可能是由每一代人具体的经历造成的（比如参与了战争或经历了经济困难时期），或是因为一种更普遍的人类倾向，即对于某些事件，在特定的人生阶段中（例如，青春期或成年早期）会比在其他阶段时要更敏感（或至少更能将这些事件长久地纳入他们的一般认知结构中去）。[28]不同的宗教或政治群体对自身关于集体过去的知识的综合同样会有所不同。但是一个社会的成员保留在意识中的、关于集体过去的图像和参照库存，其更广泛的规整性和更深刻的持续性或许有时也十分明显。在迈克尔·弗里希的研究中，他在美国的本科学生被要求列举在看到“从美国历史开始到内战结束期间”这一提示词时所想到的前十个名字，而后排除掉总统、将军和政治家，再重复这一练习。这些学生的答案显示出惊人的一致性。第一份名单以军事和政治人物为主导，很好地反映了高中课程的内容，但当拿去这些人物以后（诸如保罗·列维尔、约翰·史密斯、丹尼尔·布恩、哈丽特·塔布曼，尤其是贝特西·罗斯这样的人物被提到得最多），第二份名单仍然出现了惊人的一致形式。在弗里希看来，这表明了嵌入在一种继承而来的文化中的历史象征符号，所具有的更为根深蒂固的持久性。[29] 216

当然，在公共文化中表达的历史联系与强调，通常来说比那些在社会普通成员的头脑中运作的要更容易揭示。雅艾尔·泽鲁巴维尔曾创造“纪念密度”（commemorative density）这一很有用的术语，来描述集体过去的不同时期被公开纪念或积极回忆的不同强度。在对集体过去的任何叙事表现中，相比其他，特定的时期或时刻会受到更强烈的重视；对于隐含的“主导纪念叙事”同样是如此，在泽鲁巴维尔看来，“主导纪念叙事”结构了一个既定社会中的纪念实践。(她对纪念实践的定义相当宽泛，既包含了纪念碑、节日和纪念仪式，也包含了歌曲、故事和学校课本。)在泽鲁巴维尔的定义中，纪念密度似乎既是一个定性的概念，也是一个定量的概念：它既指的是在主导纪念叙事的隐含结构中，某一事件被认为具有的重要性或意义，也指的是与其他事件相比，以这一事件为中心的实际纪念活动的数量。(甚至，泽鲁巴维尔似乎认为这两者是相互协调配合的。)无论如何，主导纪念叙事给具有很高的纪念密度的事件赋予的意义并非一种纯粹的历史性的意义(这里指的是，归于该事件在因果相连的历史事件序列中被认为的位置的意义)：它是一种象征性的甚至是迷思性的意义，让这些事件能够“充当理解群体经验中的其他发展的范式”。在这里，泽鲁巴维尔尤其强调被赋予了集体过去的“转折点”这样的象征性地位——并因此被限制在所感知的某一经验阶段和另一个经验阶段之间——的事件如何承担起一种迷思性的功能，这种功能使得对它们的纪念成为关于过去的潜在相互冲突的理解之间的一个调解论坛。[30]

纪念密度被应用于普遍的社会(大致来说)纪念生产中，因而必然是某种抽象的——尽管有帮助的——概念。转换到对具体的纪念活动类型的更为局限的分析语境中，有助于进一步探讨这一概念。例如，伊
217 维塔·泽鲁巴维尔曾分析并比较了当今不同国家的“国家纪念图式”(national commemograms)，标绘出了公共节日所纪念的事件的时间划分，并展示了这些事件通常如何组合为不同的历史事件群：一般来说，它们要么与非常遥远的过去相关，要么则与相当邻近的过去相关。泽鲁巴维尔认为，国家的纪念日历体现了以下默认叙事，这些叙事“将国族的集体历史概述为一连串从世俗时光的广袤的、纪念性贫瘠的山谷中凸起的零星的神圣山峰”[31]。这或许是有些微误导性的表述方式，因

为(正如在泽鲁巴维尔的论述中所同样清晰表明的)这样的日历是历史的产物,在实际上或许综合、并置了源自不同纪念传统的元素。作为一个整体的日历的功能是唤起某种统一的、隐含的叙事,这一点并不总是清晰的:甚至,这样一份日历的排列容易让那些关注它的人在时间中来回移动,而非以一个有序的时间进程带着他们前行,从而成为一个反例。日历的作用或许有时更应该被理解为某种并置,使得源于不同叙事语境的象征意义混合在一起,不是在一个更大的叙事结构中,而是在一个更松散的联系框架中。在这里,过去与其说是被建构为一个故事——无论是否是默认叙事——不如说是被建构为一个用作参照的空间。但是如果说纪念日历的基本叙事性是可变的,它们将官方的记忆性强加给要么是非常遥远的过去事件,要么是相当邻近的过去事件——因此平衡根源感和近期方向感——的这种倾向,则仍然是重要的。[32]

通过探索随着时间流逝发生的演化,关于纪念密度的研究或许可以进一步增加一个维度。在一项关于美国国会大厦中陈列的历史图像的研究中,巴里·施瓦茨发展了这样一种路径。不仅通过标绘当下国会大厦中的图像所纪念的事件和人物在时间中的分布,也通过标绘不同的图像的制作时间,施瓦茨得以划分出国会大厦对国家历史的图像表现的不同发展阶段,试图将此理解为对国家政治发展的不同阶段中起作用的不同侧重和限制的反映。他的分析不仅对与国家历史的不同时期相关的图像的数量波动保持敏感,也敏锐地关注了陈列的图像类型的变化。这一分析表明,在美国内战以前,关于殖民时期或美国革命的图像在国会大厦中占绝对优势。施瓦茨指出,这与其说反映了人们对后来的事件缺乏兴趣,不如说反映了美国长期的政治分裂:关于国家起源和建国英雄的图像提供了关于国家统一概念唯一的共识基础。内战以后,中心便转移了:不再那么一心想着国家统一的脆弱性, 218

美国议员们变得更加注重宣扬“赞颂制度结构的重要性并认可社会多样性”的图景。对建国时期的重视并未停止，但关于这段时期的图像变得更有逸事性而非史诗性，而内战前期、更靠近内战时的事件，也和内战后期的事件一样变得数量更多，使得一幅更为连续的国家过往图景出现了。对于纪念特定政治或官僚机构的主持者的制度性强调也与日俱增。简而言之，尽管旧有的关于建国英雄的图像保持了它们的位置，但新加入进来的图像开始确立国家体系的稳定性与持续性。施瓦茨表示，这时出现的是一种造像模式，“它证实了一个事实，即美国最终成了一种非革命性的文化”[33]。

无论如何，公共纪念活动都不是唯一影响人类社会中集体过去意识的形成的文化媒介。（任何关于我们自己的社会中这个过程的分析，如果详述这样的活动却忽略学校课程和电视节目，都是根本错误的。）然而，社会记忆研究常常对关于这些活动的分析所给予的重视，并不完全是错置的：纪念场合和仪式确实做出了独特的（并且在许多社会情境中关键的）贡献，让过去成为人们的社会意识中一种积极的而非仅仅是被动的元素。它们的贡献体现在两个层面上：一是帮助建构了需要记住的过去，二是构成了回忆所需的连续性。

纪念场合——特殊的纪念仪式也好，类似百周年庆典这样既有仪式的组成部分，又有非仪式的组成部分的更大型的事件也好——是社
219 会性的场合。它召唤一个共同体的成员去参与——或至少去见证——关于任何被唤起的过去元素的表述。参与或许是自愿的，或许或多或少被作为一种共同体成员的条件坚持下来；无论是哪种情况，都很难在现实中真正避免。在这一意义上，纪念活动有助于引起一种社会关联感，并且有助于将这种感觉聚焦于对过去之事的回想。当一个纪念场合是稀有的或一次性的事件时（比如一位近期去世的要人的国葬，或庆祝特定事件的一百周年或二百周年纪念日——而不是年度纪念日——

的庆典)，其作用或许在于重新聚焦——即便只是暂时的——人们对于当代身份的历史基础的意识。然而，纪念活动的效果往往会通过重复而得到加深和延伸：参与对特定过去事件或经历的集体回想，成为社会生活的常规模式的一部分。杰弗里·奥利克强调，被记住的关于过往纪念活动的经验，而后会成为形成每个新的纪念场合的重要背景元素：纪念活动的参与者将会倾向于根据此前的场合中所传达的讯息、出现的讨论以及过往的纪念历史所产生的期待，来结构他们的活动。[34]

无论它们的社会效果是什么，纪念活动将注意力集中于特定的事件。在这样做的时候，它们不仅反映了那些事件所获得的象征地位，而且积极地提升了这一地位——即使有时只是暂时的提升。象征意义并非一束稳定燃烧的火焰：它是通过定期再生而保留下来的，而纪念仪式便有助于做到这一点。对纪念日历的遵守使得群体或社会可以逐一审视它们所涉及的象征性事件，以有规律的顺序重新给这些事件注入新的生命力；更为独立的纪念活动，以有时或许能修改过去意识之结构的方式，让能量突然导向象征系统中的某一特定角落。无论是哪种情况，被聚焦的事件都获得了一种特殊的关注：那些作为见证者或参与者卷入了纪念的人们，都必须去关注它的意义，去回顾记住它的理由，去提 220
醒他们对于共同体或他们自身来说被感知到的重要性——并且在此过程中，或许有机会修改那一意义。

但是，如果说纪念再度补充了它所专门设想的事件中的个体显著性，那么它是通过重新确认(或许还有调整和重制)它们与更大的意义系统——与共有过去的总体性，与共同体更广泛的道德生活——之间的联系做到的。对特定事件的纪念很少限制它们自身去重新造访事件本身的细节：它们是庆祝、回想或反思那些事件的潜在可能(它们开启的景象、推动的命运、实现的道德转变、留传的榜样)的场合。1892年，纽约纪念哥伦布“发现美洲”四百周年的庆典，所纪念的那个探险者不仅是一个成功的航海家，更是一个建立在宗教自由、进步、启蒙、教育和诚实劳动之上的美国文明的起源；除此之外，同样可以将他作为美洲天主教的英雄来纪念，以及作为第一个美洲移民来纪念，在这里他是一个多种族社会的象征，因为是他将不同种族的共同体带到这里来的。[35]

正是在这一意义上，纪念既关乎过去，也关乎现在和将来。它们为共同体提供场合，使其能够观察、讨论，或许还有调整它们在其自身历史中找到的意义，以及它们为其集体身份赋予的形态——并且为那些共同体中不同的阵营提供场合，使其能在过去以及在现在与将来对过去的使用中要求属于它们的份额。这在对于建基性事件的纪念中体现得尤为清晰。建立的初始时刻可能看起来本身就很伟大，但根据定义，它们的重要性主要是通过人们所相信的它们产生出的东西而得来的：它们只有通过唤起和定义自身所产生的共同体，才能真正得到庆祝。林恩·斯皮尔曼对美国和澳大利亚一百和两百周年庆典的一项严格的对比调查，表明了在这两个国家，这些纪念日都是这样的场合，它让人们可以广泛地探索国族认同感的本质——这一本质远远超出了任何对于建立初始时刻本身的叙事性唤起，不仅依据共同的历史来建构国族
221 身份，也依据一些考虑，包括国际认可、政治文化以及与土地的联系。斯皮尔曼的分析让我们既看到两个国家之中，以及两个国家之间，在19世纪晚期和20世纪晚期的表述之间的相似性，也让我们看到它们之间的区别：例如，一百年来，美国始终在强调其政治文化起决定性作用的重要性，却不再那么倾向于将国族认同与土地联系起来，而对于澳大利亚人来说，土地变得在象征意义上至关重要，政治文化却没那么重要。同样重要的还有对于实际起源时刻的强调有所不同（美国革命与1788年澳大利亚殖民地的建立），以及这一点对于更大的历史概念的不同影响。就美国来说，被纪念的事件是那些建立了美国的独立国家地位的事件，这些事件始终是重要的象征意义的焦点，并且始终是关于这个国

家作为一个政治共同体的发展的基本叙事中不可或缺的。就澳大利亚来说，最初的事件更加“声名狼藉”（最初建立的基本上是一个刑罚殖民地），这一事件更像是纪念的借口，而非其真正的目的。对澳大利亚历史的想象相对来说保持着模糊和折中，将国族身份意识更加集中于诸如土地这样的主题，而非某一特定的历史叙事。[36]

冲突与争论

通过将特定事件建构为某一集体认同视角的象征标志，以及通过将社会成员集体地征募进对那一视角的表述中，纪念活动可以成为一股凝聚政治和社会的力量。对纪念行为的这一方面的强调，往往表现出一种更为普遍的对于作为连贯而同质的集体身份之基础的社会记忆的强调。“一份共有的记忆，”乔纳森·万斯写道，“在我们的理解中，是一个社会的基石之一。构成任何一种社会秩序的个体分享着一个共同的历史视域，它将这个共同体定位于时间与空间之中，既给它一种关于其未来的意识，也给它一种关于其自身过往的理解。”[37]以相似的脉络，安东尼·史密斯断言：

> 在任何种类的人类认同中，都有一种必需元素，或许也是唯一 222
> 的必需元素，那就是记忆。[……]就集体文化身份而言，诸如**种族**和国族，后来的世代背负着共有的、关于他们所认为的“他们的”过去，关于同一个集体此前之世代的经历，以及由此关于一个独特的种族历史的记忆。甚至，他们的种族，首先就是由一份对于共同起源与血统——无论多么虚幻——的集体信仰而定义的，而后又是通过与特定的领域——他们视之为“祖国”——相关联的共有的历史记忆而定义的。在这一基础上产生了共有的文化，往往包

括共同的语言、习俗或宗教,这是共同的历史经历的产物,它们生产了共有的记忆。[38]

这段话暗示出,关于过去的某一特定视域,是由特定的被传承的记忆组成的,它成了一个既定社会的成员所共有的或共同的所有物,并且是他们的集体认同中的这样一个构成性元素。在此观点中,在这样一个社会中运作的社会记忆过程发挥着一个本质上综合的功能:过去的有些方面可以让互不相干的社会成员感受到彼此之间的联系,通过将这些方面置于显著位置,并且通过将这些方面塑造进一个连贯一致的、关于社会作为一个集体的过往发展的视域中,它们为社会合作提供了心理基础;在这样的合作中,社会的成员被期待着参与其中,同时,它们也为期待中成员们献身于更大型的社会事业提供了心理基础。扬·阿斯曼曾谈到群体和社会内产生的"认同凝结"(concretion of identity),它源于对特定记忆——他所谓"文化记忆"的客观表现形式——的压缩封装:

文化记忆的概念包含了每个社会、每个时代中特殊的可以重复使用的文本、图像和仪式,对它们的"培育"似乎稳定并传达了那一社会的自我形象。每个群体都将自己关于整体性与独特性的意识建立在这种关于大部分(但不是仅此而已的)过往的集体知识上。[39]

如果这样一种谈论社会记忆的方式变得普遍,那么毋庸置疑,这部分地是由于它确实抓住了当集体过去在社会中被回忆时所发生之事的一个重要方面。但是,如果过分强调这一点,它就会以一个关于社会记忆之功能的、以危险方式理想化了的图景来妨碍我们。任何关于这些过程在实际上如何运作的描述都必须注意到一点，即冲突与争论，以及一些群体对其他群体所使用的权力，是大多数集体经历的常见特征。这一点的重要性体现在两个方面。第一，这里的意思是，由过往的冲突 223
和争论产生的印象是社会记忆中所携带的内容的一部分，这一棘手的、分裂性的回忆所遗留的问题或许会扰乱任何为建立稳定而综合性的集体过去概念所作的努力，并将此复杂化。战争、革命、压迫与剥削的遭遇，并非毫不费力地被吸收入每个人都能认同并且能平等而一致地与之关联起来的过去视域之中。当欧内斯特·勒南指出"共同拥有丰富的记忆遗产"是国族身份的重要组成部分时，他留心观察到那些组成了这样一个国族的个体同样"已经忘却了许多事情"（比如，就法国来说，圣巴托洛缪大屠杀，或者13世纪发生在南部米迪的那些惨案）。[40]在某种程度上，这样的"忘却"往往是被积极掌控的：那些想要促进和形成一个社会的过去意识的人们生产出了这样的叙述，其中特定的经历被放在中心地位，而其他的，即便没有被排除在外，也边缘化了；分裂被解释为某种朝向统一的更大进程中的一个阶段。

第二，对过去的表现方式的这种形塑，很有可能会受到权力运作的影响，也很有可能会受到那些运作在当代社会中所产生的矛盾与冲突的影响。关于过去的特定看法，可以用于合法化当前的政治和社会秩序，或用于提供一种批判或抵抗这些秩序的立场。那些寻求巩固和延伸或者夺取或抵抗权力的人，由此对于形塑过去被表现的方式有着既定的兴趣；那些寻求影响一个社会或政治共同体在当下和未来所采取的方向的人，将会致力于塑造和宣传关于过去的某种理解，使他们的当下议程合法化。在一个既定时刻和社会中，看起来处于支配地位的关于过去的理解，不会是某种统一的集体过程的产物，在其中一个社会反思其自身的过往经历；而是一系列复杂的政治互动的产物，其中不同的诉求相互竞争主导权、影响力以及生存空间——有些诉求会比其

他诉求更成功地表达和坚持它们自身。因此，举例来说，近来关于纪念
224 行为的研究常常对这样一些行为表面上致力于宣扬的和谐与整合效果表示异议：纪念工程协调个体与群体回忆的结果，约翰·吉利斯评论道，“或许看起来是一致的，实际上却是激烈的竞争、角逐以及在有些情况下还有消灭，这样一些过程的产物”。[41]在20世纪早期的西班牙，卡罗琳·博伊德指出，“纪念的政治起到了破坏，而不是缔造社会和政治联结的作用”。而柯克·萨维奇认识到在对美国内战的纪念中，美国黑人与奴隶解放被边缘化了，这让他看到了“在和解与和谐的伪装下，一个系统化的文化压迫故事”[42]。纪念提供了一个理想化的社会景象，这个社会的过去以稳定的次序排列，并被稳定地与它的当下联系起来，而在这一理想化的景象之下，我们却总能发现更为复杂的排斥与强制戏码。

在这里，关于纪念的真相，也是更普遍的关于教化集体过去意识的方式的真相。在公共场域，对这样一个过去的有组织理解的投射，以及对它们的表达，往往是——至少潜在地是——一件充满冲突与争议的事情。现代民族主义尤其依赖于对国家作为一个共同体的表现，这个共同体的成员由共同利益、共同背景和共同命运的强大联系捆绑在一起。这一共同体的诉求，既在外在的、与其他国族的关系中，也在内在的、与该国族自身的成员或其中的群体的关系中被推进。两个方向上都可能产生冲突，而过去的政治正是可以发展冲突的明显领域之一。

因此，举例来说，当不同的国族共同体，或那些宣称代表它们发言的人，表示自己有权利去获得相同的符号产品，或者将那些仿佛对其他国族不敬的产品运用到它们的自我形象之中时，冲突或许就产生了。一个国族的决定性胜利——无敌舰队的摧毁与特拉法加战役的重创——或许是另一个国族更想要忘却的失败；两个国族或许会争夺对相同英雄祖先的“所有权”（希腊和马其顿争夺亚历山大大帝，法国和

德国争夺查理曼大帝)。一个国族共同体当下看待集体过去的方式或许暗示着对于另一方的耻辱和歉疚态度的需求——例如,需要对方为战争罪行或过往的帝国主义侵略道歉——而那些认同于后者的人们则或许不愿遵循。国族之间的竞争或许仅仅是关于对特定历史引证的利 225
用,但它们或许也涉及占有或持有的具体问题——对于一个国族被认为从另一个国族掠夺而来的象征物(诸如贝宁铜雕或埃尔金石雕),或对于两个国族共同体(或准国族共同体)之间有争议的领土(以色列的犹太人和巴勒斯坦人,法国和德国对于阿尔萨斯-洛林地区)的占有或持有。在这里,由对象征符号的挪用而引发的冲突(例如,在对同一片领土有所投入的不同共同体,对这片领土强加的不同地名系统这件事上表现得很明显)往往会因实体的错置而加重。一个国族共同体宣称为己有的文化物件,出现在另一个国族共同体的艺术收藏馆中,给这些物件增添了新层面的意义:它们不仅充当着本土文明所创造的过往辉煌的象征,也充当着帝国主义剥削的悲痛历史的象征,那些受剥削的历史为这些物件现在所在的位置做出了解释。对于曾有人被从中驱逐的争议领土上地点的回想,在许多情况下有着同样的双重作用,不仅提醒人们以那些地点为原初环境的共同体的更悠久的过去,也让人们不忘流离失所的经历,这些经历或许是当下建构集体认同的中心。[43]

在另一些情况下,随着关于集体过去的观念得到表达而产生出的,并且往往间接地反映在所产生的表现中的冲突,是内在于这个被这样的观念声称定义其轮廓界限的国族共同体的。在这里,可能有多种多样的情况,想要描述它们的学者们也已利用了一系列多种多样的概念框架。一种很普遍的概念化类型站在政治和社会精英的中心立场上,往往通过国家机构并在其他强有力的文化机构(诸如主导的宗教或精英控制的报刊媒体机构)的支持下运作,寻求协调过去在任何给定社会中被回忆的方式。这样的精英被视为宣扬一种“官方的”或“主导的”解读过去的方式，其功能基本上是保持他们自己的国族共同体概念，并合法化他们在共同体中的主导地位。社会中的群体和个体要么默许这种官方或主导的解读，允许它塑造他们关于自身经历的观念，并默默地压制那一经历中所有不能纳入这一视域的方面；要么以某种方
226 式抵抗它，或被动地被它疏离。对“主导的”解读的抵抗或许仍然是零散而碎片化的，或者——或许在一些反霸权的社会机构，诸如革命政党或持不同政见者的宗教或智识运动的帮助下——会发展为某种本身就有组织且有社会根源的思想，这样的思想具有质疑和动摇，甚至有可能最终推翻此前的主导解读的潜力。在这一基本模型中，不同的学者用不同的术语发展出了略有不同的重点。例如，在1980年代早期，大众记忆小组（Popular Memory Group）敦促口述史家们通过鼓励社会的普通成员重新回忆自身经历——主要集中于其中与主导的记忆版本相左的元素——去帮助推动“大众记忆”形式的兴起，让这种记忆形式有足够强大的力量去挑战为国家和统治精英服务的“历史机构”所宣扬的“主导记忆”的霸权。[44]其他学者则认为“反记忆”（counter-memory）这一术语比“大众记忆”更好。乔治·利普希茨认为，“反记忆是一种起始于局部的、直接和私人的回忆和遗忘方式”，“它在过去中寻找隐藏的、被主导叙事排除在外的历史”。最重要的是，他指出，这种回忆通过开启此前不曾发现的视角，具有了推动现存历史的修改的能力。[45]无独有偶，雅艾尔·泽鲁巴维尔指出了关于犹太人与以色列过去的“主导纪念叙事”与“反记忆”之间的对立，前者服务于以色列的统治精英的利益，而后者“通过提供表现了社会中被边缘化的个体或群体之观点的不同纪念叙事，挑战了这一霸权”。在这里，“反记忆”依然被用作一个相对灵活的术语，一方面涵盖了一种情形，即“主导纪念叙事”的特定细节通过某些故事的流传而被否定或颠覆，这些故事的情节有不同的解释；另一方面也涵盖了最终可能出现的“另一种关于过去的观点，站在具有

霸权地位的观点的对立面”，这种观点甚至可能最终具有取代前者的能力而成为一种主导叙事。通过后一种反记忆的发展，泽鲁巴维尔指出，对过去的纪念变成了“一个被竞相争夺的领域，其中涉及政治冲突的群 227
体宣扬关于过去的相互竞争的观点，以求获取对政治中心的控制，或使一种分离主义的目标合法化”[46]。因此，我们可以看到一系列光谱状的不同情形：从具有压迫性主导地位的官方过去版本仅仅遇到极少的、碎片化的异见，到对主导版本的驳斥已成为一种有效的、组织化的政治反对工具。

另外一些模型，在设计时考虑的是不同的情形，强调主导或官方的思维倾向与那些反映了更为地方或局部的利益的思维倾向所宣扬的针对过去的立场之间的相互作用观念，而非公开冲突的观念。例如，在一项关于20世纪美国的公民纪念活动的广泛调查研究中，约翰·博德纳提出了“公共记忆”这一概念，作为“官方”和“地方”文化之间互动与协商的一个领域。对于博德纳来说，官方文化大体上是统一的，使用的是一种笼统的爱国语言去宣扬一种理想化的国族概念，这一概念使精英阶级的议程合法化。地方文化是多种多样的，它们源于社会中不同群体——例如种族、宗教或地方社群——具体的草根经验。公共记忆终究反映了社会中权力的不平等分布，但它同样是这样一个领域，它能让不同的群体和共同体寻求建立他们的利益，寻求他们过往和接下来参与更广泛的国族社会的各项要求的合法性。[47]在这种情形下产生的冲突，并非源于相互冲突的整体国族历史观念，而是源于将建立在不同社会经验模式中的认同概念与更大的国族概念进行象征性融合的困难。

然而，国族共同体内部的记忆冲突并不总是能轻易地被“精英对大众”“主导记忆对反记忆”或“官方对民间”这样的社会记忆模型所提出的概念框架囊括。诸如内战、革命或屠杀暴行这样的国族分化情

节，能对记忆与回想的公共框架产生各式各样不同的影响。在有些情
228 况下，这样的事件能造成一方对另一方貌似决定性的胜利，使得胜利者能够将他们自己对于事件的解读作为官方的以及主导的版本强制推行，并将被征服者的记忆贬抑到私人的或流亡的地位，剥夺它们的合法性以及公众认可。（例如，这就是1918年内战后芬兰的情形。）[48]在另一些情况下，表面上的和平主义精神或许会生产出专门以调和前面那种对立为目的的公共记忆形式，但这种形式实际上只能通过压制与最初冲突有关的那些人的利益，并将他们的记忆边缘化的方式，才能实现这一目的。因此，正如戴维·布莱特指出的，让北方军与南部邦联的老兵在美国内战后的数十年中接纳彼此的纪念文化形式，必然或多或少会出现对这一战争作为反抗奴隶制的斗争所具有之性质的系统化遗忘。通过忽视冲突的起因，却关注它作为一出悲伤但令人崇高的戏剧（其中的参与者被紧密地捆绑在“一种由牺牲带来的令人亲近的相互关系”中）的浪漫化概念，即作为一场斗争，“在其中奉献让每个人都成了正确的，而没有人是真正错误的”，战后的记忆模式就成为一系列心理反应中的一部分，这些反应通过否定关于奴隶制和解放运动的经历和记忆在国族历史中的关键位置，在实际上延续了种族不平等。[49]然而，在另一些案例中，冲突所带来的遗留问题却不那么容易从统治与压迫的方面来概括；相反，公共场域见证着一直未曾解决的、对国族性和国族命运的概念化方式的竞争，其中每一种概念化方式都保留着强势的社会和制度力量的支持，每一种都通过诉诸在本质上有争议的不同过去传统来表达诉求。例如，在法兰西第三共和国早期，世俗的共和主义者和保皇党人或民族主义的天主教徒在意识形态的分隔中彼此相对，这一分隔最为明显地是由他们对于法国大革命及其遗产的相互冲突的态度来确定的，但也在对于法国历史中的其他时刻的解释争议中得到表述——例如，对于象征人物圣女贞德的纪念所有权的争夺，这一人物

被左派塑造为大众爱国主义的英雄以及背信弃义的教会和君主政治的
受害者，而被右派塑造为受到神圣感召的基督教君主制的拥护者。[50]在
20世纪早期的西班牙，正如卡罗琳·博伊德所展示的那样，推动人们纪
念第二次科瓦东加战役（718年）胜利1 200周年的力量，也以相似的方 229
式让传统派天主教徒与现代自由主义者（与地方主义者一道）之间关于
西班牙的历史认同的概念竞争变得清晰起来。教会和右派是这一次的
公共胜利者，但另一些关于科瓦东加的意义的观念仍在参与着竞争，并
且，尽管它们最终被右派在1930年代内战中的胜利驱逐至地下，但在西
班牙佛朗哥政权结束以后，它们仍然重新出现在了公共领域。[51]在法国
和西班牙这两个案例中，特定的看待过去的方式或许在特定政权下享
有政治主导地位，但是不同的理解也不仅在大众观念中，而且在社会和
制度权力的结构内都是根深蒂固的。

塑造人们对于国族是什么，以及它的利益在何处这些问题的理解的能力，在现代社会中是一个重要的权力杠杆，而确保对于国族过去的特定解读方式的可信度，并让其他的解读方式丧失信誉的能力，则是如何行使这一权力的一个重要方面。将一个既定社会中当下对过去的表现和理解视为对某种具有集体共识的自我知识的毫无问题的表达，这些做法或许是幼稚且错误的，但是在许多情况下，将它们仅仅视为精英统治的文化工具，也太过简单。相比起将矛盾与共识视为定义两个截然对立的社会记忆理论的条款，或许最好的方式是集中关注这两者中的元素如何交织在建构和处理过去的方式之中。[52]就国族的情形来说，阿龙·孔菲诺希望将放在社会记忆冲突上的注意力，转移到探究使得一个国族不顾这些冲突，像一个记忆共同体一样凝聚在一起的“各种多样性的共同分母”上来，这是很正确的。[53]同样有帮助的还有，我们需要知道，公众对有些事件的记忆的“沉默”并不总是，也并不一定是压迫与排斥的暗示标志，相反，这种“沉默”有可能是疗愈社会创伤的一

种必要（甚至在某种程度上是获得共识的）条件。[54]有大量的术语指称的是不可化解的敌对与轻松的和谐之间的中间状态——紧张、摩擦、较劲、竞争、暧昧、协商、妥协、交易、和解、赦免——这些术语在描述特定
230 情形中社会记忆的动态过程方面或许是有用的。然而，集体过去总是一个被建构的过去（并且始终处于重构之中）；这一建构是一个过程的一部分，通过这一过程，社会并非平稳地继承，而是主动地探讨和协商集体认同的形式；这种探讨和协商也往往至少潜在地是有问题的、不调和的——涉及诉求与反诉求、权力与抵抗，而并不仅仅是相互认可和集体欢庆。记住上述情形对于我们来说仍然是重要的。

个体的和集体的过去

如果不能包含一份关于集体过去意识对于个体来说意味着什么的论述，那么，关于所有这一切的任何论述都将是单薄的。因为最终，任何在公共场域内宣扬的集体过去概念的效能，都不仅取决于在其背后聚集起来的文化资源和政治力量，也取决于个体从中获取与他们自己的生活形成共鸣的意义的能力和意愿：如孔菲诺所说，这样一个概念“必须掌控情感，激励人们去行动，并被接收到；简而言之，它必须成为一种行动的社会文化模式”[55]。因此，一种过去意识被表述时所产生的紧张、冲突和协商，就不仅是不同的、作为某一集体特性的过去概念之间的紧张、冲突和协商，而同时也是这样的概念与个体对于他们自身作为历史进程中的社会人所展开的生活之记忆和理解之间的。在这里，一方面，我们需要考虑，对于个体生活经历的回忆与叙述可以为集体过去被理解与表现的方式作哪些贡献；另一方面，我们也需要考虑，个体为了寻求理解和表述他们自己的生活经历，而对公共场域中提供的概括和解释范畴进行的关联、利用或者拒斥。

并不是每一次与集体过去有意义的牵涉，都需要大规模地投入对这一过去的各个方面完整、全面的叙事中去；也并不是每一次这样的牵涉都要求同等程度的个人投入。各个社会对它们的普通成员在以下方面的表现有不同的期待：积极接纳某种特定的过去视域、将此变为他 231
们的心理装置的一部分，以及公开参与到对此的确认中去。即便是在对某一特定视域的服从被积极坚持时——例如，当某一特定叙事通过教育系统被作为唯一的叙事而猛力宣扬时——实际服从的方式也会因人而异，沿着一个从闷闷不乐的公开默认（或许伴随着私下里的拒斥或默默的抵抗）到热情采纳的光谱而变化。在处理苏联和后苏联时期的俄罗斯对官方历史叙事的“消费”（或接受）问题时，詹姆斯·沃茨奇有效地区分了两种层面的对于文本资源（这些叙事是借此被表述的）的接受：“掌握”（mastery）和“挪用”（appropriation）。“掌握”某种特定叙事，就是发展出那种对它的熟悉度，使得你可以确实可靠地回想起它的本质特征，并在言谈和讨论中用到它。掌握包含着一种对意义的认知理解，而不是一种情感投入，这些意义在一套已被学习的话语中被指派给过去。相比之下，挪用“指的是将一些东西带给自己或变成自己所有”：被挪用的文本或叙事变成了一种可以利用的“认同资源——一种固定或建构一个人对自己的认识的方式”[56]。掌握使得个体可以按照要求说认同特定过去概念的空话套话，并且让他/她能够参与基于对这一概念的公开接受的讨论和协商。但是，对一种叙事的掌握绝不会阻止人们同时掌握其他的——或许与之相冲突的——历史概念：因此，对一份官方叙事的掌握，有时可以作为一个幌子，掩盖对那一叙事的含义的谨慎保密的或私下的抵抗。相反，被挪用的叙事，却成了帮助人们进行自我理解的框架，易于排除掉其他的影响。不过，在实际上，这种排外的挪用往往是很难保持下去的，这部分地是由于个体必须生活在社会环境的范围之内，在其中某些环境下，一些其他的过去概念在当下或许是强势的；还有一部分原因是关于过去的“官方立场”并不总是稳定的，因此有时有可能会因为与其更早的立场相抵触而让人产生疑虑。因此，实际上，挪用、掌握与抵抗之间的界限往往是不确定的：随着个体
232 从一个环境换到另一个环境，他们可以在这三者之间来回摇摆。[57]

拒斥、掌握和挪用是个体或许能够有意识地进入的与集体过去叙事之间的不同关系，这些关于集体过去的叙事是在高度发展的形式中明白表述的——比如在学校里被教授，在正式的历史叙述中被尊奉，在公共纪念程式中被概括表现。然而，对于许多人来说，以及在许多社会中，与过去的接触并非明显地是与一份被完整表述的叙事有意相接触。诸如拉斐尔·塞缪尔和戴维·洛温塔尔这样的学者，已强调某些社会和文化操作有着庞大的范围（从系谱学到业余考古学，从造访乡村房舍到阅读历史小说，从招魂术到收集古董或仿古家具），经由这些社会和文化操作，现代西方社会成员宣称能唤起、研究、寻找或无意中遇到这样或那样的过去，并给他们平凡的意识和日常的兴致带来了一种历史质感，这种质感或许无法被轻易翻译为学术历史理解或官方纪念话语中的任何一个范畴。[58]一份过去意识中可以有许多潜在的关注点，个体可以选择——或仅仅是因为靠近而受影响——他们个人认为有意义的东西。（一位历史复原者或许会热情地投入重现古罗马或美国内战时期的生活方式和经验质感中去，而对于将这些与之前或之后的时期联系起来这样的事情，却不会有丝毫兴趣。[59]）更大范围的共同体的过去或许可以通过对于某一局部事物的兴趣而获得切入点，比如一个家族、一个地区、一个省份、一段具体的历史时期、一系列特定的历史遗存。例如，学者们探索了故乡（*Heimat*）的观念在19世纪和20世纪早期的德国如何被用作“周遭的当地生活和抽象的国族之间的一个中间概念”，他们阐明了一种爱国主义形式，它将国族意识植根于人们对地点和地方社群的依附。[60]类似地，罗伊·罗森茨威格和戴维·西伦所作的一项针

对大众对当代美国历史的态度的有效调查表明，普通人在更大范围的集体过去中寻找意义的意愿，不是来源于学校里的历史教育，而是作为他们对于更亲近的家庭、地方或种族社群之过往的兴趣自然增长的结果。西伦认为，他与罗森茨威格的调查的受访者并非“机械地存储和 233
读取关于过去的完全成形的表现”，而是“将过去作为他们自己生活的产品和副产品来建构和使用”的。这并不是说这些受访者所表述的过去意识仅仅具有特殊性，相反，理解他们自身的现在和未来的需求是所有更大范围的历史反思的起始点，而他们从历史中获得的讯息正是对于理解个体生活有着最明显价值的——例如，有益的讯息（无论是政治的、社会的还是个人的）只能通过努力和奋斗才能获得。[61]遵循孔菲诺的建议，如果我们寻求“在暗示的而非明说的、模糊的而非清晰的地方”发现关于过去的记忆，[62]那么在普通人的反应和态度中，而非仅仅在正式的历史书写和官方纪念领域，这样的个体与普遍之间的交易就是我们必须研究的东西之一。

不过，我们不应该以提出一个过于正式的概念区分来开始，也就是普通人所记住的生活经历，与掌控着更大的集体历史叙事之形成的思想范畴之间的区分。仅聚焦于公共表达（政治讲话、纪念仪式、历史书写、电影等）的社会记忆研究路径，其缺点之一恰恰是它易于忽略个人的回忆过程能为事件和经历在公共意识中的确立做出的贡献。诸如战争、革命或经济萧条这样的历史情节会同时影响到许多人。关于这些事件的直接个人经历或许有着天壤之别，正如那些事件据认为与之前或之后的经历之间的关系，以及个体回忆之间的不同将会造成的明显结果。但是，许多人在这些事件及其后遗问题中的经历很有可能具有共同的元素，在这一意义上，这些事件可能给许多不同的个体的回忆模式带来共同的转变。这可能在有些情况下（例如，在政治压迫的情况下）仍是被淹没的、未曾被表达的，在另一些情况下却可能同时通过个

体后续的社会互动（创造出共同回忆的场合）以及公共的讨论来得到强
234 化和发展。因此，在形成集体认同和情感潮流的过程中，这可能成为一种重要的元素，并且可能，比如，有助于个体形成归属于某一特定世代的意识，这种意识是由那一代人的经历以某种特定方式形成的。诸如路易莎·帕塞里尼和亚历桑德罗·波特利等口述史家，已开始探究与特定集体经历相关的这种效果。[63]另外一些口述史家则寻求从不同的角度来对不同的叙事可能合并为更大的意识结构的方式进行概念化，这些意识结构可能仍是非正式的，也可能公开表述过。“在建构一份关于战争的迷思时，”塞缪尔·海因斯曾写道，“纪念起到的作用很小，而个人叙事的作用却很大”：通过对多种个体叙事的并置，一种可以影响此后的回忆架构方式的迷思结构发展起来（“一个融合的故事，不曾在任何个体叙事中被讲述，却从许多故事的综合中获得其要旨”）。[64]康拉德·雅劳施发现了在二战后德国的社会记忆形成中起作用的某种类似的过程。他指出，对个体人生经历的回忆经过了“一个将它们以一种形象模式固定下来的集体回忆阶段”：通过以特定的方式叙述，个体的幸存、受难或战后恢复故事被融合在一起，成为更宽泛的“记忆形象”，作为特定集体经历的表达而被广泛地接受。这样的定形（figurations）接下来被卷入更大范围的公开选择和排列过程中（其中媒体和政客发挥了关键的作用），这一过程的目的通常是“创造一种记忆文化，使其能决定一个国家如何处理它自己的过去”——在雅劳施看来，这一目的在德国的情形下是无法完整实现的，因为被唤起的许多记忆具有分裂和破坏性。[65]

有时，在个人回忆的表述和关于近期历史经验的公共概念形成之间，可能会产生被更明确、更谨慎地管理的联系。罗伯特·莫勒曾展示战后西德政权对于搜集这样一些德国人——他们或者被苏联俘虏，或者因苏联的进军而被驱逐出东德——的信息的管理和政治需求，如何

让他们参与到搜集和出版大量自传和目击证词的工作中去。莫勒指 235
出，关于失去亲友、流离失所以及关于苏联的残暴行径的个人回忆得到了高度的重视，这是为了将人们的关注点从纳粹统治与德国军事侵略的更早经历，转移到德国人作为受难者和被害人的形象，以此方式来结构关于那场战争的公共记忆——由此暗自免除掉探究与纳粹时期相关的责任与共犯问题的必要性。这一关于战时经历的想象性建构从未被完全淹没，即便在1960和1970年代支配德国政治的、朝向对于纳粹过往的更为激愤的认识的转向中也从未如此；它作为关于德国历史的公共讨论中的一个重要元素，重现于1980和1990年代。一种更具干涉主义色彩的针对个体的“记忆工作”(memory work)，在1920年代的俄罗斯被布尔什维克政权执行。像十月革命及共产党历史委员会(Istpart)这样的组织的目标，正如弗雷德里克·科尼所描述的，在于征集和调和个体回忆的模式，这些模式的累积效果将是确立1917年十月革命作为大众经验中决定性的创立时刻，即布尔什维克获得权力的时刻的地位。简而言之，这一目的与其说是搜集关于某一重要性被视为理所当然的事件的单独形成的记忆，不如说是激发出一种大众记忆的传统，这一传统将确立这一事件的决定性意义，并因此确证布尔什维克所偏好的对近期历史的解读：这一工程“并非关于‘恢复’历史记忆，而是恰恰要将其设定在引出记忆的过程之中”。科尼不仅引起了人们对于引导记忆生产的模板和指示，以及用来确保可靠性的证实程序的重视，更让人们注意到了这一工程的社会维度，它依赖于类似“回忆之夜”这样的活动——在这样的场合，一群党员可以互动性、集体性地将自己写入正在被建构的革命叙事之中。通过Istpart和其他组织所倡导的、被结构以及被调节的回忆活动，1917年的10月不仅作为一部宏大叙事中的决定性时刻，也作为众多群体和个人故事中——每个故事都为确立和合法化那个更大的故事做出了贡献，同时也从这一联系中获得了自身的尊严

236 和合法地位——关键的聚焦时刻而被嵌入记忆。Istpart的工作极具操纵性，但它也明白地反映了布尔什维克确信，普通人的回忆作为社会记忆的构成元素具有重要性。[66]

通过积累和社会互动，聚焦于普通人的个体经历的回忆过程能够有力地影响在一个社会中有效运作的集体过去概念。然而，个体为一致地理解他们自身所记住的经历（以及朋友、家人或地方社群的相关经历）所作的努力，以及那些支配着他们的社会的、更大的并且总是在不断变化的关于集体经验的叙事所提供的辅助理解工具，这两者之间的关系往往潜在地是有问题的。有些记忆在主导或盛行的叙事中被给予了明显的关注，因此很容易就能找到表达途径；另一些记忆则很少得到支持，甚至被默默地质疑真实性，或被否定，因此变得更难维持。阿拉斯泰尔·汤姆森说：

> 我们用于表述和回忆经历的可用的公共语言和形式，并不一定会完全抹去不被公共意识接受的经历。这些不被认可的经历是不连贯的、非结构性的甚至是不被回忆的，但它们可能会停留在记忆中，并在另一个时间和地点或在未意识到的出口中得到表达。

然而眼下，不易被纳入可用的公共叙事的记忆元素对于个体来说可能不仅是凌乱的，而且是“危险而痛苦的”，因为它们阻碍了个体去组建关于他/她自身经历的一份叙述，这份叙述既要符合被记住的经历，同时又得是被社会所接受的。[67]除非他们可以在其他——不那么官方的甚至是地下的——被集体确证的叙事中（比如，在那些反文化、异见分子群体或私密的友人群体中）找到那种被主导叙事所抑制的同情性的认可，否则，这类记忆很容易要么枯萎凋零，要么被过度压抑在一个私人的反叛情绪领域之内，以至于成为社会异化的触发物。

这样的影响毋庸置疑在“极权主义”的情境中最为明显。在这里，一种拘泥于单一的——但具有高度选择性的——对过往事件的建构被 237
强加了威权高压的重量，因而普通人所经历过的很多的遗忘——或至少是不表达——成为一种无可避免的社会生存法则。克劳迪亚·孔兹指出，这种“有组织的遗忘”“强加了某种证明领袖的正确同时中伤他们的敌人的单一叙事，却也让普通公民保持怀疑和疏离”[68]。凯瑟琳·梅里戴尔曾揭示在苏联，关于国家在二战中的战斗，官方的爱国主义纪念叙事是如何被框定的；它不仅将诸如妇女或非俄罗斯族裔的战时经历排除在任何明确的承认之外，而且关键性地抑制了所有对于20世纪俄罗斯的其他灾难性经历，包括战争、饥荒和国家推行的恐怖行动所造成的伤亡和苦难的承认。本来能让普通俄罗斯人学习接受丧亲之痛的哀悼过程，又进一步被针对传统殡葬习俗的攻击、死亡与失踪记录的缺失以及斯大林主义的恐怖政策（包括要求受害者亲人不断谴责那些被清洗的受害者）所中断。所有这些对于个人记忆的影响是十分复杂的，就像梅里戴尔所展现的那样。反记忆的元素毫无疑问是在那些被官方纪念潮流排除在外的人们之间形成的，不和谐的个人记忆（关于逮捕、失踪、不被承认的死亡等）“被作为家庭秘密和私人叙事而继续保有生命力，在厨房中、在漫长夏季夜晚的乡间别墅中被反复述说，在每个幸存者死亡时的葬礼上被低声密谈”。然而，在另一个层面上，苏联公民默许了官方的遗忘策略，克制住诉说记忆以将痛苦的过去经历保留下去的欲望，并在那些至少可以将他们的部分苦难与集体的牺牲和胜利主题联系起来的纪念活动中寻求安慰。这样造成的不是简单的对记忆的压制，而是不同层面的回忆的分离共存。[69]

这个案例或许可以与像英国这样的国家中的一战记忆进行有趣的对比。近来这方面的研究越来越强调公共纪念行为受到地方发起的活动与公共态度影响的程度。[70]“极权主义的”政权中没有任何这样 238

的社会和制度空间，其中个人的回忆冲动能找到相关的组织并被给予一定程度的合法性，使得它们可以对公共叙事或纪念行为施加影响；但在更为自由的社会中，存在着众多中间群体——从老兵联盟，到地方政府机构。这些中间群体可以参与调动和引导地方社群的纪念能量，在政治、军事和教会精英的优先纪念权，与普通人寻找有意义的象征性焦点以供哀悼和慰藉的欲望之间，居中斡旋。通常来说，政治和军事权威可能热衷于围绕英雄化的胜利主题来结构纪念活动，但它们无法阻止关键性的场所——诸如和平纪念碑或无名士兵墓——获得不同的、经过变化的象征性意义和用途。私人记忆——尤其是那些丧亲家庭的记忆——成为公共记忆中的一个基本参照点。然而，这样说并不意味着不再会有个体因战争记忆的公共形式而感到被疏离和排斥；甚至，在某种意义上，更广泛的关注点加入关于这些形式的协商中来，必然增加了产生摩擦的可能。例如，战争老兵就很容易发现，在越来越聚焦于丧亲平民之记忆的记忆文化中，他们自己关于战争的记忆以及对于认可的诉求被边缘化了。针对公共纪念文化有时体现出的对于他们战时事迹的迷思化展现，他们或许也会有各种各样复杂的反应。因此，正如汤姆森所表明的，一个像“澳新军团的传说”（Anzac Legend）这样的建构，连同它对战斗精神、男子气概和（据说）澳大利亚矿工典型的伙伴情谊的赞颂，可能给许多老兵提供了一种积极有用的对于他们自身价值和经历的肯定，并因此给他们带来了一种用于建构在战时经历的严酷考验下形成的自我意识的可行框架。但是，它可能将其他人——那些痛苦地敏感于这一迷思形象与他们所记住的个人经历之间的偏差的人——逼入被疏离的境地，从这一传说用来激发的纪念文化中退
239 出。[71]即便当近来的历史经历所承载的象征意义不是由主导的中央政权强制施加时，社会和心理的矛盾紧张以及被排斥的感觉仍然可能是确立这些意义的方式的常见特征。

当然，实际上，将个人记忆与对集体过去的公共理解扯到一起的交集领域，以及时而将它们分开的互斥领域，都不是静止的或不变的。汤姆森对于澳新军团记忆的分析的长处之一，恰恰在于他认识到：不仅他所采访的老兵的个人记忆，而且澳新军团传说的公共形式，都在不断地变化，这些变化会定期修改这两者之间的关系，并定期为其注入新的意义。难以认同传说中的某些方面（例如，它明显不注重恐惧和创伤的问题）的个体，或者努力将这个传说与他们生命中的其他意义来源（例如，对激进政治的信奉）相调和的个体，在年老和退休时可能会发现，与这个传说相关联的记忆行为提供了一种社会和话语空间，在其中人们有可能以新的、调解的方式与他们过去的经历达成妥协。这种重新定位的机会部分地是由个体本身随着时间（以及与之伴随的衰老、疏离、丧亲和继续前行）的变化所造成的，同时也是由于时间（通过其他伴随效果，诸如社会或政治变化、世代更迭、修正主义的审视和重新断言）相似地重塑了这一传说本身，保留了它的中心主题，却对（比如说）作为许多士兵的回忆经历中不可缺少之一部分的烦忧和苦难元素给予了新的重视。“随着个人境遇和需求的转移，也随着关于澳新军团的公共叙事和意义在时间中的变化，”汤姆森描述称，“回忆的可能性，以及形成新的身份认同的可能性，同样也会发生变化。”[72]私人的回忆与公共的表现有了新的联结，并发展出新的相互适应关系。

这种变化的发生不可避免地是复杂的，却有着深远的影响，不仅是对于私人的自我感知，也是对于体现了某种过去意识的公共叙事来说。在聚焦于澳大利亚的另一项研究中，历史学家贝恩·阿特伍德追溯了一些个人故事的形式和意义的变化，它们体现了20世纪早期政府 240
政策的执行过程中，许多原住民儿童（或被认为是“混血的”儿童）与其家乡和社群的分离或被迫的迁出所产生的记忆——无论是在儿童自己心中，还是在那些他们所离开的人之间。阿特伍德的研究区分出了这些故事的意义发展过程中的三个阶段或时刻。在第一个阶段中，对关于分离或迁出的个人记忆的指涉，仅限于个体叙事之中；这些个体的孤立处境以及概念一致性的缺乏——更不必说抑制他们的公共表达的政治和文化因素——有效地将这些经历排除在了所有盛行叙事的认可之外，无论是关于原住民过去的叙事，还是关于澳大利亚的国族历史的叙事。到了第二个阶段，这些个人故事不仅被传播得更加广泛，而且被更加有意识地表达；被附着于它们之上的意识，同样由于它们与关于集体被剥夺经历——“被偷走的几代（stolen generations）的叙事”——的更大的、越来越同质化的一般叙事之间的联系而改变焦点，这一叙事开始在原住民的历史意识中占据中心位置，并且开始对原住民文化和政治身份的定义施加越来越强有力的影响。在第三个阶段，这一被赋予了象征性的并且具有集体共鸣的叙事，最终被带入了更大范围的澳大利亚公共领域，并且进入了主流的澳大利亚历史话语，在这一主流话语中，它充当了一个关于种族压迫的令人不安的象征提示，这样的种族压迫是内在于澳大利亚作为一个独立国家的兴起的，其遗留问题也需要被正视。那么，从一方面来看，阿特伍德所研究的是一个（如他所说）“叙事累积”或“叙事合并”的过程——对故事的聚集和堆积，其中每个故事都隶属于独立的个体经验，但也通过对它们的共同元素的认同，而获得了一种累积起来的力量，让它们最终不仅打破了曾经将一些压迫和苦难排斥在公共承认之外的障碍，而且在一定程度上转变了更大范围的历史叙事，而集体身份正是通过这些叙事得到阐释的。毫无疑问，我们同样可以从记忆方面来概念化这一过程——它不是对此前
241 被压抑的记忆的简单恢复（因为阿特伍德坚持认为，“被偷走的几代的叙事”的出现微妙地转变了这些记忆被表述的方式），而是一个让记忆活动逐渐被更广泛的（并且能赋予力量的）社会或政治意识充斥的过程。然而，阿特伍德的分析主要是用于揭示文化和政治单位之间，以及

参与生产“被偷走的几代的叙事”——作为架构和叙述原住民的迁出和分离记忆的关键协调结构——的不同公共话语之间的复杂互动的。他主张，对于为这一叙事赋予形态和突出地位之物的理解，不能仅仅基于对它所引起重视的记忆的了解，而必须也考虑到以下关键因素：包括历史学家对历史现象的分类标记和定义，寻求让迁出的受害者与他们的原初家庭及社群团聚的组织所倡导并推进的话语和互动，对宗谱和家族历史的大众兴趣所带来的更大范围的影响，公义与和解的主题如何被融入公共机构——比如人权与机会平等委员会、原住民和解理事会——修辞中的国族自我理解话语，以及一系列其他因素。阿特伍德的论述暗示着，只有通过公共领域中的各种影响因素的这些复杂联结，空间——无论是制度空间还是话语空间——才能被创建，通过这些空间，多样的个体记忆可能形成针对集体过去建构的有效影响，它们自身也可能在这一过程中被重新塑造。[73]

处于危机中的记忆？

公共与私人领域的意义之间、个人经历与意识形态的主张之间、正式的表达与非正式的设想之间，以及不同的权力中心与不同的社会利益之间的复杂而多变的关系，往往会参与到对谈论过去的方式，以及在人类社会中使用过去的方式的塑造中去。关于它的有些陈述或许具有社会主导性，但在实际上，被记住的过去往往是多样而可争论的，易变而难以捉摸的。因此，对于那些想要社会记忆来提供社会在塑造其自身未来发展时可以依靠的稳定而公认的基础的人来说，它总是会辜负 242
他们的期待。然而，近几十年来出现了一些忧惧，不仅是因为那些应该记住的事情逐渐被忘却了，也是因为记忆本身——让过去意识维持在人类社会中，并让个体作为社会生活经历在时间上有所扎根和组织的存在者而维持他们自身的一整套过程——正处于危机之中。关于这一问题，近来的讨论中一个很有意思的方面在于，当下对于记忆的文化关注——不仅表现在近来一连串的公共纪念活动中（比如二战或大屠杀的周年纪念），也表现在类似历史研究领域的记忆转向这样的学术发展中——总是被视为这一觉察到的危机的表征之一。有些评论家认为，这种对记忆的着迷，并不是一种健康的记忆状况的反映，而是一种神经质的狂欢——一种过度而痴迷的状态，既掩饰了同时也昭示了迫切的不安全感。

有三类相互重叠并连锁的发展，通常被认为促成了社会记忆的这场危机。第一个是社群传统形式的瓦解对社会记忆所造成的普遍的、长期的影响。根据这一观点，对公共生活的传统形式的侵蚀，意味着有效的记忆共同体的瓦解。对关于过去的信息的保存，不再是一个立足于特定社群的实际经验和功能需求的有选择的过程，而变成了一种由盛行的社会不确定性所激发的不受管控的狂热。皮埃尔·诺拉曾对这一情况做出令人难忘的描述：

> 记忆越少在内部被体会[即作为一个特定共同体的主动记忆]，它对外部支持和有形提示物的需求就越多。这样的记忆除了拥有记忆的身份以外，已经不存在了——所以在这样的情况下人们会迷恋档案，它标志着某一时代，我们不仅试图在其中保存所有的过去，也试图在其中保存所有的此刻。所有事物都濒临消失，这样的恐惧伴随着关于当下的精确意义以及未来的不确定性的焦虑，甚至给哪怕是最微弱的证言和最不起眼的遗迹都授予了潜在的可记忆性的尊严。[……]我们称为记忆的东西，实际上是为了存储我们所不可能记住的东西的物质遗迹而进行的一项庞大而惊
> 243 人的工程；正因为我们不可能记住那么多东西，所以积聚起不可估

> 量的物件集合，以便有一天我们可能会需要回忆。[……]当传统的记忆消失以后，我们便感到有必要去搜集碎片、报告、文献、影像和演说——任何有形的迹象——就好像这一不断扩大的档案有一天可能会在“谁知道什么”历史法庭中被作为证据传唤似的。

根据诺拉的观点，现代社会患有“记忆过度增大症”（即被归档的信息这一意义上的记忆），这表明的不是记忆作为某种真正植根于社会经验中的东西的强势，而是它的式微。[74]在诺拉的分析中，当代历史对于被他称为“记忆场”（*lieux de mémoire*）之物——被作为社会记忆之焦点的象征化的地点、物件或概念——的兴趣，只是现代社会不安的失落感的另一种表达。当历史变得对鉴别和分析“记忆场”有兴趣时，“记忆场”就不再是自发的记忆活动的活跃中心了：它们是传统的残留标志，已变得不起作用了，或是只有在人为激发下才能维持。据诺拉所说，“记忆场能够存在，仅仅是因为已不存在任何记忆环境（*milieux de mémoire*）——在这样的环境中，记忆是日常经验中的真切部分”[75]。

但是，如果说近几个世纪以来由城市化、工业化、人口迁移和技术革新过程所造成的传统社群形式的破坏和不可更迭，构成了我们所感到的记忆危机中的一个要素，那么这一设想基本上就认为：这些发展对于社会记忆的影响在19世纪和20世纪的大多数时间里，至少部分地被国族作为一个想象的共同体的意识形态支配所隐藏。正如我们所看到的，国族为社会回忆提供了一个强势的焦点，在某一层面上能够补偿对于其他类型的社会意识的破坏；与政府、民族主义的政治家和其他人一样，历史学家尤其努力提供象征和叙事要素，使其能为这一焦点赋予实际的内容。在民族主义视域中，以下设想很关键，即国族不仅具有一个能被回忆也应该被记住的过去，而且它们是社会为了当下和未来而被组织进入的道德实体。国族是这样的道德工程，它们植根于过去，但延 244

伸进未来。它们的过去被认定为充满了进一步解放、进一步完善，进一步向进步和文明迈进的潜能。这些民族主义的确定性的崩塌，以及更大范围的对于与之相关联的历史进步的信念的崩塌——主要由20世纪的种族屠杀和全面战争的经历导致——在许多关于记忆危机的论述中，是它的第二点构成元素。有些学者，比如安德里亚斯·许森，甚至谈及“一种对时间性结构的重组”，其中，关于从回忆中的过去到乐观预想的未来的单一进步运动的设想被放弃了。[76]另一些评论家更关注这一过程的政治方面。查尔斯·迈尔认为，二战以来的这半个世纪已见证了“建立依赖于未来志向的集体机制的能力的终结，或至少是中断”。国族的概念被缩小到一个狭义的焦点，集中于对种族获得承认的要求，而不是对体现公民价值的需求。对于迈尔来说，当代对记忆的关注并不会阻止这样一个进程，反而会反映和强化它，通过在地点、领土、风景——位置和起源的象征，而不是目的和方向的象征——中寻找国族回忆的重要焦点，而不是在关于国族作为一项道德工程的象征性文本提示物（比如宪法和法律）中寻找它们。在对记忆的关注中，迈尔发现了“一种迹象，不是历史信心的迹象，而是从变革性的政治中撤退的迹象”。[77]

与这种以国族为中心焦点的进步主义概念的崩塌相伴随的，是社会记忆过程的碎片化和私人化，至少对于许多评论家来说是如此。许多人认为，记忆危机中的第三个元素（在许多论述中最重要的元素）——大众文化和传播的新媒体（电影、电视、网络）所带来的巨大影响——加重了这一效果。人们认为，通过让个体臣服于强大的直接性——面对能唤起大量过往和当下情境的图像和信息乱流——现代技术无情地模糊了过去经历的不同阶段之间、过去与现在之间、现实与仿
245 真之间、知识与娱乐之间以及亲身体验和间接感受之间的界限，而这些界限正是个体对于一种稳定的社会记忆形成的参与所要依赖的。用

杰弗里·哈特曼的话来说，我们受困于一种“信息病”——一种“知觉和信息的过载”，将我们推入一个盲目而迷乱的被动境地之中。“我们曾经**与**经验作斗争，并且无疑还会继续斗争下去。”哈特曼写道，“但是现在我们还要**为了**经验而斗争，为了一种不只是抽象的过去意识，或是一种不只是虚拟的当下意识。”[78]安德里亚斯·许森也做出了相似的论断：

> 仅仅是这一高科技世界的组织本身，就威胁到像过去与未来、经验与憧憬、记忆与预期这样的范畴，让它们被淘汰。非同时之事物的混杂，对真实世界中的时间差异的认识，由此与信息世界和数据库中对时间的排除产生了剧烈的冲撞。但是，真实世界与它在信息系统中的建构品之间的边界显然是流动的、可渗透的。我们与传播和信息的网络空间中的新技术相处得越多，对于时间性的感受就越会受到影响。

与一些评论家不同，许森并非将近来对记忆的兴趣热潮视为一种类似神经质式的痴迷状态，而是将其视为一种针对大众文化的分解倾向从根本上来说很健康的反应——“想要生活在时间性的延长结构中的人类基本需求的表达”，并因此抗拒被卷入“一个充斥着无时间的幽闭恐惧以及噩梦般的幻象和仿真的茧中”[79]。

对信息过载的焦虑，总是与对大众文化所带来的过去的商业化和商品化的焦虑相伴随。市场资本主义的逻辑将对过去的指涉转化为商品，其流通和交换不再受限于任何将它们与实际的经验环境关联起来的需求。这些从环境中脱离出来的指涉变得可以容纳进愈加综合的、由技术支持的、以市场为导向的组合中，其中，“过去正被有意义地指涉”这一概念仅仅变成了一个残存的幻觉。在这种情况下，托尼·霍维茨在研究内战记忆在美国南部的当代表现时，参加了一场位于石山（佐治亚州）的激光表演，他对这一表演的描述令人印象深刻。在这里，石山作为南部邦联虔敬纪念的焦点的隐含意义（以其庞大的花岗岩浮
246 雕上所刻的李、杰克逊、戴维斯为中心）在一堆杂乱的其他影射中被分解：关于内战经历的（既包括北部的也包括南部的）了无新意的形象，与杂七杂八的、来源于一个模糊的进步爱国主义库存的象征符号置于一处、形成冲突——这些象征符号包括自由女神像、"上帝保佑美国"、马丁·路德·金、猫王和可口可乐。霍维茨深入思索了他的这一经历：

> 我在那儿坐了一会儿，"迪克西"*、《沙场壮士赤子心》**、李、林肯和猫王都在我的脑海中吵嚷不休。这场激光表演就是一个政治正确的泥潭。它所传达的意思似乎就是没什么意思——激光表演以其快节奏的动画所描绘的所有这些分裂的形象、歌曲或历史情节都没有真正的内容。当你可以直接将所有东西塞入一个搅拌机并将其喷洒在世界上最大的岩石上时，为什么还需要辩论谁应该或谁不应该被回忆，谁应该或谁不应该受人敬重呢？[80]

毫无疑问，现代社会和信息系统的发展破坏了社会记忆构成的早期形式，但是，并非所有人都在以谈论某种晚期危机的方式谈论这些变化。对于有些人来说，这些发展所具有的潜在能力不是瓦解社会记忆，而是转变社会记忆。因此，戴维·西伦认为，普通美国人对于集体历史——被认为是"关于国族及其制度、事件、政策和文化的故事"——的兴趣的消退并非意味着一种道德上的无目的性，而是表明了一个广

* 指美国南部各州。——译注

** 1957年由导演道格拉斯·西尔克创作的电影。——译注

泛流传的信念，即国族的制度框架或许不再能提供最合适的场域，“在其中人们可以掌控他们的生活，或者成功继承某种公民传统”。根据西伦的观点，发展一种更为真诚的参与式的历史文化的道路是敞开的，“其中对过去的使用可以被视为一种人类共有的经验和理解机会，而不是一片滋生分裂和怀疑的土壤”。[81]

类似的，尽管有人认为个体被大众文化的裹挟仅仅是记忆失调的起因，比如艾莉森·兰茨贝格却在这样一种文化能生产出的“假体记忆”（prosthetic memory）中看到了某种更为积极的价值。兰茨贝格识别出了对过去的商品化拆散特定的“过去”与特定的共同体之间传统联系的方式：

> 商品化使得关于过去的记忆和形象能够在大范围内流传；它 247
> 让所有买得起这些记忆的人都有机会获得它们。因此，假体记忆与它在中世纪和19世纪的前兆不同，它不仅仅是巩固特定群体的身份认同，并传递其记忆的方式；同时，它也使得记忆能够被传递给那些对其没有“天然的”或生身的所有权的人们。[82]

然而，在兰茨贝格看来，这一新兴的“便携的、流动的、非本质主义的记忆形式”的产生，是一种潜在健康的发展，恰恰是因为它质疑了一种观念，即特定的记忆，以及记忆所指涉的过往经历，能被视为独独属于某些特定群体的精神财产。当个体利用像电影和电视这样的媒介来与他们并没有直接个人经验联系的过去缔造精神联系时，他们并不一定是——就像那些记忆危机的预言者倾向于认为的那样——无心地接受媒体扔给他们的所有感官刺激，或是直愣愣地从某个脱离了任何受到结构的知识之真实环境的历史资料库中挑选和混合。相反，兰茨贝格认为，“假体的”记忆是在下述情形下才能建立的，即通过在大众文化中的经历而接触了特定过去影像的个体，找到方式去将这些影像与他们自身的生活经历通过移情作用联系起来。因此，这些记忆不仅可能建构出一种真正的个人主体性的延伸，而且可能塑造出新的社会责任概念——不仅来源于有限的基于血缘、家族或遗传的关于共同体的集体经验，也来源于“受到调控的集体认同”的模式，不同社会背景的人们可以同时参与其中。兰茨贝格没有否认，我们有必要警惕确凿无疑由资本主义冲动所激发的对于过去的商品化的危险，但她也重视强调，实施这种商品化的技术同样也能被用于生产新型的记忆意识，使其能够帮助转变这一政治场域。[83]

关于记忆危机的讨论仍然是极具推测性的：无论是许森提出的失去记忆的未来的反乌托邦噩梦，还是兰茨贝格提出的通过大众文化来发展道德的“乌托邦之梦”[84]，评论家们知道，他们所描述的景象不是
248 已经实现了的。在这种情况下，乐观和悲观取决于经验观察，也取决于对人类心理的适应能力的信心。记忆从来不是一成不变的：它的历史是关于变化的定义和发展的使用的历史，因为人类作为个体以及集体，已将他们自身适应于新的社会和技术环境。这样的适应往往在社会上和心理上是有压力的：随着新的记忆概念和使用的形成，个体与社会曾投入很多并成为其文化组成部分的旧有的概念和使用，有时就会被无情地舍弃。由此产生的焦虑从不限于那些在文化上被新的发展边缘化的人群，比如从柏拉图对于记忆被书写威胁的感叹中，我们就能清晰地看出这一点。[85]近几十年来传播技术前所未有的发展速度，以及往往与这些发展相伴随的社会流动性（在地理和社会移动性、职业生涯模式等方面），使得一种情形不足为怪，即这些焦虑如今有时非常强烈，甚至是——或许尤其是——被像学者们这样的本身就是新技术积极使用者的人们强有力地表达。然而，同样不足为怪的是，在同样的发展中，还有一些人看到了记忆作为一项社会资源的更进一步的适应

性转变——或许还有重建——的范围。我们对于记忆是什么的认识，以及我们对于那一总是难以捉摸的东西——过去——的认识(记忆被认为应该给予我们某种进入它的通路)，是在逐渐发展的，这似乎是肯定的。它们或许有一天会发展到一个程度，类似我们今天的那种记忆和过去概念似乎不再具有社会意义，这也是有可能的。眼下，显而易见的反而是观念视角之间的冲突，是对于记忆之当下意义和社会重要性的不确定。这使得发展新的探索方式——既要有概念上的，又要有经验上的——变得愈加重要；我们需要探索，在或长或短的时间段中，通过个体与集体结构之间持续的互动，在我们自己的社会或其他社会内，在过去与当下，对过去的理解被生产、讨论和修改的多样而不断变化的方式。

注　释

1　见，例如P. Hamilton, "Sale of the century? Memory and historical consciousness in Australia", in Hodgkin and Radstone (eds), *Contested Pasts*，尤其p. 139。 249

2　关于后一问题的有趣讨论，见E. Buettner, "Cemeteries, public memory and Raj nostalgia in postcolonial Britain and India", *History and Memory* 18:1 (2006), pp. 5–42。

3　E. Hobsbawm, "The sense of the past", in Hobsbawm, *On History*, pp. 13–31.

4　J. Olick, "Genre memories and memory genres: a dialogical analysis of May 8, 1945 commemorations in the Federal Republic of Germany", *American Sociological Review* 64 (1999), p. 382. 奥利克尤

其将这一思想应用于纪念仪式表演；关于在书写文本方面的应用，见 Wertsch, *Voices of Collective Remembering*, pp. 90–91中对“叙事对话性”（narrative dialogicality）的评论。

5 J. Davis, “The social relations of the production of history”, in E. Tonkin, M. McDonald, M. Chapman (eds), *History and Ethnicity* (London, 1989), pp. 104–117.

6 同上书，pp. 88–89。

7 案例见Wertsch, *Voices of Collective Remembering*, pp. 93–115中对“战胜外族的叙事模板”以及苏联和后苏联时期的俄罗斯的其他模板的讨论。

8 E. Zerubavel, *Time Maps: Collective Memory and the Social Shape of the Past* (Chicago, 2003), pp. 34–36, 82–88及全文。

9 见，例如M. Kammen, *Mystic Chords of Memory: the Transformation of Tradition in American Culture* (New York, 1991); Y. Zerubavel, *Recovered Roots: Collective Memory and the Making of Israeli National Tradition* (Chicago, 1995); A. Confino, *The Nation as a Local Metaphor: Württemberg, Imperial Germany and National Memory, 1871–1918* (Chapel Hill, 1997); D. Cressy, *Bonfires and Bells: National Memory and the Protestant Calendar in Elizabethan and Stuart England* (Berkeley, 1989)。

10 见，例如P. Joutard, *La légende des camisards: une sensibilité au passé* (Paris, 1977); R. Flores, *Remembering the Alamo: Memory, Modernity, and the Master-Symbol* (Austin, 2002); D. Blight, *Race and Reunion: the Civil War in American Memory* (Cambridge, Mass., 2001); C. Ó Gráda, *Black '47 and Beyond: the Great Irish Famine in History, Economy and Memory* (Princeton, 1999)。

11 关于这些问题的文献过于庞大，无法在此概述，但可见于（除了注70中列出的条目），例如J. Winter and E. Sivan (eds), *War and Remembrance in the Twentieth Century* (Cambridge, 1999); T. Ashplant, G. Dawson, M. Roper (eds), *Commemorating War: the Politics of Memory* (London, 2000); P. Fussell, *The Great War and Modern Memory* (Oxford, 1975); J. Winter, *Sites of Memory, Sites of Mourning: the Great War in European Cultural History* (Cambridge, 1995); G. Mosse, *Fallen Soldiers: Reshaping the Memory of World Wars* (New York, 1990); F. Capelletto (ed.), *Memory and World War II: an Ethnographic Approach* (Oxford, 2005); P. Friedlander, *Memory, History, and the Extermination* 250 *of the Jews of Europe* (Bloomington, 1993); G. Hartman (ed.), *Holocaust Remembrance: the Shapes of Memory* (Oxford, 1994); J. Young, *The Texture of Memory: Holocaust Memorials and Meaning* (New Haven, 1993); T. Segev, *The Seventh Million: the Israelis and the Holocaust* (New York, 1991); P. Novick, *The Holocaust in American Life* (Boston, 1999)。

12 H. Nyyssönen, *The Presence of the Past in Politics: "1956" After 1956 in Hungary* (Jyväskylä, 1999); M. Sturken, *Tangled Memories: the Vietnam War, the AIDS Epidemic and the Politics of Remembering* (Berkeley, 1997); S. Nuttall and C. Coetzee (eds), *Negotiating the Past: the Making of Memory in South Africa* (Cape Town, 1998).

13 "声誉研究"这一描述，据我了解，是由奥利克和罗宾斯创造的，"Social memory studies", p. 130。关于这里所列举的例子，见，例如B. Schwarz, *George Washington: the Making of an American Symbol* (Ithaca, NY, 1990); M. Elliott, *Robert Emmet: the Making of a Legend* (London, 2003); M. Warner, *Joan of Arc: the Image of Female Heroism* (New York, 1981); C. Hamilton, *Terrific Majesty: the Powers of Shaka Zulu*

and the Limits of Historical Invention (Cambridge, Mass., 1998); P. Fara, *Newton: the Making of a Genius* (London, 2002); T. Connelly, *The Marble Man: Robert E. Lee and his Image in American Society* (Baton Rouge, 1977); S. Riches, *Saint George: Hero, Martyr and Myth* (Stroud, 2000); N. Higham, *King Arthur: Myth-Making and History* (London, 2002)。

14 Cressy, *Bonfires and Bells*, pp. 114–123.

15 关于事件在记忆中的建构的有趣讨论，见C. Reardon, *Pickett's Charge in History and Memory* (Chapel Hill, 1997)。

16 关于后一个例子，见G. Cubitt, "Making historical connections: the political uses of seventeenth-century English history in Bourbon Restoration France", *Historical Journal* 50: 1 (2007), pp. 73–95。

17 关于艾诺拉·盖伊事件，有大量的文献，尤其见E. Linenthal and T. Engelhardt (eds), *History Wars: the Enola Gay and Other Battles for the American Past* (New York, 1996); *Journal of American History* 82:3 (1995)中"round table about history after the Enola Gay controversy"里的文章；M. Hogan, "The Enola Gay controversy: history, memory, and the politics of persuasion", in M. Hogan (ed.), *Hiroshima in History and Memory* (Cambridge, 1996)。

18 S. Kroen, *Politics and Theater: the Crisis of Legitimacy in Restoration France, 1815–1830* (Berkeley, 2000), ch. 1: "The counterrevolutionary state and the politics of *oubli* (forgetting)".

19 H. Rousso, *The Vichy Syndrome: History and Memory in France Since 1944* (Cambridge, Mass., 1991), pp. 10–11, 以及第一部分全文。

20 同上书，p. 220。

21 L. Valensi, *Fables de la mémoire: la glorieuse bataille des trois*
251 *rois* (Paris, 1992)，尤其pp. 266–270。

22 B. Schwartz, "The reconstruction of Abraham Lincoln", in Middleton and Edwards (eds), *Collective Remembering*, pp. 81–107（引文，p. 102）。

23 W. Sater, *The Heroic Image in Chile: Arturo Prat, Secular Saint* (Berkeley, 1973).

24 关于这一点的一般讨论，见M. Schudson, "The present in the past versus the past in the present", *Communication* 11 (1989), pp. 105–113; A. Appadurai, "The past as a scarce resource", *Man* 16 (1981), pp. 201–219; Irwin-Zarecka, *Frames of Remembrance*, pp. 14–18。明确主张和探索关于再创造特定历史形象所受限制的案例研究，见Hamilton, *Terrific Majesty*。

25 Schwartz, "The reconstruction of Abraham Lincoln", pp. 95–96; 以及Schwartz, *George Washington*, pp. 196–198。

26（八十七年前，我们的祖先在这个大陆上建立了一个新的国家，它受孕于自由的理念，并献身于一切人生来平等的理想。如今我们正在从事一场伟大的内战，以考验我们或任何一个受孕于自由和献身于上述理想的国家是否能够长久生存下去。）* 这段文字来自G. Wills, *Lincoln at Gettysburg: the Words that Remade America* (New York, 1992), p. 263。

27 Zerubavel, *Recovered Roots*, pp. 221–228.

28 探索这些代际变更问题的社会学研究，见，例如H. Schuman and J. Scott, "Generations and collective memories", *American Sociological Review* 54 (1989), pp. 359–381; H. Schuman, R. Bell, K. Bischoping, "The generational basis of historical knowledge", in Pennebaker, Paez, Rimé

---

* 译文参考了维基百科"葛底斯堡演说"词条。——译注

(eds), *Collective Memory of Political Events*, pp. 47–77。关于其他观点，见 Wertsch, *Voices of Collective Remembering*, ch. 7，以及K. Mannheim, “The problem of generations” (1928), in his *Essays in the Sociology of Culture* (London, 1952), pp. 276–322对代际问题的经典描述。

29 M. Frisch, “American history and the structures of collective memory: a modest exercise in empirical iconography”, *Journal of American History* 75 (1989), pp. 1133–1143.

30 Zerubavel, *Recovered Roots*, pp. 7–10.

31 E. Zerubavel, “Calendars and history: a comparative study of the social organization of national memory”, in Olick (ed.), *States of Memory*, pp. 315–337 (引文,p. 326)。

32 尽管纪念日历或许对于结构特定社会中人们关于过去的观念是非常重要的(见，例如Cressy, Bonfires and Bells)，但我们不能认为它
252 们甚至总是为受官方推崇的过去概念提供基调：诸如中世纪、18世纪这样的时期，在今天的英语纪念日历中是完全的黑洞，但它们仍然可以在对于例如英语传统遗产的发扬中占有重要地位。

33 B. Schwartz, “The social context of commemoration: a study in collective memory”, *Social Forces* 61:2 (1982), pp. 374–402 (引文, pp. 394–396)。

34 Olick, “Genre memories”, pp. 381–402.

35 C. Bushman, *America Discovers Columbus: How an Italian Explorer Became an American Hero* (Hanover, NH, 1992), pp. 165–190.

36 L. Spillman, *Nation and Commemoration: Creating National Identities in the United States and Australia* (Cambridge, 1997)，尤其 pp. 136–154。不过，关于美国过去的概念中的土地和风景的早期重要性，见D. Lowenthal, “The place of the past in the American landscape”,

in D. Lowenthal and M. Bowden (eds), *Geographies of the Mind: Essays in Historical Geography in Honor of John Kirtland Wright* (Oxford, 1976), pp. 89–117。

37 J. Vance, *Death So Noble: Meaning, Memory and the First World War* (Vancouver, 1997), p. 9.

38 A. D. Smith, *Myths and Memories of the Nation* (Oxford, 1999), p. 208.

39 J. Assmann, "Collective memory and cultural identity", *New German Critique* 65 (1995), pp. 130, 132.

40 Renan, "What is a nation?" (1882), (1996), pp. 45, 52.

41 J. Gillis, "Memory and identity: the history of a relationship", in J. Gillis (ed.), *Commemorations: the Politics of National Identity* (Princeton, 1994), p. 5.

42 C. Boyd, "The second Battle of Covadonga: the politics of commemoration in modern Spain", *History and Memory* 14:1/2 (2002), p. 40; Savage, "The politics of memory", p. 143.

43 关于以色列/巴勒斯坦语境中的地点意识的有趣讨论，见 S. Slyomovics, *The Object of Memory: Arab and Jew Narrate the Palestinian Village* (Philadelphia, 1998)。

44 Popular Memory Group, "Popular memory: theory, politics, method", in R. Johnson et al (eds), *Making Histories: Studies in History-Writing and Politics* (Minneapolis, 1982), pp. 205–252.

45 G. Lipsitz, *Time Passages: Collective Memory and American Popular Culture* (Minneapolis, 1990).

46 Zerubavel, *Recovered Roots*, pp. 10–12. 反记忆的概念被泽鲁巴维尔应用于关于犹太人与以色列过去的专门犹太人辩论中的异议分支，而不是应用于被她的“主导纪念叙事”明显排除在外的其他“记忆”，也就是那些巴勒斯坦人的记忆。关于后者，见，例如 T. Swedenburg, *Memories of Revolt: the 1936–1939 Rebellion and the*
253 *Palestinian National Past* (Minneapolis, 1995)。

47 J. Bodnar, *Remaking America: Public Memory, Commemoration and Patriotism in the Twentieth Century* (Princeton, 1991). 更进一步的相关讨论，见，例如O. Øverland, “Homemaking myths: the creation of ethnic memory as a response to exclusive definitions of ‘American’ ”, in W. Zacharasiewicz (ed.), *Remembering the Individual, Regional, National Past* (Tübingen, 1999), pp. 15–30。

48 见A. Heimo and U.-M. Peltonen, “Memories and histories, public and private: after the Finnish Civil War”, in Hodgkin and Radstone (eds), *Contested Pasts*, pp. 42–56。

49 Blight, *Race and Reunion*, 尤其pp. 2–5；参见 Savage, “The politics of memory”。

50 见，例如G. Krumeich, “Joan of Arc between right and left”, in R. Tombs (ed.), *Nationhood and Nationalism in France from Boulangism to the Great War, 1889–1918* (London, 1991), pp. 63–74。

51 Boyd, “The second Battle of Covadonga”, pp. 37–64 (引文，p.58)。

52 见，例如S. Scott, “Dead Work: the construction and reconstruction of the Harlan Miners Memorial”, *Qualitative Sociology* 19:3 (1996), pp. 365–393。

53 Confino, *The Nation as a Local Metaphor*, pp. 8–9.

54 关于这一点，以及关于更普遍的不同形式的“沉默”，见 L. Passerini, “Memories between silence and oblivion”, in Hodgkin and

Radstone (eds), *Contested Pasts*, pp. 238–254 (尤其pp. 246–247)。关于这种建构性的沉默的一个典型案例的分析，见N. Loraux, *The Divided City: On Memory and Forgetting in Ancient Athens* (New York, 2002)。

55 同上书，p. 11。

56 Wertsch, *Voices of Collective Remembering*, pp. 119–223.

57 更进一步的讨论，见同上书，pp. 123–148。

58 Samuel, *Theatres of Memory*; Lowenthal, *The Past is a Foreign Country*.

59 关于美国内战的复原重现者的心理，对此的深入见解见T. Horwitz, *Confederates in the Attic: Dispatches from the Unfinished Civil War* (New York, 1998)。

60 Confino, *The Nation as a Local Metaphor* (引文，p. 97); C. Applegate, *A Nation of Provincials: the German Idea of Heimat* (Berkeley, 1990). 过去意识是如何被不同国族语境中的地方意识过滤的，关于这方面的讨论见D. Glassberg, *Sense of History: the Place of the Past in American Life* (Amherst, 2001)。

61 R. Rosenzweig and D. Thelen, *The Presence of the Past: Popular Uses of History in American Life* (New York, 1998), pp. 115, 193–194.

62 Confino, "Collective memory and cultural history", p. 1395.

63 Passerini, *Autobiography of a Generation*; A. Portelli, *The Order Has Been Carried Out: History, Memory, and Meaning of a Nazi Massacre in Rome* (New York, 2003). 254

64 S. Hynes, "Personal narratives and commemoration", in Winter and Sivan (eds), *War and Remembrance,* p. 207.

65 K. Jarausch and M. Geyer, *Shattered Past: Reconstructing German Histories* (Princeton, 2003), pp. 317–341(引文，pp. 325, 331)。

66 F. Corney, "Rethinking a great event: the October Revolution as memory project", in Olick (ed.), *States of Memory*, pp. 25–39 (引文, p. 29)。

67 Thomson, *Anzac Memories*, p. 11.

68 C. Koonz, "Between memory and oblivion: concentration camps in German memory", in Gillis (ed.), *Commemorations*, p. 258.

69 C. Merridale, "War, death, and remembrance in Soviet Russia", in Winter and Sivan (eds), *War and Remembrance*, pp. 61–83 (引文,p. 63)。

70 关于这一段概述的主题，尤其见A. King, *Memorials of the Great War in Britain: the Symbolism and Politics of Remembrance* (Oxford, 1998); A. Gregory, *The Silence of Memory: Armistice Day 1919–1946* (Oxford, 1994); D. Lloyd, *Battlefield Tourism: Pilgrimage and Commemoration of the Great War in Britain, Australia and Canada, 1919–39* (Oxford, 1998); 以及在更笼统的层面上, J. Winter, *Sites of Memory*。

71 A. Thomson, *Anzac Memories: Living with the Legend* (Melbourne, 1994), 尤其p. 216。

72 同上书,尤其ch. 9(引文,p. 216)。

73 B. Attwood, "'Learning about the truth': the stolen generations narrative", in B. Attwood and F. Magowan (eds), *Telling Stories: Indigenous History and Memory in Australia and New Zealand* (Crows Nest, NSW, 2001), pp. 183–212.

74 P. Nora, "General introduction: Between memory and history", in P. Nora (dir.), *Realms of Memory: Rethinking the French Past*, vol. I: "Conflicts and divisions" (ed. L. Kritzman) [New York, 1996 (French original 1984)], pp. 8–9.

75 同上书, pp. 1, 6–7。Antze and Lambek (eds), "Introduction", p. xiii, 同样很好地表述了这一点：记忆变成了"一座造访过的纪念碑"，而非"一片居住过的土地"，"我们则变成了造访我们的过去的异乡旅人"。

76 A. Huyssen, *Twilight Memories: Marking Time in a Culture of Amnesia* (New York and London, 1995), p. 8.

77 C. Maier, "A surfeit of memory? Reflections on history, melancholy and denial", *History and Memory* 5:2 (1993), pp. 147–150.

78 G. Hartman, "Public memory and modern experience", *Yale Journal of Criticism* 6:2 (1993), pp. 239–240.

79 Huyssen, *Twilight Memories*, pp. 7–9.

80 Horwitz, *Confederates in the Attic*, pp. 286–288. 255

81 Rosenzweig and Thelen, *The Presence of the Past*, pp. 190, 203.

82 A. Landsberg, *Prosthetic Memory: the Transformation of American Remembrance in the Age of Mass Culture* (New York, 2004), p. 18.

83 同上书, pp. 21–22, 152–155。

84 同上书, p. 155。

85 见 Ong, *Orality and Literacy*, pp. 78–79, 其中很有趣地比较了柏拉图对书写的批评与我们当下关于电子计算机的担忧。 256

索 引

（条目后的数字为原书页码，见本书边码）

人文与社会译丛

第一批书目

1.《政治自由主义》(增订版),[美]J. 罗尔斯著,万俊人译 118.00 元
2.《文化的解释》,[美]C. 格尔茨著,韩莉译 89.00 元
3.《技术与时间:1. 爱比米修斯的过失》,[法]B. 斯蒂格勒著,裴程译 62.00 元
4.《依附性积累与不发达》,[德]A. G. 弗兰克著,高铦等译 13.60 元
5.《身处欧美的波兰农民》,[美]F. 兹纳涅茨基、W. I. 托马斯著,张友云译 9.20 元
6.《现代性的后果》,[英]A. 吉登斯著,田禾译 45.00 元
7.《消费文化与后现代主义》,[英]M. 费瑟斯通著,刘精明译 14.20 元
8.《英国工人阶级的形成》(上、下册),[英]E. P. 汤普森著,钱乘旦等译 168.00 元
9.《知识人的社会角色》,[美]F. 兹纳涅茨基著,郏斌祥译 49.00 元

第二批书目

10.《文化生产:媒体与都市艺术》,[美]D. 克兰著,赵国新译 49.00 元
11.《现代社会中的法律》,[美]R. M. 昂格尔著,吴玉章等译 39.00 元
12.《后形而上学思想》,[德]J. 哈贝马斯著,曹卫东等译 58.00 元
13.《自由主义与正义的局限》,[美]M. 桑德尔著,万俊人等译 30.00 元

14.《临床医学的诞生》,[法]M. 福柯著,刘北成译 55.00 元
15.《农民的道义经济学》,[美]J. C. 斯科特著,程立显等译 42.00 元
16.《俄国思想家》,[英]I. 伯林著,彭淮栋译 35.00 元
17.《自我的根源:现代认同的形成》,[加]C. 泰勒著,韩震等译 128.00 元
18.《霍布斯的政治哲学》,[美]L. 施特劳斯著,申彤译 49.00 元
19.《现代性与大屠杀》,[英]Z. 鲍曼著,杨渝东等译 59.00 元

第三批书目

20.《新功能主义及其后》,[美]J. C. 亚历山大著,彭牧等译 15.80 元
21.《自由史论》,[英]J. 阿克顿著,胡传胜等译 89.00 元
22.《伯林谈话录》,[伊朗]R. 贾汉贝格鲁等著,杨祯钦译 48.00 元
23.《阶级斗争》,[法]R. 阿隆著,周以光译 13.50 元
24.《正义诸领域:为多元主义与平等一辩》,[美]M. 沃尔泽著,褚松燕等译 24.80 元
25.《大萧条的孩子们》,[美]G. H. 埃尔德著,田禾等译 27.30 元
26.《黑格尔》,[加]C. 泰勒著,张国清等译 135.00 元
27.《反潮流》,[英]I. 伯林著,冯克利译 48.00 元
28.《统治阶级》,[意]G. 莫斯卡著,贾鹤鹏译 98.00 元
29.《现代性的哲学话语》,[德]J. 哈贝马斯著,曹卫东等译 78.00 元

第四批书目

30.《自由论》(修订版),[英]I. 伯林著,胡传胜译 69.00 元
31.《保守主义》,[德]K. 曼海姆著,李朝晖、牟建君译 58.00 元
32.《科学的反革命》(修订版),[英]F. 哈耶克著,冯克利译 58.00 元

33.《实践感》,[法]P. 布迪厄著,蒋梓骅译 75.00元
34.《风险社会:新的现代性之路》,[德]U. 贝克著,张文杰等译 58.00元
35.《社会行动的结构》,[美]T. 帕森斯著,彭刚等译 80.00元
36.《个体的社会》,[德]N. 埃利亚斯著,翟三江、陆兴华译 15.30元
37.《传统的发明》,[英]E. 霍布斯鲍姆等著,顾杭、庞冠群译 68.00元
38.《关于马基雅维里的思考》,[美]L. 施特劳斯著,申彤译 78.00元
39.《追寻美德》,[美]A. 麦金太尔著,宋继杰译 68.00元

第五批书目

40.《现实感》,[英]I. 伯林著,潘荣荣、林茂、魏钊凌译 78.00元
41.《启蒙的时代》,[英]I. 伯林著,孙尚扬、杨深译 35.00元
42.《元史学》,[美]H. 怀特著,陈新译 89.00元
43.《意识形态与现代文化》,[英]J. B. 汤普森著,高铦等译 68.00元
44.《美国大城市的死与生》,[加]J. 雅各布斯著,金衡山译 78.00元
45.《社会理论和社会结构》,[美]R. K. 默顿著,唐少杰等译 128.00元
46.《黑皮肤,白面具》,[法]F. 法农著,万冰译 58.00元
47.《德国的历史观》,[美]G. 伊格尔斯著,彭刚、顾杭译 58.00元
48.《全世界受苦的人》,[法]F. 法农著,万冰译 17.80元
49.《知识分子的鸦片》,[法]R. 阿隆著,吕一民、顾杭译 59.00元

第六批书目

50.《驯化君主》,[美]H. C. 曼斯菲尔德著,冯克利译 68.00元
51.《黑格尔导读》,[法]A. 科耶夫著,姜志辉译 98.00元
52.《象征交换与死亡》,[法]J. 波德里亚著,车槿山译 68.00元
53.《自由及其背叛》,[英]I. 伯林著,赵国新译 48.00元

54.《启蒙的三个批评者》,[英]I. 伯林著,马寅卯、郑想译　48.00 元
55.《运动中的力量》,[美]S. 塔罗著,吴庆宏译　23.50 元
56.《斗争的动力》,[美]D. 麦克亚当、S. 塔罗、C. 蒂利著,李义中等译　31.50 元
57.《善的脆弱性》,[美]M. 纳斯鲍姆著,徐向东、陆萌译　55.00 元
58.《弱者的武器》,[美]J. C. 斯科特著,郑广怀等译　82.00 元
59.《图绘》,[美]S. 弗里德曼著,陈丽译　49.00 元

第七批书目

60.《现代悲剧》,[英]R. 威廉斯著,丁尔苏译　45.00 元
61.《论革命》,[美]H. 阿伦特著,陈周旺译　59.00 元
62.《美国精神的封闭》,[美]A. 布卢姆著,战旭英译,冯克利校　68.00 元
63.《浪漫主义的根源》,[英]I. 伯林著,吕梁等译　49.00 元
64.《扭曲的人性之材》,[英]I. 伯林著,岳秀坤译　22.00 元
65.《民族主义思想与殖民地世界》,[美]P. 查特吉著,范慕尤、杨曦译　18.00 元
66.《现代性社会学》,[法]D. 马尔图切利著,姜志辉译　32.00 元
67.《社会政治理论的重构》,[美]R. J. 伯恩斯坦著,黄瑞祺译　72.00 元
68.《以色列与启示》,[美]E. 沃格林著,霍伟岸、叶颖译　128.00 元
69.《城邦的世界》,[美]E. 沃格林著,陈周旺译　85.00 元
70.《历史主义的兴起》,[德]F. 梅尼克著,陆月宏译　48.00 元

第八批书目

71.《环境与历史》,[英]W. 贝纳特、P. 科茨著,包茂红译　25.00 元
72.《人类与自然世界》,[英]K. 托马斯著,宋丽丽译　35.00 元

73.《卢梭问题》,[德]E. 卡西勒著,王春华译 39.00 元
74.《男性气概》,[美]H. C. 曼斯菲尔德著,刘玮译 28.00 元
75.《战争与和平的权利》,[美]R. 塔克著,罗炯等译 25.00 元
76.《谁统治美国》,[美]W. 多姆霍夫著,吕鹏、闻翔译 35.00 元
77.《健康与社会》,[法]M. 德吕勒著,王鲲译 35.00 元
78.《读柏拉图》,[德]T. A. 斯勒扎克著,程炜译 68.00 元
79.《苏联的心灵》,[英]I. 伯林著,潘永强、刘北成译 59.00 元
80.《个人印象》,[英]I. 伯林著,覃学岚译 88.00 元

第九批书目

81.《技术与时间:2. 迷失方向》,[法]B. 斯蒂格勒著,赵和平、印螺译 59.00 元
82.《抗争政治》,[美]C. 蒂利、S. 塔罗著,李义中译 28.00 元
83.《亚当·斯密的政治学》,[英]D. 温奇著,褚平译 21.00 元
84.《怀旧的未来》,[美]S. 博伊姆著,杨德友译 85.00 元
85.《妇女在经济发展中的角色》,[丹]E. 博斯拉普著,陈慧平译 30.00 元
86.《风景与认同》,[美]W. J. 达比著,张箭飞、赵红英译 68.00 元
87.《过去与未来之间》,[美]H. 阿伦特著,王寅丽、张立立译 58.00 元
88.《大西洋的跨越》,[美]D. T. 罗杰斯著,吴万伟译 108.00 元
89.《资本主义的新精神》,[法]L. 博尔坦斯基、E. 希亚佩洛著,高铦译 58.00 元
90.《比较的幽灵》,[美]B. 安德森著,甘会斌译 79.00 元

第十批书目

91.《灾异手记》,[美]E. 科尔伯特著,何恬译 25.00 元

92.《技术与时间:3. 电影的时间与存在之痛的问题》,
[法]B. 斯蒂格勒著,方尔平译 65.00 元
93.《马克思主义与历史学》,[英]S. H. 里格比著,吴英译 78.00 元
94.《学做工》,[英]P. 威利斯著,秘舒、凌旻华译 68.00 元
95.《哲学与治术:1572—1651》,[美]R. 塔克著,韩潮译 45.00 元
96.《认同伦理学》,[美]K. A. 阿皮亚著,张容南译 45.00 元
97.《风景与记忆》,[英]S. 沙玛著,胡淑陈、冯樨译 78.00 元
98.《马基雅维里时刻》,[英]J. G. A. 波考克著,冯克利、傅乾译 108.00 元
99.《未完的对话》,[英]I. 伯林、[波]B. P. -塞古尔斯卡著,
杨德友译 65.00 元
100.《后殖民理性批判》,[印]G. C. 斯皮瓦克著,严蓓雯译 79.00 元

第十一批书目

101.《现代社会想象》,[加]C. 泰勒著,林曼红译 45.00 元
102.《柏拉图与亚里士多德》,[美]E. 沃格林著,刘曙辉译 78.00 元
103.《论个体主义》,[法]L. 迪蒙著,桂裕芳译 30.00 元
104.《根本恶》,[美]R. J. 伯恩斯坦著,王钦、朱康译 78.00 元
105.《这受难的国度》,[美]D. G. 福斯特著,孙宏哲、张聚国译 39.00 元
106.《公民的激情》,[美]S. 克劳斯著,谭安奎译 49.00 元
107.《美国生活中的同化》,[美]M. M. 戈登著,马戎译 58.00 元
108.《风景与权力》,[美]W. J. T. 米切尔著,杨丽、万信琼译 78.00 元
109.《第二人称观点》,[美]S. 达沃尔著,章晟译 69.00 元
110.《性的起源》,[英] F. 达伯霍瓦拉著,杨朗译 85.00 元

第十二批书目

111.《希腊民主的问题》,[法]J. 罗米伊著,高煜译 48.00 元
112.《论人权》,[英]J. 格里芬著,徐向东、刘明译 75.00 元
113.《柏拉图的伦理学》,[英]T. 埃尔文著,陈玮、刘玮译 118.00 元
114.《自由主义与荣誉》,[美]S. 克劳斯著,林垚译 62.00 元
115.《法国大革命的文化起源》,[法]R. 夏蒂埃著,洪庆明译 38.00 元
116.《对知识的恐惧》,[美]P. 博格西昂著,刘鹏博译 38.00 元
117.《修辞术的诞生》,[英]R. 沃迪著,何博超译 48.00 元
118.《历史表现中的真理、意义和指称》,[荷]F. 安克斯密特著,周建漳译 58.00 元
119.《天下时代》,[美]E. 沃格林著,叶颖译 78.00 元
120.《求索秩序》,[美]E. 沃格林著,徐志跃译 48.00 元

第十三批书目

121.《美德伦理学》,[新西兰]R. 赫斯特豪斯著,李义天译 68.00 元
122.《同情的启蒙》,[美]M. 弗雷泽著,胡靖译 48.00 元
123.《图绘暹罗》,[美]T. 威尼差恭著,袁剑译 58.00 元
124.《道德的演化》,[新西兰]R. 乔伊斯著,刘鹏博、黄素珍译 65.00 元
125.《大屠杀与集体记忆》,[美]P. 诺维克著,王志华译 78.00 元
126.《帝国之眼》,[美]M. L. 普拉特著,方杰、方宸译 68.00 元
127.《帝国之河》,[美]D. 沃斯特著,侯深译 76.00 元
128.《从道德到美德》,[美]M. 斯洛特著,周亮译 58.00 元
129.《源自动机的道德》,[美]M. 斯洛特著,韩辰锴译 58.00 元
130.《理解海德格尔:范式的转变》,[美]T. 希恩著,邓定译 89.00 元

第十四批书目

131.《城邦与灵魂:费拉里〈理想国〉论集》,[美]G. R. F. 费拉里著,刘玮编译 58.00 元
132.《人民主权与德国宪法危机》,[美]P. C. 考威尔著,曹晗蓉、虞维华译 58.00 元
133.《16 和 17 世纪英格兰大众信仰研究》,[英]K. 托马斯著,芮传明、梅剑华译 168.00 元
134.《民族认同》,[英]A. D. 史密斯著,王娟译 55.00 元
135.《世俗主义之乐:我们当下如何生活》,[英]G. 莱文编,赵元译 58.00 元
136.《国王或人民》,[美]R. 本迪克斯著,褚平译(即出)
137.《自由意志、能动性与生命的意义》,[美] D. 佩里布姆著,张可译 68.00 元
138.《自由与多元论:以赛亚·伯林思想研究》,[英]G. 克劳德著,应奇等译 58.00 元
139.《暴力:思无所限》,[美]R. J. 伯恩斯坦著,李元来译 59.00 元
140.《中心与边缘:宏观社会学论集》,[美]E. 希尔斯著,甘会斌、余昕译 88.00 元

第十五批书目

141.《自足的世俗社会》,[美]P. 朱克曼著,杨靖译 58.00 元
142.《历史与记忆》,[英]G. 丘比特著,王晨凤译 59.00 元
143.《媒体、国家与民族》,[英]P. 施莱辛格著,林玮译 68.00 元
144.《道德错误论:历史、批判、辩护》,

[瑞典]J. 奥尔松著,周奕李译　58.00 元

145.《废墟上的未来:联合国教科文组织、世界遗产与和平之梦》,[澳]L. 梅斯克尔著,王丹阳、胡牧译　88.00 元

146.《为历史而战》,[法]L. 费弗尔著,高煜译　98.00 元

147.《语言动物:人类语言能力概览》,[加]C. 泰勒著,赵清丽译(即出)

148.《我们中的我:承认理论研究》,[德]A. 霍耐特著,张曦、孙逸凡译　62.00 元

149.《人文学科与公共生活》,[美]P. 布鲁克斯、H. 杰维特编,余婉卉译　52.00 元

150.《美国生活中的反智主义》,[美]R. 霍夫施塔特著,何博超译　68.00 元

第十六批书目

151.《关怀伦理与移情》,[美]M. 斯洛特著,韩玉胜译　48.00 元

152.《形象与象征》,[罗]M. 伊利亚德著,沈珂译　48.00 元

153.《艾希曼审判》,[美]D. 利普斯塔特著,刘颖洁译　49.00 元

154.《现代主义观念论:黑格尔式变奏》,[美]R. B. 皮平著,郭东辉译(即出)

155.《文化绝望的政治:日耳曼意识形态崛起研究》,[美]F. R. 斯特恩著,杨靖译　98.00 元

156.《作为文化现实的未来:全球现状论集》,[印]A. 阿帕杜拉伊著,周云水、马建福译(即出)

157.《一种思想及其时代:以赛亚·伯林政治思想的发展》,[美]J. L. 彻尼斯著,寿天艺、宋文佳译(即出)

158.《人类的领土性:理论与历史》,[美]R. B. 萨克著,袁剑译(即出)

159.《理想的暴政：多元社会中的正义》，[美]G. 高斯著，范震亚译（即出）
160.《荒原：一部历史》，[美]V. D. 帕尔马著，梅雪芹译（即出）

有关"人文与社会译丛"及本社其他资讯，欢迎点击 www. yilin. com 浏览，对本丛书的意见和建议请反馈至新浪微博@译林人文社科。